株式実務のいろは

—— 若手くんの総務部日記

三井住友信託銀行 編
証券代行コンサルティング部

商事法務

● ご挨拶

　本書は、弊社証券代行業務のお取引先様への情報提供の一環として発行している月刊「証券代行ニュース」に掲載している「コラム」の3年間分を一部編集して書籍化したものです。本書の特徴は以下の3点です。

　1点目は、「初心者目線」の本であることです。実務経験が豊富な担当者には当たり前であっても、初心者が疑問に思う点を中心に解説しています。

　2点目は、会社法・株式実務に関する根本的な考え方を解説していることです。株式実務の初任者が、意味を理解できないまま前例踏襲で済ましてしまいがちなところについて「なぜこうなっているのか」という制度趣旨を解説しています。

　3点目は、引用している文献を平易で、かつできるだけ容易に入手できるものとしていることです。大きな書店に行けば、すぐに入手できる書籍を優先して引用しています。

　本書は、主人公の「若手くん」が総務部に転勤してきてからの3年間にわたる成長の記録です。毎月、会社法・株式実務に関する1つのテーマを設定しており、各月の内容は、原則として「会話文」「解説」「ポイント」「もっと知りたい方は」で構成されています。株式実務担当の初心者が、年月とともに成長していく様を、「若手くん」の軽妙な大阪弁の会話と毎回の「オチ」も楽しんでいただきながら、最初から物語として読み進めていただくことをお勧めします。もちろん、目次で知りたいテーマを選んでその回だけを読んでいただくこともできます。

　本書が株式実務初任者の方にとって会社法・株式実務に関する根本的な考え方を知る手助けとなれば幸いです。

最後に、本書の出版に多大なご協力をいただきました株式会社商事法務書籍出版部の岩佐智樹氏および澁谷禎之氏に心より厚く御礼申し上げます。

平成 29 年 3 月

三井住友信託銀行株式会社
証券代行コンサルティング部
　　部長　木内　知明
執筆者代表
法務担当部長　木田　茂実

目 次

 1年目

4月　株主総会とは
　株主総会ってそんなに大変なんですか？ ………………………… 1
5月　役員の説明義務
　総会で質問されたら、全部答えんといかんのやないんですか？ … 6
6月　株主総会のシナリオ
　事前質問状なんか、ほっといたらいいですやん ……………… 16
7月　株主総会の実際の運営①
　議長の件とお土産の件とマイクの件、教えてくださいよ ………… 25
8月　株主優待①
　おたくは株主優待、なんでやらんの？（その1）………………… 34
9月　株主優待②
　おたくは株主優待、なんでやらんの？（その2）………………… 43
10月　株主総会会場選定のポイント
　行きましょう行きましょう！　総会会場探し！……………… 53
11月　会社法の目的と剰余権者としての株主
　何で株主ってそんなに偉いんですか？ ………………………… 62
12月　会社をめぐる利害関係者の利害の調整
　具体的に「利害関係者の調整」ってどうなってるんかなあって　71
1月　経営者への牽制と監査役・社外監査役の役割
　社外監査役って、一体何してはるんですか？ ………………… 78
2月　社外取締役に期待される役割
　社外取締役って、なんで今、盛り上がっているんですか？ ……… 88
3月　社外役員の独立性
　社外役員の独立性の話、ぜひお願いします ……………………… 98

2年目

4月　株主総会の決議取消
現実に決議取消になってもうたっちゅうことってあるんですか？ ………………………………………………………………… 107

5月　株主総会における監査役の監査報告
え〜っ！　どこもみんな監査役がしゃべってますやん！ ………… 118

6月　株主総会における質疑打切り
質疑打切りっちゅうのん、教えてくださいよ！ ……………………… 127

7月　株主総会の実際の運営②
この回答者と新社長の抱負と役員候補者のこと、教えてくださいよ
………………………………………………………………… 138

8月　剰余金配当の決定機関
配当て、総会で決めるもんやないんですか？ …………………… 147

9月　配当のそもそも論
配当のそもそも論ですね。ぜひお願いします ……………………… 156

10月　中間配当
せやけど、中間配当は取締役会決議でやってる ………………… 164

11月　未払配当金
そういう受け取ってもらえなかった配当金を未払配当金って
言うんだ ……………………………………………………………… 171

12月　自己株式とは
ほしたら、自己株式の前篇、よろしくお願いします …………… 180

1月　自己株式取得の目的
今日は自己株式取得の目的を話そうか ……………………………… 191

2月　自己株式取得の手続き
今回は自己株式取得の具体的な手続きを話そう …………………… 199

3月　単元未満株式の買取・買増請求
単元未満株式を教えてくださいよ！ ………………………………… 207

 **3年目**

4月　事業報告記載のポイント
　　事業報告だって？　うん、今ならいいよ 217
5月　株主総会の受付
　　株主総会の受付担当って何のためにあるのかな？ 226
6月　議案の修正動議
　　何ですのん、その修正動議の適法・不適法って？ 237
7月　議案の撤回
　　一言で言うたら、"議案を撤回"しよったんです 247
8月　監査役の協議
　　監査役の協議の意味は「全員一致」という意味なんだ 253
9月　取締役の報酬等の決定手続
　　総会で報酬枠の決議をしてその後はどうなるのかな？ 260
10月　取締役の報酬等の性質
　　「役員報酬」って具体的には何を指すのか知ってるかい？ 268
11月　役員報酬の事後開示
　　だいぶ役員報酬、わかってきましたわ 276
12月　株主名簿とは
　　これから株主名簿をじっくり説明することにするよ 285
1月　振替制度と総株主通知
　　だけど上場会社は株券が電子化されているから、この仕組みではないんだ 294
2月　個別株主通知と情報提供請求
　　それにはね、個別株主通知という制度があるんだ 302
3月　特別口座とは
　　何ですか、それ？　そないに特別な口座なんですか？ 310

● 凡　例

1　文　献

略　称	正式名称
伊藤ほか・会社法	伊藤靖史＝大杉謙一＝田中亘＝松井秀征『会社法〔第3版〕』（有斐閣、2015）
大隅ほか・概説	大隅健一郎＝今井宏＝小林量『新会社法概説〔第2版〕』（有斐閣、2010）
落合・要説	落合誠一『会社法要説〔第2版〕』（有斐閣、2016）
髙田・役員報酬	髙田剛『実務家のための役員報酬の手引き』（商事法務、2013）
髙橋ほか・会社法	髙橋美加＝笠原武朗＝久保大作＝久保田安彦『会社法』（弘文堂、2016）
龍田・大要	龍田節『会社法大要』（有斐閣、2007）
田中・会社法	田中亘『会社法』（東京大学出版会、2016）
東証代・ガイド	東京証券代行編『詳解　株式実務ガイドブック』（中央経済社、2015）
中村ほか・実務	中村直人＝倉橋雄作『会社法の実務』（商事法務、2016）
中村・役員	中村直人『役員のための株主総会運営法〔第2版〕』（商事法務、2016）
三井住友信託・平成28年ポイント	三井住友信託銀行証券代行コンサルティング部編『株式実務　株主総会のポイント〈平成28年版〉』（財経詳報社、2016）
桃尾・会社法	桃尾・松尾・難波法律事務所編　鳥養雅夫＝大堀徳人＝山田洋平編著『コーポレート・ガバナンスからみる会社法〔第2版〕』（商事法務、2015）
桃尾・Q&A	桃尾・松尾・難波法律事務所編著『Q&A株主総会の実務』（商事法務、2012）

略　称	正式名称
森・株主総会	森・濱田松本法律事務所編　宮谷隆＝奥山健志『株主総会の準備事務と議事運営〔第4版〕』（中央経済社、2015）
2014年版株主総会白書	商事法務研究会編「株主総会白書　2014年版」商事法務2051号（2014）
2015年版株主総会白書	商事法務研究会編「株主総会白書　2015年版」商事法務2085号（2015）
2016年版株主総会白書	商事法務研究会編「株主総会白書　2016年版」商事法務2118号（2016）

2　判例集・雑誌

略　称	正式名称
民　集	大審院民事判例集、最高裁判所民事判例集
判　時	判例時報
金　判	金融・商事判例
資料版商事	資料版商事法務

● **本書の舞台と登場人物**

　本書の舞台は凄井（すごい）部品工業というメーカー。同社は上場しており、機関設計は監査役会設置会社。

名　前	人物紹介
若手くん （わかてくん）	凄井部品工業総務部の若手社員。大阪の営業から転勤してきたため、株式実務、株主総会実務については全くの門外漢で、ベテラン部長に会社法の教育を受けながら、なんとか実務をこなしている。「大阪弁」丸出しでお調子者かつ気骨がないが、基本的には明るい。
辺手覧部長 （べてらんぶちょう）	凄井部品工業総務部長。通称"ベテラン部長"。性格は穏やかで総務部畑が長く、株式実務、株主総会実務に精通している。
駆出さん （かけだしさん）	若手くんが総務部に転勤してきた1年後に、凄井部品工業経理部に配属された新人。ルックスはアイドル並みだが、某大学法学部から大学院に進み本気で司法試験の勉強をしていたこともある法律バリバリの女性。
矢留木くん （やるきくん）	若手くんが総務部に転勤してきた2年後に、駆出さんと同じ凄井部品工業経理部に配属された新人。身長188cmの長身でカッコ良く、頭脳も優秀で試験に落ちたことがない。

1年目4月　株主総会とは

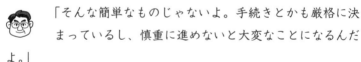 株主総会ってそんなに大変なんですか？

・・・・・・・・・・

「やっぱり4月になると、そろそろ株主総会が近づいてきた感じがするなあ。若手くんは大阪の営業から転勤して来て株主総会は初めてだろ。しっかり準備してくれよ。」

「はい。せやけど、そないに総会準備って大変なんですかねえ？　聞いた話ですけど、今どきは総会屋さんもあんまり来んみたいですし、うちなんかせいぜい来場するんも100人弱らしいですやん。ちゃっちゃとやってしもたらあかんのですか？」

「そんな簡単なものじゃないよ。手続きとかも厳格に決まっているし、慎重に進めないと大変なことになるんだよ。」

「なんかピンときませんわ。手続きとかも確かに厳格に決まってるみたいですけど、ちょっとくらい招集通知が遅れたってどうせ可決するだけの賛成票も確保できるでしょうし。部長がそないに慎重にっておっしゃるのもいまいち腹に落ちんなあって感じで。」

「う〜ん。若手くんはもう少し総会について勉強したほうがいいかもな。よし、今少し時間があるから、総会のそもそも論を話してあげよう。では、最初に質問だ。若手くん、総会はなぜ開かなければならないんだと思うかね？」

「そら、法律で開けってなってるからですやん。」

「そりゃあそうだけど、じゃあ、なぜ、会社法は総会を開けって言っているのかな？」

「それは、経営陣が株主に報告事項を報告して、議案を審議して可決するために決まってますやん。議案を可決しないと取締役は任期が来てしまうし、配当かって払えませんもん。」

「少しは知識もあるようだな。それでは、ちょっと意地悪な質問をしよう。報告事項の報告なら、株主全員に報告事項を郵送して読んでもらえばよさそうだし、議案の採決だって多数決なんだから、同封の議決権行使書に賛否を記入のうえ返送してもらえば、それを集計して採決できそうじゃないか。それなら総会を開かなくても一応はできそうだぞ。さて、元の質問に戻ろうか。なぜ、会社法は総会を開けって言っているのかな？」

「……」

「降参か。まあ、しようがないな。ちょっと意地悪な質問だったからな。答えは、会社法が実際に総会（会議）を開けと言っている主旨は、若手くんが言ったように報告事項を報告して、決議事項を審議・採決するに当たって、きちんと経営陣と株主で"双方向のやりとり"をしたうえで物事を決めてほし

いうことなんだよ。ということは、株主からの質問や動議のような発言は、会社法は最初から予定しているということなんだ。わかったかな？」

「そんなこと考えてもみませんでした。法律で決まってるから総会やるのはしようがないことやって思ってましたもん。勉強になりました。やっぱり、もうちょっと勉強せんとあかんみたいです。部長、僕、まだまだ間抜けですけどがんばりますんでよろしゅうお願いします。」

「よし、やる気が出てきたのなら、これから総会までに実務をやりながらいろいろ話していくよ。つぎの機会には、"双方向のやりとり"について、つまり株主の質問とそれを受ける役員の説明義務について話そう。」

解　説

1　株主総会とは

　株主総会については、会社法295条以下に定められており、一般に「株式会社の最高意思決定機関」であると言われている。しかし、株式会社のすべての事項について決議できる万能の機関ではなく、取締役会設置会社においては、会社法および定款で定めた事項に限って決議することができる（会社法295条2項）、とされている。では、なぜ、最高意思決定機関と言われるのだろう。

　上場会社ではなく、もっと原始的な取締役会非設置会社で考えるとわかりやすいが、このような会社には会社の機関は株主総会と取締役しかない。このような会社の多くは小規模で取締役自身が大株主であることも多いので、重要な業務執行上の決定を行うために頻繁に株主総会を開催したとしてもさほど負担にはならない。この場合の株主総

会は、会社法に規定する事項および株式会社の組織、運営、管理その他株式会社に関する一切の事項について決議をすることができる（会社法295条1項）とされ、文字どおり万能の機関である。

　しかし、会社の規模が大きくなり株主数も増えると、何かあるたびに株主総会を開催するのが負担になってくるので、取締役会を設置して、業務執行上の事項については取締役会が意思決定をしていくほうがスピード感がある。そこで会社法は、取締役会設置会社においては、取締役会で決議すべき事項と株主総会で決議すべき事項を明確に区分する。すなわち、業務執行上の事項等は取締役会で、会社法および定款で定めた事項は株主総会で決定するということである。「多数に分散化した株主は、その会社に関する詳細な経営情報を持っていないし、また経営者としての能力を持っているわけではない。そのため、株主が自ら経営判断するより、経営のプロである取締役にその経営を委ねた方が、効率的な経営ができる。」（中村ほか・実務75頁）ということなのである。

　それでも、株主総会は会社法および定款で定めた事項、つまり取締役・監査役の選解任、定款変更、剰余金の処分、合併等組織再編など、株式会社の根幹に係る事項を決議する機関であるため、株式会社の最高意思決定機関と言われているのである。

　取締役会非設置会社のように頻繁に株主総会が開催されれば、株主による取締役の職務執行のチェックもそれだけ頻繁に行われることになるが、取締役会設置会社となれば通常株主総会は年1回となることから、株主総会は株主が年に1度、経営者をチェックする場である、ということもできる。

❚2　なぜ実際に開催する必要があるのか

　なぜ会社法は、株主総会を実際に開催せよと規定しているのか。広域に多くの株主が存在する上場会社の株主総会では、実際の来場株主

数は総株主数の数％に過ぎない。逆に言えば90％以上の株主は来場しない。そうであるにもかかわらず、会社法が株主総会の開催を義務づけているのは、報告事項を報告して決議事項を審議・採決するに当たり、きちんと経営陣と株主で"双方向のやりとり"をしたうえで物事を決めてほしいと考えているということなのである。したがって、株主総会においては「会議」、すなわち"双方向のやりとり"である議論をして結論を出すというプロセスが十分確保されることが重要である。

ポイント
・株主総会は、「双方向のやりとり」である議論をして結論を出すというプロセスの確保が重要。

もっと知りたい方は
・中村・役員47頁

1年目5月　役員の説明義務

総会で質問されたら、全部答えんといかんのやないんですか？

● ● ● ● ● ● ● ● ● ●

「若手くん、ゴールデンウィークも終わったし、そろそろ株主総会モードになってきたかい？」

「それが……あの……。ゴールデンウィーク中に総会の参考書を読もと思っとったんですけど、実家の大阪へ帰ったら、昔の友達とかに誘われてしもて……。すんません。これからがんばります。」

「そんなことだろうと思ったよ。よし、じゃあ今から、前回の続きの話をしようか。」

「はい。お願いします。前回は、総会においては"双方向のやりとり"が重要だ、ってなお話でしたよね。」

「そう。今日は総会における"双方向のやりとり"、つまり株主の質問とそれを受ける役員の説明義務について話してあげよう。若手くんは去年の当社の総会でどんな質問が出たか、知ってるかな？」

「そら、知ってますよ、調べましたもん。全部で5問出て、①配当についての考え方、②食事の出る懇親会をやってほしい、③株価がいまいちやけどなんで？、④株主優待を

やってくれ、⑤海外展開について、やったんちゃうかな。社長はきちんと5問とも回答したって聞いてますけど。」

「一応ちゃんと調べてるみたいだな。じゃあ質問だ。今言った5問の中で、法的に役員の説明義務があるのはどれだと思うかい？」

「えっ！　役員は総会で株主から質問されたら、全部答えんといかんのやないんですか？　部長がおっしゃるみたいに、説明義務のある質問とない質問があるなんて、考えたこともありませんわ。質問されたら答えるもんや、って思ってましたもん。」

「現実には、よほど会議にそぐわないことを質問されない限りは回答しているんだけれど、法的にはすべての質問に役員の説明義務があるわけじゃないんだよ。あのね、若手くん。そもそも株主総会って、招集通知の1ページ目に書いてあるように目的事項っていうのがあるんだ。この目的事項を審議するために株主総会を開いているわけだけど、通常目的事項には報告事項と決議事項があってね、報告事項は事業報告や計算書類（連結）の報告、監査の報告（会計監査人・監査役会）でね、決議事項は第1号からの議案になるわけ。」

＜定時株主総会招集通知（狭義の招集通知）参考例＞

証券コード〇〇〇〇
平成〇年〇月〇日

株主各位

〇〇市〇〇区〇〇町〇丁目〇番〇号
〇　〇　〇　〇　株式会社
取締役社長　〇　〇　〇　〇

第〇回定時株主総会招集ご通知

拝啓　平素は格別のご高配を賜り厚くお礼申しあげます。
　さて、当社第〇回定時株主総会を下記のとおり開催いたしますので、ご出席くださいますようご通知申しあげます。
（中略）
　　　　　　　　　　　　　　　　　　　　　　敬　具

記

1．日　時　平成〇年〇月〇日（〇曜日）午前〇時
2．場　所　〇〇市〇〇区〇〇町〇丁目〇番〇号
　　　　　　当社本店〇階会議室（末尾の会場ご案内図をご参照ください。）
3．目的事項
　　報告事項　1．第〇期（平成〇年〇月〇日から平成〇年〇月〇日まで）事業報告の内容、連結計算書類の内容ならびに会計監査人および監査役会の連結計算書類監査結果報告の件
　　　　　　　2．第〇期（平成〇年〇月〇日から平成〇年〇月〇日まで）計算書類の内容報告の件
　　決議事項
　　　第1号議案　剰余金の処分の件
　　　第2号議案　定款一部変更の件
　　　第3号議案　取締役〇名選任の件
　　　　　　　　（以下略）

「それくらい、さすがに知ってますよ。」

「でも、本当の意味がわかってないんだよな、若手くんは。そもそも報告事項というのはね、お金を出している株主に対して経営のハンドルを握っている経営陣が、『この１年間がんばって会社経営をやってきた、事業の経過および成果、計算書類等を報告する』ことによって、会社の概況を理解してもらうためにあるんだ。また決議事項は今後の会社の運営に必要な事項を決定するためにある。したがって、報告事項関連なら「会社の概況をより理解するための質問」、決議事項関連なら「その議案の賛否を意思決定するための質問」というものが、法が株主に認めた質問権なんだ。そうすると、それらについて質問されれば、回答する役員に説明義務が生じることになる。だけど、そうじゃない質問は逆に説明義務のない質問ということになるんだ。」

「たしかに言われてみればそないなことになりますわな。」

「じゃあ、若手くん、最初の質問に戻ろう。去年の５問のうち、説明義務のあるのはどれだい？」

「ええと、①の配当についての考え方は、第１号議案剰余金処分の賛否を決めるための質問やから説明義務あり。②の食事懇親会は目的事項に関係ないからなし。③の株価と④の株主優待もなし。⑤の海外展開は会社の概況を理解するための質問やからあり、ってな感じですか？」

「正解。そういうこと。」

「部長、そしたら、なんで去年社長は５問とも答えたんですか？ ①と⑤だけ答えて、残りの３つは目的事項に関係ないから答えません、でもよかったんとちゃうんですか？ そのほうが楽やし。」

「若手くんの言うように、別にそれでもいいんだよ、法的には。ただね、実際に総会にお越しになる個人株主の方々は大半が株主総会の法律なんて全然知らない、いわば素人の方々なんだ。そんな人たちがせっかく時間と交通費を使って当社の総会に来てくれたのに、主催者側の当社が法律で求められた最低限のことしかしない、質問も説明義務のある質問しか受けない、ってことをしたら、素人の株主さんたちはどう思うかな？」

「法律を何も知らん、素人さんが自分の質問をあっさり蹴り飛ばされたら、冷たい会社やな、とか、腹立つ、とかって思うでしょうね。」

「だろうね。だから、よほど会議にそぐわない質問じゃない限りは、回答しているのが、当社だけではなくてほとんどの上場会社の実態なんだ。」

「なるほど。これも株主サービスって言えるかもしれんなあ。株主の質問と役員の説明義務の法的位置づけはようわかりましたけど、ちょっと質問していいですか？ たとえば、株を高値づかみして勝手に怒っている株主が、説明義務の範囲内の質問をしてきたんやけど最初から納得する気はあらへん、みたいなのはどうするんですか？ 説明義務はあるけどいくら説明しても納得してくれん、みたいなことになったら収拾がつかんような気いがするんですけど。」

「いい質問だ。それはね、ちゃんと大丈夫なようになってるんだよ。会社法施行規則第71条にね、役員が説明を拒んでもいい場合というのが書いてあってね、その中に"株主が実質的に同一の事項について繰り返して説明を求める場合"というのがあるんだ。だから若手くんが言ったような何度説明しても納得してくれない株主の質問は、三度くらい説明して納得してくれなかったら議長が『もうこの質問については終わりにします』とか『先ほどの説明で十分であると考えます』って言って強制終了しても大丈夫なんだ。また、判例で、取締役等の説明義務は、平均的株主が株主総会の目的事項を理解し決議事項について賛否を決して議決権を行使するにあたり、客観的に合理的に理解しうる程度に説明すれば足りる、というのがあるんだ。簡単にいえば、普通の一般株主が『なるほどな』と思う程度の説明で説明義務は果たしたことになるということなんだ。だから、その質問者が納得していなくても、普通の人が納得するレベルの説明をすればいいんだよ。」

「なるほどなあ。部長のおっしゃった説明義務のお話を、僕なりに解釈すると、"説明義務の横幅は会社の概況の理解・議案の賛否の意思決定の範囲内、説明義務の深さは一般ピープルがなるほどなって思う程度"ちゅうことですよね。そんで、それ以外の質問はサービスの一環で極力答えてあげるほうがええかな、みたいな。」

「まあ、そういうことだね。ちょっとはわかってきたみたいだな。今若手くんが言った"深さ"のイメージができれば、想定問答集を作る時にもどこまで説明するかで悩まなくていいと思うよ。」

役員の説明義務

「そうですね。でも、何が飛んでくるかわからん、株主の質問に答える役員さんて、大変なんですねえ。」

解説

1 役員の説明義務

　株主総会における、株主の質問に対する役員の説明義務については会社法314条に定められている。

　会社法が株主総会において株主と会社との間の"双方向のやりとり"を予定している以上、株主に質問権があるのは当然と言えるが、同条はそれを「株主の質問権」というかたちではなく「役員の説明義務」というかたちで明文化している。役員の説明義務は、旧商法の昭和56年改正時に旧商法237条ノ3として規定され、現在の会社法314条に受け継がれているものである。「(昭和)56年改正では当初、総会において株主が質問をしても、総会屋主導の総会運営によって、株主の質問すら無視される傾向が強かったことに対応して、株主の質問権を法定する予定であった。しかし株主の質問権という形で法定することに対しては、かえって総会屋を勢いづかせるとの懸念も指摘され、これを取締役・監査役の説明義務という形で裏から規定したものである。株主に質問権があることは会議体の一般原則として当然のことであるから、説明義務の法定は株主の質問権の存在を当然の前提としている。」(上村達男「取締役・監査役の説明義務」判例タイムズ1048号108頁)。

　会社法314条では、説明義務の例外として、質問が目的事項に関しない場合、説明をすることにより株主共同の利益を著しく害する場合その他正当な理由がある場合として会社法施行規則71条で定める場合が規定されている。当然のことではあるが、総会の円滑な運営のために、株主に無限の質問権を与える、または役員に無限の説明義務

を課すものではない。

(会社法施行規則 71 条)
(1) 説明をするために調査をすることが必要である場合（総会の日より相当の期間前に当該事項を会社に通知した場合、必要な調査が著しく容易である場合を除く）
(2) 説明をすることにより会社その他の者の権利を侵害することとなる場合
(3) 実質的に同一の事項について繰り返して説明を求める場合
(4) 説明をしないことにつき正当な理由がある場合

　この規定により、取引先の秘密や顧客情報、未開示の重要情報等は説明義務の対象とはならず、納得する気もなく繰り返して同じ質問をするケースに対しても「先程の説明で十分と考えます」と言って終了させることができる。

2　説明義務の射程

　説明義務の射程、すなわち説明の範囲（横幅）と説明の程度（深さ）はどのくらいなのか。まず、範囲については、総会の目的である報告事項と決議事項について、報告事項を理解して決議事項を判断するために必要な範囲の説明ということになる。もう少し具体的に言うと、報告事項とは、株主に選任され経営を任された取締役が、お金の出し手である株主に対してこの 1 年の経営の成果を報告して会社の概況を理解してもらう、そのための書類が事業報告、計算書類等であるということなのである。したがって、会社の概況を理解するための質問には説明義務がある。決議事項については、取締役会が上程した議案について、株主が賛否の意思決定をするために必要な質問には説明義務がある、ということである。

　では、説明の程度はどうか。これについては、福岡地裁平成 3 年 5 月 14 日判決（判時 1392 号 126 頁）がわかりやすい。この判決では、

「取締役等の説明義務は、合理的な平均的株主が、株主総会の目的事項を理解し決議事項について賛否を決して議決権を行使するにあたり、合理的判断をするのに客観的に必要な範囲において認められるものと解すべきである」として、質問者を納得させる必要はなく、あくまでも合理的な平均的株主が合理的な判断をするのに必要なレベルの説明でよいとされている。そうだとすると、役員の説明義務は、実はそんなに広く深いものではないということがわかる。

これはある意味では当然とも言える。それはなぜか。通常、広域に多くの株主が存在する上場会社では招集通知とともに議決権行使書が株主宛に送付され、株主総会に出席することができない株主は総会に出席しなくとも議決権行使ができる仕組みになっている。そのために、会社法は招集通知に添付されている株主総会参考書類を読めば大抵の株主は賛否の意思決定が可能となるよう株主総会参考書類の記載事項を定め、事業報告等を読めば会社の概況がわかるように事業報告の記載事項を定めている。したがって、総会当日の質問に対する役員の回答も、招集通知を補足する程度の内容でよいとされている。

では、現実の総会で出る質問はどうか。株価、株主優待、総会のお土産、総会場での茶菓の接待、店舗展開業種における現場でのクレーム等、相当数が説明義務のない質問である。しかしながら、せっかく来てくれた株主に杓子定規な対応もいかがなものかという観点からほとんどの上場会社では丁寧に回答している。また株主は、終わってしまった前期の事業報告関連ではなく、引き続き株式を保有し続けるかの判断のためにも「これからのこと」に対する関心が高い。もっとも、回答する役員は、当然のことながら重要情報管理の観点から開示済みの内容の範囲内で回答することとなる。しかし、株主は適時開示を日々入念に確認する人ばかりではないので、開示済みの内容であっても回答する意義はある。近頃は、一般株主が積極的に質問をする時代となり、よく調査・研究をした上で出される質問など株主の質問も

バリエーション豊富、かつ日々トレンドも変わっていくので、証券代行機関や企業法務に詳しい弁護士と一緒に入念にリハーサルを行っている会社も多い。

　最後に、説明義務違反があった場合はどうなるのか。説明義務違反は決議方法の法令違反に該当し、株主総会の決議取消事由となる（会社法 831 条 1 項）。これは決議事項についてであって報告事項に関する質問に対しては説明義務違反があっても対応する決議自体が存在しないので決議方法の法令違反とはならない（前掲福岡地裁判決）。

> **ポイント**
> ・取締役等には総会で出された質問に対して説明義務があるが、説明義務の範囲は、総会の目的である報告事項と決議事項について、報告事項を理解して決議事項を判断するために必要な範囲である。
> ・説明義務の程度は、招集通知を補足する程度の内容でよい。
> ・現実には説明義務のない質問も多数見られるが、できるだけ丁寧に回答する。
> ・決議事項関連の質問に説明義務違反があった場合には決議取消事由になり得るが、報告事項への質問については対応する決議事項がないので決議方法の法令違反とはならない。

> **もっと知りたい方は**
> ・中村・役員 157 頁
> ・桃尾・Q & A252 頁

1年目6月　株主総会のシナリオ

事前質問状なんか、ほっといたらいいですやん

● ● ● ● ● ● ● ● ● ●

「若手くん、いよいよ株主総会本番が近づいてきたけど、準備のほうはどうだい？」

「バッチリですよ！　招集通知もとっくに出したし、想定問答集も前回の部長のお話のおかげでそんなに苦労せんでもできたし。あとは、シナリオをチョイチョイッとつくって、リハーサル２回やったらしまいですもん。本番は社長以下役員の皆さんにがんばってもらうとして、もう僕らの仕事は大体しまいですよ。僕もなかなかがんばったな、みたいな、やれやれモードになってきましたわ。」

「総会本番直前で、やれやれモードはないだろう（ちょっと怒）。まだまだここからが最後の仕上げで気の抜けないところじゃないか。」

「えぇ～？　でも、リハーサルは証券代行さんが来てくれて、出そうな質問を本番さながらにやってもらえるんですよね？　まあ、本番の日は僕も事務局に入りますけど、うちの社長はうまいって聞いてるし。総会がすんだら、取締役会、監査役会やって臨時報告書出して登記してってのはありますけど総会後の話ですし。あとはシナリオくらいでしょ？」

「そう。まず、今の若手くんがまずやるべきなのは、きちんとしたシナリオを作ることだ。それにはまず、シナリオの構成について理解をすることが重要なんだよ。若手くん、シナリオの構成はちゃんとわかっているかな?」

「えっ? シナリオの構成ってそんなに重要なんですか? 正直言うて、僕、シナリオは去年のやつをチョイチョイッといじって作ろと思うてましたもん。そんなこと、考えてませんでした。」

「最終的には去年のシナリオをベースに作るとしても、内容を理解しておかないとね。普通はシナリオの構成はこのようになっているんだよ。うちは一括審議方式だからね。」
(一括審議方式のシナリオの構成)
　①事務局からの定刻伝達
　②社長の挨拶と議長就任宣言
　③開会宣言
　④質問の受付時期の指定・明示
　⑤出席株主数・議決権個数の報告
　⑥監査役の監査報告(連結含む)
　⑦報告事項の報告(事業報告、計算書類等)
　⑧議案の上程
　⑨事前質問状に対する一括回答
　⑩議事進行に関する注意、協力要請
　⑪質疑応答
　⑫議案の採決
　⑬閉会宣言

「何となくわかりますけど。これにそないに意味があるんですか？　どこの会社もこんなもんという気がしますけど。」

「最初に社長が出てきて挨拶するとともに議長就任宣言をする（②）。これは、議事整理権のある"議長"にまず就任していち早く議場をコントロールするためなんだ。開会宣言（③）の後、質疑応答コーナーを指定・明示することにより、一般株主にわかりやすい運営とする（④）。また、質疑応答コーナーを指定・明示することにより、そこ以外での発言はすべて不規則発言として許さないこととする。それから、監査報告、事業報告、計算書類の報告……と、前回話した会社の概況を理解してもらうための報告事項の報告と続く。一括審議方式ではそこからそのまま議案の上程となるんだ。報告事項、決議事項を一通り説明して、それから質疑応答へと行くんだけど、その前に、事前質問状に対する一括回答（⑨）、議事進行に関する注意、協力要請（⑩）がある。」

「ちょっと待ってください！　事前質問状に対する一括回答って何ですか？」

「えっ！　若手くん！　今になってそんなことを言ってちゃだめだよ（再びちょっと怒）。総会前に株主から質問状が届くことがあるんだ。一括回答って言うのはね、それに対する回答を会社側からあらかじめ答えてしまう方法のことだよ。」

「え〜っ。でも、たしか、事前質問状って、法的には意味がなくって、現実に総会で質問されない限り、役員の説明義務はあらへんのですよね。それやったら、そんなんほっといたらいいですやん。」

「やっぱりわかってないなあ、若手くんは。まず、本当に総会で質問されない限り説明義務はない、というのは正しい。でも事前質問状は何の意味もないわけではないんだ。前回話した役員の説明拒否事由のひとつ、役員が説明をするために調査が必要な場合、というのが、総会の相当の期間前に通知した場合（つまり事前質問状を出した場合）には使えなくなる。だって、ある程度の期間前に質問状が来れば、調査できるんだからあたりまえだよね。まあ、調査だけしておくという考え方もあるし、事前質問状が来たら必ず一括回答をしなければならないというわけでもないんだ。若手くんの言うように、"ほっとく"という方法も十分ありなんだ。じゃあ、なぜ一括回答をするのかと言うとね、若手くん、ここで一括回答しておけば、似たような質問が実際に出た場合、『そのご質問につきましては先ほどご説明いたしましたとおりでございます』と言って済ませることもできるというメリットがあるからなんだ。なので、毎年質問状が来るとか、いくつも質問状が来る会社は、一括回答をするんだよ。」

「なるほどなあ。簡単に言うと、質問状が来たからって言っても必ずしも一括回答をする必要はないけど、その後の質問によっては一括回答をしといたほうが楽ができるってことですよね。」

「そういうこと。ねっ、若手くん、シナリオの意味をきちんと理解すると総会の流れが見えてくるだろう？ 報告事項を説明して会社の概況を理解してもらい、決議事項を説明したあと質疑応答を行い、その後は採決して閉会宣言となるんだ。この順番は別に法律で決まっているわけじゃないけど、理にかなっているだろう？」

「はい部長。ようわかりました。やっぱり、理屈もわからんと去年のシナリオをいじって今年のシナリオを作っとったら、失敗しとったかもしれませんでした。何より、今日は、事前質問状のところが勉強になりました。ああ〜っ！！！そう言えば、今朝何か株主さんから手紙が来とったような……」

「こらっ！　若手くん！　すぐに持ってきなさい！！！（怒）」

解説

1　株主総会のシナリオ

　株主総会のシナリオは、最初の事務局からの定刻伝達から、最後の閉会宣言まで、議長等の必要なセリフや事前質問状に対する一括回答、役員の一礼、起立するタイミング等のト書きも含めて記載されるのが通例である。このように、法令上および実務上必要な事項が記載されていることから、シナリオに従って進めていけば、適法な株主総会運営が可能となるものである。

　株主総会のシナリオは、一般に「個別審議方式」と「一括審議方式」に大別される。「一括審議方式」は、株主の発言できるところが明確なので、最近では一般株主のわかりやすさを重視する各社の方針から後記のとおり増加傾向にある。

一括審議方式	個別審議方式
①事務局からの定刻伝達	同左
②社長の挨拶と議長就任宣言	同左
③開会宣言	同左
④質問受付時期の指定・明示	同左
⑤出席株主数・議決権個数の報告	同左
⑥監査役の監査報告（連結含む）	同左
⑦報告事項の報告（事業報告、計算書類等）	同左
⑧議案の上程	事前質問状に対する一括回答
⑨事前質問状に対する一括回答	議事進行に関する注意、協力要請
⑩議事進行に関する注意、協力要請	報告事項の質疑応答
⑪質疑応答	各議案ごとに上程、審議、採決
⑫議案の採決	閉会宣言
⑬閉会宣言	

	2014年	2015年	2016年
一括審議方式	51.8%	55.2%	59.8%
個別審議方式	46.8%	43.7%	39.0%

（2014年版～2016年版株主総会白書による）

株主総会のシナリオ

一般的な一括審議方式のシナリオの構成は上記のとおりである。社長はまず、挨拶の後、議事整理権（会社法315条）を持つ議長にいち早く就任し、議場をコントロールする（②）。その後、③開会宣言を行う。④質問の受付時期の指定・明示は、株主にルールを守らないと不規則発言として制御しますよ、という意味である。⑤出席株主数・議決権個数の報告は、定足数を要する議案についてこれを充足していることを確認するべく、通例として行われている。

　⑥監査役の監査報告（連結含む）は、多くの場合、単体の監査報告と連結の監査報告（会計監査人および監査役会）を行っている。単体の監査報告については、株主総会に提出される議案・書類等に法令・定款違反または著しく不当な事項があると認められる場合（会社法384条）以外は法律上要求されているものではないが、慣行的に行われているものである。連結計算書類に関する監査結果の報告は、法律上、取締役が行うものとされているが（会社法444条7項）、前述のとおり単体の監査報告を慣行的に監査役が行うことから、議長の指名により監査役が個別・連結両方の監査報告を行えば足りると考えられている。念を入れて、監査役の監査報告の後、「連結計算書類の監査結果は、以上の報告のとおりであります」と議長が追認的発言をするシナリオも多くの会社で採用されている。

　⑦報告事項の報告（事業報告、計算書類等）、⑧議案の上程は、株主に会社の概況を理解してもらい、議案に賛成してもらって可決するために議案をよく説明するという、シナリオで中核をなす部分である。総会の目的事項そのものであるから当然きちんと説明を行う。

　⑨事前質問状に対する一括回答は、事前質問状が来たら、の話である。事前質問状自体は総会における「説明義務のある質問」ではなく、質問の予告であると考えられている（宮崎地裁平成14年4月25日判決　金判1159号43頁）。なぜなら会社法314条は、「株主総会において、株主から特定の事項について説明を求められた場合には

……」となっているので、役員の説明義務は総会場で実際に質問されなければ生じないからである。したがって、事前質問状は、会社法施行規則71条1号イの調査が必要であるという説明拒否事由が使えなくなるという効果しかない（前出宮崎地裁判決）。そうであれば、一括回答も事前質問状が来れば必ず行うもの、というわけではなく、特に何もしない（調査が必要なものがない場合）、調査だけはしておいて質問されれば答えられるようにしておく、という考え方もある。しかし、現実には一括回答を行う会社が多い（2016年版株主総会白書によれば、事前質問状有かつ本人出席の会社の71社/106社が一括回答を行っている）。これは、事前質問状を出す株主は運動型株主やクレーマーが多いこと、一括回答をすることによって当該株主のいやらしい質問を「そのご質問につきましては先ほどご説明いたしましたとおりでございます」と言って済ますことができるというメリットがあるからだと考えられる。

　⑩議事進行に関する注意、協力要請は、質疑応答に際して、質問株主に挙手をお願いしたり、指名された質問者に出席票番号・名前を言ってもらうよう要請することである。議長の、秩序ある双方向の会議を運営するための議事整理権の一環である。⑪質疑応答においては、株主の質問に回答役員がきちんと対応することが基本であるが、シナリオにおけるポイントは、質疑応答が長時間に及ぶ場合の質疑打切りシナリオである。議長および役員は、質疑応答が長時間に及んだ場合でも最後まですべての質問に対応しなければならないわけではない。会社法315条は、「議長は総会の秩序を維持し議事を整理する」としているが（議事整理権）、言い換えると、きちんとした双方向の会議ができるように場を仕切るということなので、判例でも「平均的な株主が客観的に見て会議の目的事項を理解し、合理的に判断することができる状況にあると判断した時は、まだ質問等を求める者がいても、そこで質疑を打ち切って議事進行を図ることができるものと解さ

れる」とされている(名古屋地裁平成5年9月30日判決　資料版商事116号188頁)。実務的には、打ち切りに際して、株主重視の柔らかい対応として「あと2人で」と予告をしたり、議長が質疑打切りを議場に提案し、賛成多数で可決して行う等の方法が取られることが多い。質疑応答が終われば、仮に⑫議案の採決時に質問希望者が出ても、取り上げる必要はないし、勝手に話すようなら、不規則発言として取り扱えばよい。

⑪質疑応答の後は、⑫議案の採決、⑬閉会宣言となる。

シナリオ作成に当たっては、議長が読みやすいように、縦書き横書き、字の大きさ、ふりがな等について議長の意向を踏まえること、動議が出た場合のシナリオや議長が急病等で交替する場合のシナリオを別途作成しておくことが考えられる。

ポイント
・総会のシナリオは適法な総会運営のためには不可欠であり、しっかり意味を把握し作成することが重要である。
・質問受付時期の指定・明示は、一般株主のわかりやすさと議長の円滑な運営のために開会直後に行うことが望ましい。
・事前質問状については、総会における取締役等の説明義務は生じないが、円滑な運営のために一括回答するという方法も一般的である。
・議長の議事整理権の一環として、場合によっては質疑打切りも検討(2年目6月参照)。
・シナリオは議長が読みやすいように作成し、動議や議長交替等のシナリオも準備する。

もっと知りたい方は
・三井住友信託・平成28年ポイント354頁

1年目7月　株主総会の実際の運営①

議長の件とお土産の件とマイクの件、教えてくださいよ

「若手くん、やっと株主総会も終わったな。ご苦労さん。」

「ほんまに、やっと、って感じですよ。初めてで気ぃ使うことも多かったし、わからんこともようけあったし。くたびれました。でも、もう来年からはバッチリですよ。今年でひととおりわかりましたから。」

「そんな簡単なものでもないぞ、若手くん。株主総会っていうのは、ほんとにいろいろなバリエーションや突発事項対応があるんだ。うちの会社は、法が認めている範囲内で、"うちのやり方"、の総会をやっているけど、よその会社にはよその会社のやり方があるんだ。だから、若手くんにもいくつかよその会社の総会を見学してもらったじゃないか。」

「部長に言われてよその会社の総会へ行かしてもらいましたけど、確かに細かいところはいろいろ違うとこがありましたわ。たとえば、議長は社長じゃなくて会長がやっていたり、議決権行使書の枚数分だけお土産がもらえたり。質疑応答のときのマイクも、スタンドマイク方式だったりハンドマイク方式だったり。でも、そんなん、大した問題やないでしょ？」

「もちろん、法的には大した問題じゃないこともある。だけど、そういうものに限って、運営上は大事だったり、来場株主の満足という観点からは結構重要なものもあるんだ。やっぱり若手くんはわかってないなあ。」

「そんなもんなんですかねえ？　そないに僕、わかってへんのかなあ？　そしたら部長、今僕が言うた３つのパターン、議長の件とお土産の件とマイクの件、教えてくださいよ。今聞いとかんと絶対来年また聞くことになると思うんで。お願いしますよ！」

「珍しいな。返事ばかりであまり勉強しない若手くんがそこまで言うなら、ちょっと解説しようか。そのかわり、ちゃんと覚えるんだぞ！」

「わかりました、ちゃんと覚えます！」

「相変わらず、返事だけはいいな。じゃあ、議長の件から行こうか。若手くんが見学した総会では、議長が社長じゃなくて会長だったんだよね？」

「そうです。僕は議長は社長がやるもんやって思てたんで、へぇ〜って思たんです。」

「それは、その会社の定款で、「取締役会長が議長となる」って決めてるからなんだ。そもそも株主総会の運営はね、会社法の明文規定は少なくて、通常の会議体のルールに基づくとされているんだ。そうすると、原則的には議長も株主総会で決めなくてはならなくなって、たくさん株主が来場する会社では議長を決めるだけでも大変なことになってしまう。だから、通

常は定款で議長をあらかじめ決めているんだ。たいていの会社では、定款で議長を取締役社長としているけれども、法律的には、絶対社長じゃないとだめというわけでもなくて、オーナー会社なんかでは創業者である会長が議長となるところもあるんだ。」

「ふ〜ん。なるほどなあ。確かに、いちいち議長を決めるところから総会やってたら、正直終わりませんもんね。1,000人とか来る総会だったら、議長になりたい人が続出するかもしれへんし。でも、そういうことなら、定款で決めてるっちゅうても、絶対にそのとおりにやらなあかん項目やのうて、議長の選任手続を省略してるだけのもんちゅうことですよね？」

「なかなかいいことを言う。そのとおりだよ。これが絶対そのとおりにやらなくてはいけない項目だったら、議長不信任動議なんか成立しないことになってしまう。通常の会議体のルールに基づく、ということは、議長だって会議に来ている人が決める、議長が不適任だと思ったら会議でメンバーチェンジをするっていうのが本筋だからね。」

「ようわかりました。ほしたら、つぎは議決権行使書の枚数分だけお土産をもらえるパターンの説明をお願いします。うちの会社は"来た人ひとりにお土産ひとつ"のルールだから、どこもそうやと思てたら、違うんや、と新鮮でした。」

「そうだよ。うちはひとりひとりのルールなのに、今回の総会で若手くんが失敗したやつだよ！」

「えっ！　はい。あれはトランプみたいに5枚くらい議決権行使書用紙を出した株主さんが、『去年は枚数分くれたわよ！！！』ってすごい剣幕で怒鳴ったんで、ついついそう

株主総会の実際の運営①

やったんやて思て渡してしもたんです。すみません、部長。」

「いいよ。もう済んだことだ。ただね、ひとつ間違えたらもっと大変になってたかもしれないんだよ。そこのところは、わかってるかな?」

「えっ! もっと大変なこと? いまいちようわかりません。別にお菓子代の話やないですよね?」

「大事なことはね、来場してくれた株主に差をつけるとトラブルになるかもしれないってことだよ。うちは1,000円くらいの洋菓子がお土産なんだけど、ひとりひとつのルールでやってる。これは、うちの会社としては"わざわざ時間と交通費を使って総会に来てくれた株主へのささやかなお礼"という位置づけだからなんだ。なので、何枚議決権行使書を出そうが、来てくれた株主さんがひとりならお土産はひとつという整理にしているんだ。だけど、よそでは枚数分もらえる会社もあるから、株主さんによっては、"けちけちするな"と怒る人もいる。でも、ささやかなお礼にまで法律の決めはないから、こんなのは会社の決めの問題なんだ。だから、枚数分お土産を渡す会社も結構たくさんあるんだ。推測だけど、お土産くらい出してあげればいいじゃないか、それで株主さんが喜ぶのなら、とか、来場者が多すぎて枚数分欲しがる株主さんへの応対が負担だから渡してしまえ、といった考えの会社もたくさんあるんだと思うよ。よくないのは、この人にはひとりひとつって言ったのに、別の人には枚数分渡すこと。」

「あっ! 僕だ。」

「そうだよ。あれはトラブルの元になりかねないんだ。なぜかというとね、さっき断られてしょうがないなって思ってくれた株主が、枚数分もらっている人を見たら腹が立つだろ。それでその人が騒いだら受付が大混乱になりかねないし、最悪の場合は"うそをつく"会社だと思われてしまうかもしれないだろ。それが、もっと大変になったかもしれないって言った理由だよ。まあ、あまりにもごねる人には、ちょっと横の見えないところで渡すしかしょうがない時もあるかもしれないけどね。」

「はい、ようわかりました。よかれと思てやっても、トラブルになったかもしれませんね。よくない行為やったとやっとわかりました。せやけどそんなことくらいであの人、よくあんなにすごい剣幕で怒鳴りますよね。迫力負けしました。すみません、部長。」

「そんなもんだよ。ちなみにうちはもうずっと前から、ひとりひとつのルールだから、去年はくれたとかっていうことはまずないからね。」

「はい。騙されないようにします。最後は、会場のマイクの件、お願いします。なんで、スタンドマイク方式とハンドマイク方式の両方があるんかな、と不思議でした。どっちかのほうがええんやったら、片っぽに収斂するはずやのにって。」

「それはね、両方に長所短所があって一概に決められないから、各会社が自分たちの総会に合うやり方を選択してるってことなんだ。スタンドマイク方式は、株主の移動が必要だし、株主にマイクの前に居座られて一方的に発言される可能性があったり、株主席中央にスタンドマイクがある場合は前方列にいる質問株主は自分の席よりも後ろで発言することになるから立

株主総会の実際の運営① 29

腹してマイクへ行かずに自席で発言する可能性もある。だけど、何千人もの株主が来る大規模総会では、ハンドマイクを持ったスタッフが会場を走り回るよりスタンドマイクを何本も立てておいて『株主様、右前方の3番マイクでどうぞ』と言って株主に移動してもらうほうがスムーズな運営ができるんだ。一方ハンドマイク方式はマイク係が何人か必要になる反面、質問終了後に株主からマイクを回収したり小声で「どうぞおかけください」などと株主さんに声かけして議長の運営をサポートできる面もある。うちは来場する株主が100名くらいで特別広い会場ってわけでもないから、ハンドマイク方式を採用してるんだ。わかったかな?」

「なるほどな〜。ようわかりました。マイクなんかにもひとつひとつちゃんと意味があるんですねえ。やっぱり株主総会って深いですねえ。来年はバッチリです発言は撤回します。でも、あと何年かかったら、部長みたいになんでも総会のことがわかるようになるんですかねえ? なんか、きりがないようにも思えますし。」

「大丈夫だよ。そのうちわかるようになるよ。大事なことは、ひとつひとつの事柄を"なぜなんだろう?"と思って調べたり、私や証券代行の人に聞いたりすることだ。最初から何でも知ってる人なんていないから、みんなそうやって覚えてきたんだよ」

「はい。ほな、次の総会までの1年間でちょっとは勉強していきますんで、部長、これからもいろいろ教えてください!」

「たまにはいいことを言うじゃないか、若手くん！（笑）」

解説

1　議長は会長でもよいのか

　会社法には、株主総会の具体的な運営方法についての詳細な規定はない。314条の「取締役等の説明義務」、315条の「議長の権限」が具体的な運営方法の数少ない規定である。「法に定められていない事項は、「会議体の一般原則」に従って運営することになる。「会議体の一般原則」とは、会議であればこのような運営がなされるだろうという一般常識のようなものであり、会社法以外の法令にまとまった規定があるわけではない。」（髙橋ほか・会社法121頁）ということである。したがって、「会議体の一般原則」に則るならば、議長は会議で決める、ということになるが、上場会社では定款に、取締役社長が議長となるとの定めを置く場合が多い。その理由は、議長選出の手続きを省略でき、法律を理解した会社側の人間が議長を務めることにより秩序ある運営ができる、定款の定めは株主の意見を反映している（定款変更は株主総会の特別決議によるため）、等である。定款の規定があれば、議長は取締役社長でも取締役会長でも全く問題はない。この定款の定めは、絶対にそのとおりに行わなくてはならないものではなく、議長の選任手続を省略しているだけのものなのである。そうでなければ、議長不信任動議は定款違反として成立し得ないことになってしまう。会議体の一般原則に基づく、ということは、議長は会議に来ている人が決める、議長が不適任だと思えば会議で変更できるということなのである。

2　お土産について

　株主総会のお土産については、通常の儀礼的な範囲内で行われている限り法律の問題ではなく、「会社の決め」の問題である。しかし、個人株主が積極的に出席する状況下、会社経営に関心が低い個人株主にとっては、出席するかどうかの大きなファクターとなっているのも事実である。

　お土産の位置づけを「わざわざ時間と交通費を使って総会に来てくれた株主へのささやかなお礼」とするならば、議決権行使書用紙を何枚持ってきてもお土産は一つとなろう。しかし、多数の株主が来場する株主総会の受付ではとにかく「スピーディに株主の受付事務を捌く」ことが必要であり、「お土産でファンになってくれるのであれば、枚数分どうぞ」という考えの会社もあろう。これは、正しいかどうかの問題ではなく、会社としてお土産を「どう位置づけるか」という問題なのである。

3　質疑応答時に使用するマイクはスタンドマイク方式かハンドマイク方式か

　質疑応答時に使用するマイクをスタンドマイクとするかハンドマイクとするかも法律の問題ではなく、「会社の運営上の決め」の問題である。会話文にもあるとおり、大規模会場ではスタンドマイク方式が多い。結局、現実の上場会社の株主総会では、株主に移動をお願いしたとしても円滑な運営ができるのであればスタンドマイク方式、小規模会場ではハンドマイク方式の採用が多いように思われる。

ポイント

・株主総会の具体的な運営方法については会社法に詳細な規定はなく、「会議体の一般原則」に則り運営される。議長が誰かという問題については、通常、上場会社の場合、定款で定めている。定款で定めているのであれば取締役社長でも取締役会長でも全く問題はない。
・お土産については、基本的に会社の決めの問題なので、ひとりひとつでも議決権行使書用紙の枚数分渡しでも全く問題はない。ただし、株主への対応がまちまちにならないように（ひとりひとつと枚数分渡しが混在するなど）ルールを徹底すべきである。
・質疑応答時のマイクについては、スタンドマイク方式でもハンドマイク方式でもよいが、会場の広さ、来場株主数、スタッフの人数等を考慮し、より円滑な運営ができるほうを選択すべきである。

もっと知りたい方は

・議長について
中村ほか・実務 124 頁
三井住友信託・平成 28 年ポイント 298 頁
・お土産について
中村直人編著『株主総会ハンドブック〔第 4 版〕』（商事法務、2016）363 頁
2016 年版株主総会白書 45 頁

1年目8月　株主優待①

おたくは株主優待、なんでやらんの？（その1）

● ● ● ● ● ● ● ● ● ●

（電話を切ったあと、疲れた表情で）「あ〜あ。やっとれんわ。」

「どうした、若手くん。何かあったのかい？」

「どうもこうもありまへんわ。今日は朝からなんでか知らんけど『おたくは株主優待、なんでやらんの？』っていう（株主からの）電話、もう4件も取ったんですわ。うちが昔から株主優待はやってないの、株主さんかて知ってるはずやし、株価もまあまあやし、配当もきちっと出してるし、なんでこないに文句ばっかり言われなあかんのかって思ったらあほらしいて、あほらしいて。」

「それは災難だったな。それできちんとうちの会社の考え方は説明したんだよね？」

「それはもう、ちゃんと話してるんですけどね。『当社といたしましては、まず業績を上げての企業価値の向上、配当のアップにより株主様の期待にお応えしていくという考え方でございます。当社は部品メーカーですので、自社製品をお配りして親しみを持っていただくというのにもそぐわないものですか

ら、何卒ご理解をいただきたいと思います』と話してるんですけどねえ。それで納得してくれる人が大半なんですけど、今日は『どこもみんなやっとるやないか！』『お米券配ったらええやないか！』とかっていうのんばっかりやったんで、くたびれてしもて……。今日は全然仕事になりませんわ。」

　「まあ、そういう日もたまにはあるよね。うちの会社の考え方の説明も、それでいいんだ。株主優待は個人株主には評判がいいけれど、機関投資家なんかにはあまり評判がよくないから、やるやらないは会社ごとの考え方次第なんだ。みんなやってるというのも言いすぎで、約3,600社の上場会社のうち、株主優待導入企業は約1,300社くらいだしね。でも元気で返事だけはいいのが若手くんの持ち味なんだから、そうめげるな。そうだ！　だったら今日は株主優待について話してあげようか？　若手くんは、株主優待を"ただの株主向けサービス"くらいにしか思ってないんじゃないのかい？　実は株主優待って、結構難しいんだよ。」

　「えっ！　なんか難しいことがあるんですか？　でも今まで部長が難しいって言ったことは、結局難しかったから、今回も教えてください。」

　「よし、じゃあ話してあげよう。まず、最初に質問だ。配当と株主優待の違いは何だと思う？」

　「え～っ。そんなん急に言われても……。配当と株主優待の違いですか？　考えたこともないなあ。配当は法的に定められたもんですけど、株主優待はただの株主向けサービスで会社によってやるとことやらんとこがある、っていうことですか？」

株主優待① 35

「その答えだといまひとつだな。名前が配当だろうと株主優待だろうと、"会社の利益を株主に還元する"ものは、会社法の配当のルールや他のルールに抵触するかどうかを考える必要があるんだ。会社法では配当も金銭だけではなくて現物配当も認めているから、よけいにややこしいんだ。株主優待は戦前からある制度だから、この問題は結構昔から議論されていてね、会社法で株主優待を考える上でのポイントは3つあるとされているんだ。それは、①現物配当に当たるか、②株主平等原則上問題はないか、③株主への利益供与に当たるかの3つでね。一応、株主優待はこの3つに抵触しないようにやってる限りはセーフってことになっているんだよ。」

「ふ〜ん。現物配当かあ。なるほどなあ。確かに、お米券もらっても金券ショップですぐに換金できますもんね。そういう目で見たら現実には配当っぽいとも言えるなあ。株主平等原則っちゅうのもひっかかるなあ。配当は完全に株数比例だけど、株主優待は持株数を段階的に区分けしてるのが多いから、厳密には株主平等じゃないかもなあ。でも利益供与ってのは大丈夫そうやな。だって、会社法120条は"株主の権利の行使に関し"利益供与してはいけない、となってるけど、株主優待は"株主の権利の行使に関し"ではないですもんね。ある一定の日の株主に会社が決められたルールに則って物品・サービスを一方的に提供するだけで、権利の行使に何か期待してやってるわけやないからなあ。あれっ？ なんか変なこと言いましたか？ 部長、固まってますけど？」

「……いやいや、若手くんの口から条文が出てきたので面食らっただけだよ。何が起こったのかと思ったよ。ちょっとは勉強したんだな。見直したよ。利益供与関係は若手く

んの言うとおりで、株主の権利の行使に影響を及ぼす目的ではないので大丈夫なんだ。株主優待は通常、個人株主（ファン）作りや自社製品・サービスのPR等の理由で実施されるからね。でも、現物配当と株主平等原則の問題は悩ましいだろ？」

「そうですね。でも部長は答えを知ってるんですよね？だったら教えてくださいよ！」

「じゃあ、まず現物配当に当たるかからいこう。ここでは、株主優待が実質的に配当の性格を有するか否か、ということが重要なんだ。そして通説としては、株主優待は個人株主作りや自社製品・サービスのPR等のために少額のものを提供しているだけなので、配当の性格は認められず、現物配当制度とは別個のものであるとされているんだ。だからすごく金額の高いものを配ると、実質的に会社財産の分配を行ったと見なされて、配当ルールの潜脱だっていわれるかもしれないんだ。」

「なるほどなあ。個人株主作りや自社製品・サービスのPR等っていうように見てもらうためには、少額じゃないとだめってことですね。そりゃそやわなあ。PRにどかどか金を使うっていうのも変やもんな。そしたら、株主平等原則上問題はないかっていうのはどうなんですか？　株主優待って、配当みたいに株数比例やないし、頭打ちもあるし。これに株主平等原則って言われたら、あんまり平等な気ぃがせんのですけど。」

「これがいちばん難しいところだね。会社法109条は"株主を、その有する株式の内容及び数に応じて、平等に取り扱わなければならない"としているから、ぱっと見では株主優待は株主平等原則に反している感じもするよね。ここのところは昔から議論のあるところでね、反するとする説、反しないと

株主優待①

する説、いろいろあるんだけど、多数説としては"実質的に判断して反しないとする説"なんだ。つまりね、平等の意味は形式的に判断するのではなくて、その株主優待制度の内容等を具体的・実質的に総合判断して決定されるべきものである、という考え方なんだ。だから、通常、株主優待制度は大株主のみを優遇するものではなく（むしろ小口株主を優遇している）、内容・目的・金額から見て合理的範囲のものであれば、株主平等原則には反しないとされているんだよ。あと、別の考え方では、株主優待は現物配当ではないとされた時点で株主権の内容ではないのだから、原則として株主平等原則とは関係ない（そうは言っても株主という資格に基づいて優待するわけなので、平等原則の緩やかな適用はある）とするものもあるんだ。いろんな考え方があるんだけど、結局、少額で、個人株主作りや自社製品・サービスのPR等という目的のために合理的と見なされている限りにおいては、厳密には株数比例ではなくても株主平等原則には反しないということなんだ。結構難しいけど、わかったかな？」

「なんとなく……。結局のところ、3つのポイントについては、個人株主（ファン）作りや自社製品・サービスのPR等という目的のために、少額であれば、一応はOKだけど、金額がでかいとか、大株主に特別優遇するような制度設計だとヤバくなる、ってことですかね。」

「まあ、そういうことだね。過去の法的な議論はおおむねそんな感じだけれど、1,300社以上の上場会社が株主優待をやっているから、過去の議論が必ずしも当てはまらないとか、当時はそんなに個性的な株主優待をやってるところはなかったということもあるんだ。だから、うちの会社は今のところ株主優待をやる方向にはないけど、将来検討しようってことになった

ら結構大変かもしれないんだよ。大事なことはね、今はやっていないから関係ないや、ではなくて一応はひととおり勉強しておくことなんだ。前回も言ったけれど、ひとつひとつの事柄を"なぜなんだろう"と思って、調べる・聞くということを継続すること、これが一番大事なんだ。じゃあ、僕は会議があるから今日はこのくらいにして、また今度、株主優待の続きを話してあげるよ。」

「はい。僕もつぎまでにもう一回株主優待を勉強しときます。」

解説

　株主優待制度とは、一定の持株数（基準株数）に応じて、剰余金配当以外に自社製品や自社サービスの割引券等を交付する制度である。これは日本独特の制度で、戦前から鉄道・興行等の業種で慣行として行われてきたものであり、現在でも個人株主（ファン）作りや自社製品・サービスのPR等を目的として多くの上場会社が導入している。2016年9月末現在、上場企業3,686社中（REIT含む、外国株式、ETF・新株予約権・TOKYO PROMarketは含まず）1,307社で導入されており、導入率は35.5％で過去最高となった（大和インベスター・リレーションズ『株主優待ガイド2017年版』（ソシム、2016）14頁）。

　株主優待の適法性については、従来から①現物配当に当たるか、②株主平等原則上問題はないか、③株主への利益供与に当たるかの3つが論点とされてきた。

1　現物配当

　会社法は金銭のみならず現物配当を認めている（会社法454条）。

したがって、株主優待が仮に現物配当と見なされるならば、原則として株主総会等の手続きや財源規制（債権者保護のために、貸借対照表上の剰余金をベースに計算される分配可能額を超えて株主還元を行うことはできないというルール。2年目9月参照）に服すること等が求められることになる。会社法の立案担当官も「株主優待制度が、会社法の規制の脱法行為的なものである場合には、違法となる場合も考えられる。たとえば、会社財産を株主に分配するタイプの株主優待制度は、現物配当との区別があいまいであるから、現物配当に関する規制（分配可能額の制限等）の趣旨を没却することのないように、その設計には細心の注意が必要である」と述べている（相澤哲編著『一問一答　新・会社法〔改訂版〕』（商事法務、2009) 55頁）。これについては、株主優待が実質的に配当の性格を有するか否かが重要なポイントとなる。「個人株主づくりや、自社製品・施設などの宣伝の目的などで、優待券を株主に割り当てる場合などでは、一般には、実質的な配当とは認めにくいと思われる。要は当該事業の具体的状況において、当該株主優待のなされる趣旨・目的、優待の内容・方法・効果などを総合的に考慮して、配当の性格が認められるかが決定されねばならないのである」（落合誠一「株主平等の原則」鈴木竹雄＝大隅健一郎監修『会社法演習(1)』（有斐閣、1983) 215頁）という考え方を踏まえ、一般的には個人株主作りや自社製品・サービスのPR等のために少額のものを提供する株主優待は、配当の性格を有さないとされている。個人株主作りや自社商品・サービス等の宣伝等の「合理的な目的に相当な範囲を超え、株主優待制度の下に現物配当の規制に服することなく実質的に株主に対する財産の分配を行うことは、配当規制の潜脱として違法となり得る」（弥永真生ほか監修『新会社法実務相談』（商事法務、2006) 282頁）と考えられ、個人株主作りや自社製品・サービスのPR等を目的とした株主優待が適法であると認められるためには、実務上少額のものを提供するということが前提になると思われる。

2 株主平等原則

　株主平等原則を表面的に捉えると、株主優待は、会社法109条の"株主を、その有する株式の内容及び数に応じて、平等に取り扱わなければならない"の定めに違反するように見える。しかし、これについて立案担当官は、単元未満株主に議決権を与えない、現物配当の場合に一定数未満の株式保有者には金銭交付とする等会社法109条には例外があり、「合理的な理由に基づき、その有する株式数に応じて取扱いの差異を設けることを妨げるものではない。したがって、株主優待制度も、合理的な理由に基づくものであれば、必ずしも会社法109条1項には違反するものではない」（前掲相澤55頁）として、合理的であれば、厳密には株数比例ではなくても違法とはならないとしている。歴史的にも、株主優待については、株主平等原則に反している、反していないと諸説があるが、「平等原則の平等の意味は、（中略）形式的に判断されるべきではなく、その優待制度の内容・効果を具体的・実質的に総合判断して決定されるべきである」（前掲落合212頁）が通説とされていて、必ずしも厳密な株数比例ではなくても許容されている。ほかにも「株主優待は会社のイメージアップ措置の範囲内であれば株主権とは関係がなく、乗車券・入場券などが持株数に厳密に比例しなくても問題にすることはない」（龍田・大要201頁）、「株主優待制度による物品の供与等が現物配当にあたらないとすると、その株主優待制度による物品の供与等は株主としての法律上の権利には含まれないことになる。（中略）したがって、原則として株主平等原則とは関係ないとも思われる。しかし、株主という資格に基づいて優待する以上、株主平等原則のゆるやかな適用はあると考えるべきだろう」（弥永真生『会社法の実践トピックス24』（日本評論社、2009）39頁）などがあり、いずれにしても、現物配当に当たるか、と同様、株主平等原則の問題についても、個人株主作りや自社製品・サービスのPR等という目的とした株主優待が適法であると認められるためには、実務

上"少額のものを提供"ということになると思われる。

3　利益供与

株主への利益供与に当たるか、については、会話文のとおりで、通常単元株主全員に提供されること、株主の権利の行使に影響を及ぼす目的ではないこと等から問題がないとされている。

もっと知りたい方は

・松井秀樹「会社法下における株主優待制度」新堂幸司＝山下友信編『会社法と商事法務』（商事法務、2008）29頁
・山田純子「株主優待乗車券制度と利益配当」商事法務1349号36頁
・葉玉匡美「会社法が求める『株主優待制度』の考え方」ビジネス法務2008年4月号
・弥永真生『会社法の実践トピックス24』（日本評論社、2009）29頁
・弥永真生ほか監修『新会社法実務相談』（商事法務、2006）280頁
・仁科秀隆＝後藤晃輔「近時の株主優待制度の傾向と分析」資料版商事360号6頁
・全国株懇連合会編『全株懇モデルⅠ』（商事法務、2016）357頁

1年目9月　株主優待②

おたくは株主優待、なんでやらんの？（その２）

● ● ● ● ● ● ● ● ●

「若手くん、今ちょっと時間あるかい？」

「はい、大丈夫です。あっ、株主優待の話の続きですね。はよ聞きたかったんですよ。あれからいろいろ株主優待について本で調べたりしたんですけど、なんか、調べれば調べるほどようわからん感じになってきてもうて……。部長に続きの話、やってもらわんと頭がすっきりせんで……。」

「そうか、ちょっとは勉強したんだな。じゃあ、株主優待の続きを話そうか。前回は株主優待全般の法的な考え方について話したけれど、現実にはポイントはそこだけじゃないから、今日はこの前とは違う話をしよう。若手くん、なぜ1,300社以上の会社が、株主優待をやっているんだと思う？」

「それは、自分とこの会社のファンになってほしいとか自社製品を使ってもらってカスタマーになってほしいとか、そんな感じやと思いますけど。実家のおかんも昔から"切符がもらえるからええねん"と言って沿線鉄道会社の株主でしたもん。やっぱり、個人株主をファンにするにはええ方法やと思います。」

「まあ、そうだね。でも株主には個人以外に、法人株主、機関投資家、外国人株主もいるよ。そういう人達にはどうかな？」

「う〜ん。あんまり歓迎されへんのとちゃうかな。電車の切符もろても、外国の株主は乗れませんし。映画の切符もろても日本まで映画見に来んやろうしなあ。せっかく日本へきたら映画やなくて富士山や法隆寺を見に行くのが本筋やと思うし。僕なんかも初めて東京来たときはアキバ行って生アイドル見ましたしね。お米券もろても、外国では使えんやろし。そういう人達はやっぱり配当がええんとちゃうかな？」

「そうだね。そのとおりなんだ。富士山と法隆寺、アキバで生アイドルが本筋かどうかは人によるだろうけれどね。機関投資家や外国人株主には、株主優待はあんまり評判がよくないんだ。でも、個人株主には概して喜ばれるから、会社としては、現状の株主構成、これから目指すべき株主構成なんかをしっかり考えて株主優待のあり方を考えないといけないんだ。」

「それって、"うちは大株主以外は個人株主ばっかりやから導入しよう"とか"うちはあんまり消費者の目に直接触れない製品のメーカーやからやめとこう"、"うちは外国人株主が多いから株主優待はやめとこう"とかってことですか？」

「そんな感じかな。消費者直結型の業種の会社じゃないからこそ、株主優待で個人のファン株主を作りたいって考え方もあるしね。要はその会社の方針なんだ。若手くんのお母さんみたいに、沿線住民の個人株主が切符を楽しみにしていてくれたら、きっとその株、売らずに持ってるだろ？」

「はい。うちのおかん、僕が子供のころからずっと持ってて今も持ってます。」

「それが、株主優待をやる会社の直接的な狙いなんだ。ちょっと株価が上がったらすぐに売ってしまうデイトレーダー株主より、ファンになってくれてずっと安定的に持ってくれる株主のほうが会社にとってはありがたいからね。まあ、1,300社以上の会社がやってるんだから、いろんな考え方があって、株主優待の内容も本当にいろいろあるけど、要は、せっかくそれなりに経費をかけてやるんだから、何を狙いにどういう内容のものをやるかっていうコンセプトが一番大事なんだ。でないと、せっかく導入したのに、株主総会や電話で文句ばっかり言われることになる。」

「でも、それっておかしくないですか？ 前の話でありましたけど、株主優待は株主権の内容やないっていう風に整理してもうたら、あくまでも会社が自主的にサービスでやってるわけであって少なくとも株主からあーしろこーしろ的に言われることやないやないですか。」

「理屈は若手くんのいうとおりなんだ。だけどね、一般に個人株主は法律についてはたいてい素人さんだっていうのは株主総会の時にも言ったよね。だから、個人株主には株主総会のお土産も株主優待も全部株主の権利だって思っている人がたくさんいるのが現実なんだ。だからこの前の若手くんのように、株主優待をやれっていう電話を一日に何件も受ける羽目になったりもするんだ。株主総会でもね、自社店舗の割引券とかの株主優待について『うちの近所に店舗がないから別のものにしろ！』とか、自社がスポンサーになってるプロゴルフトーナメン

トの招待券の株主優待について『わたしはゴルフに興味ないから別のものにしろ！』というような文句はあっちこっちでよくある話なんだよ。」

「なんかあほらしいですね。せっかく会社がよかれと思って株主優待やってんのにそんなに文句言われんのん。そんなに気に入らんねんやったら、僕やったら"文句が出るので株主優待は廃止します"って言いたくなるなあ。タダで物をもろといて文句言うっていうのはどうかと思いますけどね。」

「そのへんは難しいところだね。結局、聞こえてくるのは文句が多いけど、何も言わない人はみんな満足してるのかもしれないから、比率で言ったらやっぱり大抵の人は喜んでいるんだと思うよ。そっちの声のほうはなかなか聞こえてこないからね。だからね、やっぱり会社ごとのコンセプトが重要なんだと思うよ。スーパーやドラッグストア、飲食関係のように"個人株主＝会社のお客"というような会社だったら、安定的に株を持っててくれる個人株主はお店での売り上げにも貢献してくれて本当にありがたいだろうし、IT系やゲーム系の会社なんかだとそもそも株式投資をしそうな中高年齢層の人が理解しにくいだろうしね。株主優待はやっぱり株主構成や業種、その他いろいろなことを考えてやらないと、せっかく経費をかけたのに狙った効果が得られないということにもなりかねないんだ。だから、株主優待券が実際にどのように使われたかをきちんと追跡調査して、次回以降に生かしていこうとしている会社もあるんだよ。大抵の株主が概して喜んでくれるはずの個人株主対応でさえそうなんだから、機関投資家や外国人株主まで考えたら、株主優待の制度設計って結構難しいんだ。そのへんを反映してか、最近は本当にいろんな株主優待制度があるけれど、みんなが真剣にいろいろ考え

た結果なんだと思うよ。」

「そうですね。だいぶわかってきました。結局、どんな株主優待にしても文句言う人はちょっとはいてるだろうけど、自社の現状の株主構成やら今後どうしたいか、業種や営業エリアなんかをよう考えて、できるだけ喜んでもらえるように、ファンになってもらえるように、制度設計を考えるっちゅうことなんですね。」

「そういうことだね。株主優待制度は、戦前からあってね、鉄道会社の乗車券や映画会社の鑑賞券なんかが初期からあったんだけれど、やってる会社も少なかったし、今みたいにバリエーションもなかったんだ。でも今は1,300社以上がやってるから本当にいろいろあるよね。自社製品・サービスの提供はもとより、商品券や地元名産品、何種類かの中から選択できるものや株主優待ポイントの付与など本当によく考えたなっていうくらい種類がある。珍しいものでは、テレビ局会社の音楽番組観覧招待（応募者多数の場合は抽選）や、株主優待として株主総会後に旅行券が当たる抽選会を実施しているとか、ライブイベント招待（応募者多数の場合は抽選）、銀行の株主優待優遇金利等、本当に自社の個性・カラーを考えてやっているな、というものもたくさんある。その上、最近では株数ではなく保有期間に着目して、たとえば3年以上保有なら優待内容が拡充されるというのもあるんだ。株主優待が株主権の内容だったら、会社法は保有期間という概念はないから（少数株主権行使等一部を除く）、ありえないってことにもなるんだけど、結局株主権の内容ではないという整理をしたうえで（当然異論もあるということを承知のうえで）、株主優待だからこそ長期保有の株主にメリットを付与することができるということなんだ。長期保有でメリットがあれば、個人株

株主優待② 47

主はますますファンになってより長期保有してくれそうだしね。だから、しっかりコンセプトを考えて、会社も株主も満足する、そんな株主優待が理想的なんだよ。」

「それって、言われてみればそうなんですけど、実際にコンセプトを考えるのって大変そうですね。よかったあ！ うちは株主優待制度がなくって！」

「わかってないなあ。今制度がないから、やるってことになったら、一から考えなきゃいけなくなるんじゃないか！」

「あっ！ そうか。」

「まあ、今のところはうちの会社がすぐに株主優待をやる感じじゃないから、考え方を理解しておくだけでいいけどね。あと一つ重要なのは、個人情報保護法との絡みかな。」

「個人情報保護法ですか？ ようわかりませんけど。」

「株主優待でたとえば金券を株主に贈るとして、株主の住所氏名は株主名簿を使うだろ？ うちは株主が約10,000名くらいだから、株主名簿は個人情報の塊みたいなものなんだ。この法律では『個人情報はあらかじめ本人の同意なくして利用目的の範囲を超えて、利用してはならない』とされているけど、株主優待実施のための利用は、OKなんだ。全国株懇連合会の"株主名簿を中心とした株主等個人情報に関する個人情報保護法対応のガイドライン"の中の利用目的『株主としての地位に対し、発行会社から各種便宜を供与するため』に該当するとされているからね。ただし、気をつけないといけないところがあってね、株主優待じゃなくてたとえば、自社製品ラインナップのパン

フレット、 自社販売店網のパンフレット、自社製品購入の勧誘パンフレット、を送るとしたらどうかな？」

「会社のパンフレット送ったら、いかんのですか？」

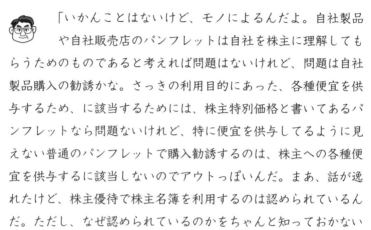「いかんことはないけど、モノによるんだよ。自社製品や自社販売店のパンフレットは自社を株主に理解してもらうためのものであると考えれば問題はないけれど、問題は自社製品購入の勧誘かな。さっきの利用目的にあった、各種便宜を供与するため、に該当するためには、株主特別価格と書いてあるパンフレットなら問題ないけれど、特に便宜を供与してるように見えない普通のパンフレットで購入勧誘するのは、株主への各種便宜を供与するに該当しないのでアウトっぽいんだ。まあ、話が逸れたけど、株主優待で株主名簿を利用するのは認められているんだ。ただし、なぜ認められているのかをちゃんと知っておかないといけない、ってことが言いたかったんだ。わかったかな？」

「はい。ようわかりました。ところで部長、どっか、株主優待でアイドルグッズもらえるとこ知りませんか？」

「君の興味は結局アイドルか！ ちゃんと話は聞いてたのか？（ちょっと怒）」

解　説

1　外国人株主と株主優待制度

　一般に、株主優待は個人株主には好評であるが、外国人株主や機関投資家にはあまり評判がよくない。これは、株主優待が日本独特の慣習であり、外国人株主にはなじみがないことのほか、株数比例ではな

い、外国人株主が利用できないものもある等が理由だと思われる。会話文でも触れているが、株主優待の中には明らかに外国人株主が利用できないものもあり、前回解説した"株数比例ではないという意味での数的株主平等原則"とは別に、一部の株主には最初から利用できないとわかっているものを提供しているという観点で株主平等原則に抵触するかどうかが問題となり得る。しかしこの点については、「株主優待制度の利益を享受できるのが事実上国内居住株主に限られる場合であっても、やはり昨今の事情に照らせば株主優待制度の導入目的に正当性を肯定することができるのが一般的であると考えられることからすると、このような導入目的からみて必要性および相当性が認められる制度設計であれば、一定の範囲で許容されると解すべきである」（仁科秀隆＝後藤晃輔「近時の株主優待制度の傾向と分析」資料版商事360号12頁（2014））という考え方が、現実的であると思われる。ただし、この考え方であっても、一部の株主には最初から利用できないとわかっている株主優待については「保有株数や保有期間が全く同じ株主において享受できる優待内容に違いを生じさせることからすると、（これ）については、相当性が認められる範囲は相対的に狭いと考えざるを得ない。そのため、制度設計に当たっては、（中略）長期保有株主の優遇制度以上に、その内容について慎重な検討が必要であると考えられる」（前掲仁科＝後藤12頁）とあるとおり、外国人株主と国内居住株主との株主優待における便益の違いを全面的に肯定しているわけではないことに注意が必要である。

2　保有期間別株主優待制度

　2016年9月末現在、保有期間別株主優待制度を導入している会社は256社である（大和インベスター・リレーションズ『株主優待ガイド2017年版』（ソシム、2016）18頁）。電鉄会社などが、沿線居住個人株主に長期保有してもらう、ファンになってもらうという目的を実現す

るには有効な方法であると考えられる。保有株数が同じ株主に対して優待内容に差をつけることについては、株主平等原則上問題があるという考え方もあるが、種類株式をもってしても法的には長期保有株主を優遇することが難しい中で、株主優待というツールを使うことによってその目的を実現している、ということであろう。結局、発行会社にはニーズが存在しているので、長期保有株主を優遇しファンになってもらうという目的達成のためには、「株主優待制度は、議決権のような典型的な株主の権利の内容に差異を設けるものではないことからすれば、結果的にもたらされる差異が著しく不平等であるといえなければ、合目的な差異であると考えて差し支えないのではなかろうか」(前掲仁科＝後藤 11 頁) という考え方が適切なように思われる。

3　その他の留意点

　株主優待は発行会社サイドに相応の経費や運営負担がかかることとなる。したがって、個人株主作りや自社製品・サービスの PR 等という目的のためには、どのような制度設計が目的に適っているか、株主優待の基準日だけではなく長期保有してもらうためにはどういう内容にするべきか等を自社の業種、営業エリア、現在の株主構成、今後目指すべき株主構成、等を勘案して決定することになる。また、制度を作ってしまえば終わりではなく、継続して効果検証をしていくことが重要である。現実に、インターネット上の自社サイトで使えるクーポン券を株主優待としたが、わずかしか使われなかったため、1 年で制度を廃止した会社もあり、これなどは、使ってもらえなかったこと自体は成功とはいえないものの、1 年で効果なしという判断をして手を打ったという点ではスピード感のあるすばらしい意思決定であり、効果検証を行っていたからこそのアクションであると言える。株主優待は、個人株主＝顧客、という業種では比較的制度設計しやすいが、若手くんの勤める部品メーカーや、ネット関連 (主力ユーザー層が比較

的中高年が多い個人の投資家層と異なる)、バイオ関連等、どういう内容の制度設計が自社の個人株主に受け入れられるのかがわかりにくい業種もあるので、経費や運営負担をかけても実施するのであれば、それなりの目的達成が求められることになろう。

会話文では触れてはいないが、株主優待に係る経費は、通常会計上は、交際費や広告宣伝費となるため、株式分割を実施した場合等、コーポレートアクション後の株主優待制度改定も忘れないようにしたい。でないと、株主優待の経費が跳ね上がったりすることも現実によくあるので注意が必要である。

ポイント

・現物配当ルールや株主平等原則等会社法の規制に抵触せずに、株主優待を、個人株主（ファン）作りや自社製品・サービスのPR等という目的に活用するためには「少額」である必要がある。
・外国人株主等、株主優待を利用できない（利用しにくい）株主がいる中での株主優待は、ただちに違法と言うわけではないが、導入目的に正当性が認められ、制度設計にも必要性・相当性が求められることから、慎重に！
・保有期間別株主優待は、著しく不平等な差異を設けないように注意が必要。
・個人株主作りや自社製品・サービスのPR等という目的のためには、どのような制度設計が株主優待実施の目的に適っているかを、自社の業種、営業エリア、現在の株主構成、今後目指すべき株主構成等をしっかり検討して決定する。
・制度導入後の継続的な効果検証が重要で、結果によっては、制度見直しや廃止も視野に入れて運営していく。
・コーポレートアクション後の株主優待制度の見直しは忘れずに！

1年目10月　株主総会会場選定のポイント

行きましょう行きましょう！
総会会場探し！

　「若手くん、これからちょっと外出できるかい？ちょっとホテルを見に行きたいんだ。」

　「えっ！　何か会社で急にイベントでもするんですか？そんな話は全然聞いてませんけど。」

　「そうじゃないよ。若手くん、9月末の株主名簿は見たかい？」

　「はい、一応。何かようわかりませんけど、えらい株主数が増えてましたよね。今までだいたい1万名前後で推移しとったのに、今回は急に1万7千名くらいになっとったんで、あれ〜って思てたんですけど。何でですかねえ？」

　「理由はいろいろ考えられるんだけど、それはそれとしてね、株主数が1万名から1万7千名になったってことは、来年の株主総会に今まで以上に株主が来場するかもしれないってことだろ？　うちは今までおおむね100名足らずの来場だったけど、これが150名になるとしたら今までの会場では狭いよね？　だから、もう少し広めの会場を探そうかと思ってね。若手くんが手が空いているんなら、一緒に行って、株主総会の会

場を探すときのポイントをついでに話そうかと思ってね。急ぎの仕事がないのだったら、一緒に行こうか?」

「はいっ! ぜひお願いします! 大阪時代は営業やったんですけど、総務に来てからはあんまり外出がなくなって外へ出たかったんです! 行きましょう行きましょう! 総会会場探し! いろいろホテル回って、あれっ、もうこんな時間か、ってなことになって、じゃあ、たまには人形町の渋い居酒屋で一杯ひっかけて帰るかってなことになって……。行きましょう行きましょう! おいしいとこへ!」

「あのね! 株主総会の会場を探すのは仕事なんだよ! それに、そんなにいくつもホテル回りをするわけじゃないから5時までには会社に帰ってくるよ!(ちょっと怒)」

「え〜っ、そうなんですか、すんません。たまの外出なんで浮かれてしまいました。」

「じゃあ、2時半に出発しよう。」

(○○××ホテルに到着)

「ここやったら、地下鉄の駅からも近くてわかりやすいし、いいですねえ。そしたら部長、総会会場探しのポイント、お願いします。」

「うちの会社では、会場選びについての一番重要なファクターは予算なんだ。来場株主が1千名を超えるような会社では、収容できる会場がそんなにないからまずは押さえることが何よりも大事なんだろうけど、うちクラスだとまずは予算が一番なんだ。だけど、今日はそれなりの値段のところをネット

で調べてきたから、今日は予算のことはあまり考えないことにしよう。そうすると、まず重要なのは、部屋の広さだね。自社の総会の来場株主数をイメージして、その1.5倍くらいの席数は確保したい。やっぱり窮屈な感じがするよりもゆったりしているほうがいいし、予想よりもたくさん来場する場合もあるしね。予算は考えないって言ったけど、やっぱり広い部屋のほうが高くつくから、広ければいいっていうものでもない。次は天井の高さかな。最近はうちも総会をビジュアル化しているから、天井が低いと、中央の議長席がスクリーンを邪魔してしまうだろ？ だから、議長席に社長が立ってもスクリーンがよく見えるような部屋じゃないとね。」

「そうですね。いままでは140席くらいの部屋に100名弱やったけど、150名来るんやったら200～250席くらいは確保したいですよね。でもこれは部長、椅子のみでええんですよね？ 会社によっては株主席に机もあるっちゅうのんを見たことありますけど、うちは今年も椅子のみやから、それでええんですよね？」

「そうだね。椅子のみでいいよ。うちは以前から椅子のみスタイルだしね。最近は議長席に詰め寄るちょっと変わった株主がいるみたいで、最前列のみ机でバリケードという会場も見るけれど、うちの社長はバリケードは嫌いだろうしね。」

「椅子のみで250席やったら、この部屋で行けそうですやん、天井も高いし。これなら両サイドと縦横に通路を作っても余裕ですやん。」

「横幅的にはそのとおりだね。ただし、縦はどうかな。実は議長席を含むひな壇は結構前に出っ張っていてね、

ほら、後ろに事務局があるだろ。うちの事務局は6人だからね。それも考えて、ひな壇と株主席最前列の間を5メートルくらいは空けるとすると、どうかな?」

「いま、ホテルの人に聞いたら大丈夫って言うてはります。この部屋なら天井も高いし、スクリーンが大きいから、後ろのほうに座った場合でも正面スクリーンだけで行けそうですね。後ろの人用のスタンド式画面は要りませんね。」

「そういうことだね。この部屋なら、縦横に通路も作れそうだから、今までのようにマイクもハンドマイク方式で行けそうだしね。あまり狭いとマイク係が移動しにくいからね。そしたら、つぎは部屋の外をチェックしよう。」

「部屋の外? 外も大事なんですか?」

「まずはこの部屋のすぐ外、総会会場なら受付になるところに十分な広さがあるか。150名以上来場するなら、受付人数も増やさないとね。第1受付(普通の受付)、第2受付(議決権行使書用紙を忘れた場合等住所氏名で株主確認をする受付)、集計や索引のスペースやお土産のストック場所も必要だからね。開会10分前くらいになると受付付近は混み合うから、ある程度のスペースはないとね。」

「なるほどなあ。でも、ここなら大丈夫そうですね。」

「そうだね、エレベーターホールからまっすぐここまで来られるし、何よりいいのはクロークがエレベーターホールから受付を通り過ぎたすぐ向こうにあることだね。エレベーターを降りて、右が会場、左がクロークだと、こちらから案

内しないとクロークを利用してくれなくって、結局会場で隣の席に荷物を置いて1人が2席取ることにもなりかねないからね。こういうところも、会場が不必要に窮屈にならないようにするポイントなんだよ。」

「なるほどなあ、勉強になります。」

「珍しく神妙だな。では、つぎが電源の確認だ。」

「はあ？」

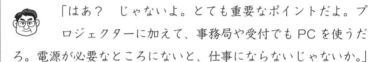
「はあ？ じゃないよ。とても重要なポイントだよ。プロジェクターに加えて、事務局や受付でもPCを使うだろ。電源が必要なところにないと、仕事にならないじゃないか。」

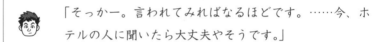
「そっかー。言われてみればなるほどです。……今、ホテルの人に聞いたら大丈夫やそうです。」

「よし。そのつぎはトイレと喫煙場所を見に行こう。」

「えっ！ 何ですかそれ？」

「何ですかじゃないよ。150名も人が集まってくるんだ、絶対聞かれるところなんだからちゃんと確認しておかないと。あんまり遠いと、ホテルのせいなのにこっちが株主に怒られたりするからね。……よし、これならあまり遠くないし大丈夫だね。そしたらつぎは控室の確認だ。」

「控室ですか？ 何かどうでもええ気がしますけど？」

株主総会会場選定のポイント

「どうでもよくないんだよ。まず、役員控室は、総会がすんだらそのまま取締役会をやるから、あまり冴えないところというのもまずい。それから、できればだけれど、役員控室から会場への動線は来場株主と遭遇しない、別ルートで会場のひな壇の横から入場できるのが望ましい。理由はわかるよね?」

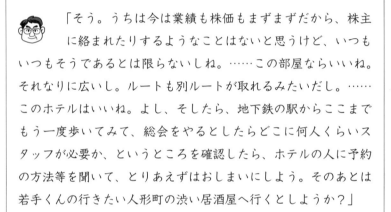

「やったあ! よろこんで!」

> **解 説**

1 株主総会会場選定のポイント

　株主総会の運営を円滑に実施するためには、会場は重要なポイントである。通常、上場会社における株主総会の会場選定において、最も重要な事項は予算であると考えられるが、これは各社各様である。自社施設が利用できる会社もあれば、貸会場を使用する会社もある。来場株主数が1,000名を超えるような大規模総会であれば、とにかく

会場確保が最優先事項となろう。ここでは予算以外の、貸会場における留意点を述べる。

① 交通の便利さ

来場株主にも便利な駅の近く等がよい。また、設営準備等を考慮し、会社からも近いほうがよい。

② 会場の広さ

来場株主数の予想をベースに、その1.5倍くらいの席数は用意したい。業績や株価等によって、急に来場株主数が増加することもあるし、あまり窮屈なのも閉塞感がある。株主席は椅子のみなのか机も置くのかで大きく座席数は変わることから、会社の考えを決めておくべきである。入場した株主の進路や質疑応答時のマイク係の移動（ハンドマイク方式の場合）を考えれば、株主席の中央等にやや太めの縦、横の通路があるとよい。また、株主席だけではなく気をつけたいのが、議長席の後方である。議長席の後方には事務局席（通常4～6名）があり議長のサポートを行うことおよび役員がスムーズに入退場できる通路の確保等を考えると、議長席の後方には相応のスペースが必要になる。

③ 天井の高さ・スクリーンの大きさ

最近は多くの会社で株主総会のビジュアル化が行われている。来場株主には事業報告の内容等が議長の読み上げだけではなく、グラフ、表、写真等を用いて説明されることからわかりやすく株主の満足度も高い。ビジュアル化を実施するためには、天井に高さが必要であり、あまり高くないと中央に立っている議長がスクリーンに被ってしまう。また、スクリーンがあまり大きくないようであれば、会場後方の株主からは見えづらいことから、別途スタント式のテレビ（スクリーン）を用意する必要も出てくる。したがって下見の時に、天井の高さやスクリーンの大きさは確認する必要がある。

④ 電源の場所

　前述ビジュアル化の機器、事務局におけるPC、受付におけるPC等、必要な場所に電源がないと、総会運営はスムーズにできない。

⑤ 受付の広さ

　来場株主数にもよるが、受付には、通常の受付、議決権行使書用紙を忘れた等により住所・氏名で株主確認を行う受付、集計や索引を行うスペース、お土産のストック場所等が必要である。あまり狭いとスタッフが機動的に動けない恐れがある。また、早く来た株主が寛ぐ株主控室や広めのロビー等があればなおよい。

⑥ クロークの場所

　貸会場の場合、株主の来場経路としてメインとなるエレベーター、エスカレーターから総会会場へのルート上にクロークがあればよいが、受付とは逆方向にクロークがある場合、来場株主は受付に気を取られてクロークを利用しない場合が多い。寒い季節に総会を行う場合、コートを脱ぎそのまま隣の席において一人で2席を占めることがよくあることから、来場株主にはできるだけクロークを利用してもらうほうがよい。受付と逆方向にクロークがある場合には、エレベーター前や受付等でクロークの利用をこまめに声かけする必要がある。

⑦ トイレ・喫煙場所の確認

　トイレ・喫煙場所は、会社スタッフが来場株主に最も質問される事項であることから、前もってどこにあるかを確認しておき、質問されたらスムーズに案内できるようにする。

⑧ 役員控室の場所

　役員控室から会場までの動線は、来場株主と遭遇しないで会場の横から入場できるルートを確保したい。これは、開会前、閉会後に来場株主に絡まれたりすることを防ぐためである。また、総会終了後に役員控室で取締役会等を行う会社もあることから、狭い、居心地の悪い部屋は避けたいところである。

⑨　予約

　できるだけ早く予約する。株主総会開催日は会社のいろいろな要因により決定されるが、使い勝手のよい会場は人気もあることから、開催日が決まったらできるだけ早く予約するべきである。また、前日に会場リハーサルを行う場合には2日連続で予約する必要がある点にも注意する。

⑩　案内板の設置場所、スタッフの配置と必要人数

　駅から遠い、会場のビルの構造が複雑等の理由で道に迷うようなことがあると株主不満につながることもあるので、できるだけわかりやすい道順案内を行う体制で臨むべきである。

⑪　駐車場の利用の可否

　駐車場がない（利用できない）場合、招集通知裏面の地図等に、その旨表示することも考えられる。

ポイント

・株主総会の会場については、自社会場か貸会場か、来場株主数がどれくらいか、ビジュアル化するか等、各社の事情により重点ポイントは変わるが、「会社側が運営しやすい」「来場株主が不満を持たない」の2点をベースとして考えるべきである。
・クロークの利用による一人2席占拠の削減や会場までの的確な案内等、ちょっとした気配りでトラブル回避ができるのでしっかりと計画することが肝要である。

もっと知りたい方は

・三井住友信託・平成28年ポイント270頁

1年目11月　会社法の目的と剰余権者としての株主

何で株主ってそんなに偉いんですか？

●●●●●●

「部長、ひとつ質問してもいいですか？　ここんとこ、ちょっと気になってることがあるんですけど……。」

「なんだい若手くん、質問って？　……いいよ、今大丈夫だから。」

「あの〜う、えっと〜、怒らんで聞いてくれます？　あまりにも入口の話やと思うんで……。いいですよね？」

「それは聞いてみないと何とも言えないよ、若手くん。まあ、何でもいいから言ってみなよ。」

「はい、じゃあ、言います。あの、今まで4月に総務に転勤してきて以来、部長にいろいろ株主総会を中心に教えてもろうて来たんですけど、……あの〜う、そもそも何で株主ってそんなに偉いんですか？（言ってしまったという表情。そのあとは立て板に水状態）たまたま、証券会社でうちの株、100株買うただけですやん。それが、何ようわからんけど会社に電話してきてしょっちゅう文句は言うし、株主総会のときかってスタッフの僕らにしゃべる時は大抵上から目線やし。こっちサイドもふたこと目には、株主の権利を侵害しないように、株主に粗相

がないようにってやってるわけで……。ものの本で見たら、出資者だから偉い的なことが書いたあったような気もしますけど、最初に会社作った時ならいざ知らず、今の株主の大部分は、うちの会社に直接出資したわけやなくて、証券会社で前の株主から株買うただけですやん。せやから、お金を払うた相手はうちの会社やなくて前の株主（つまりその株の売主）なわけで、うちの会社かて別にその人にお金出してもろたわけやないのに。何でなんですか？　大体、総会に来たり電話してくる人のほとんどは、会社法なんか全然わかってない素人さんばっかりやのに、会社で一番大事なことは株主総会で決めるのも全然理解でけへん。何で、この法律ではこんなおかしなことが決まってるんやろと思ったら、わけわからんようになってしもて……。部長、何でなんですか？（迷った挙句に言ってしまったのですっきりした表情）」

「まあ、確かに入口の話ではあるな。でも若手くん、結構これはいい質問なんだよ。怒らないから安心しなよ。じゃあ、今少し時間があるから、説明してあげよう。」

「はいっ！　ぜひお願いします！（怒られないでよかった感ありあり）」

「あのね、この問題は、会社法の根っこの問題なんだ。」

「えっ！　会社法って、根っことか茎とか花とかあるんですか？」

「違うよ！　そういう意味じゃなくて、会社法の"根本"の問題だっていうことだよ！　まず、会社法が何で法律として決められているか、つまり会社法の目的は何なのか、というところから話を始めようか。何だと思う？」

「えっ、急にそんなこと言われてもなあ……。あっ、思い出しました。本で読みましたけど、会社をめぐる利害関係人の利益を調整し、法律関係を円滑に処理する、ってのが目的やないかと……。」

「そうだね。少しは勉強しているみたいだね。それが商法時代からの伝統的な通説なんだ。じゃあ、会社をめぐる利害関係人って、具体的には誰のことだい？」

「えっとお〜、経営者、株主、債権者、従業員かな。」

「そう、会社をめぐる利害関係人としては、その４つが挙げられていることが多いね。じゃあ、その４つの中で会社の経営決定権を任せるべきなのは誰かな？」

「会社の経営決定権ですか？　う〜ん、誰なんやろ？　債権者って取引先のことですよね。何か取引先がうちの会社の経営決定権を持つっていうのも変やから、これはバツ。従業員が経営決定権を持つっていうのも、そもそも取締役の部下に過ぎない人が経営決定権なんてありえないからバツ。あとは経営者か株主だけど、経営者が経営決定権を持ってしまうと何でもありになるから、その２つから選ぶんやったら株主かなあ？」

「う〜ん。もうちょっと理論的じゃないとね。じゃあ、順番に説明しよう。まず、会社の経営決定権を誰に任せるべきかっていう問題は、言いかえれば、誰に任せれば一番会社のために一生懸命にがんばるか、会社の利益が上がるか、またその可能性が高いかってことなんだ。そういう観点で見ると、債権者は会社がすごく儲かっても、そこそこ儲かっても、自分の債権さえ回収できればいいから、そんなに必死にならずに安定的経営

を望むことになる。つまり、大成功に興味がないわけなんだ。つぎに従業員だけど、給料をもらうという観点からは一種の債権者とも言える。また経営者の指揮命令を受けるわけなので、経営者に従属していると言える。経営者に従属している者が経営決定権者というのも本末転倒だよね（経営者に従属している関係を調整するのは労働法ということになる）。そのつぎに経営者だけど、経営者（つまり取締役と思えばよい）は結局会社から報酬をもらっている関係にあるので、会社の経営が傾いて経営者として失格と言われることが最悪の事態であると考えるならば、安全運転ばかりしそうで、リスクを取る機動的な経営についてのインセンティブが働かない可能性がある。最後に株主だけど、株主のほかの３つと決定的に違うところは、剰余権者であることなんだ。つまりね、株式会社っていうのは、利益を追求する団体なので、会社が生み出した利益から債権者に払うべきものを払った残りは剰余権者のものになるってことなんだ。簡単に言えば、儲かっている会社を店じまいして解散することを考えてみればいいんだよ。払うものを払った残りは株主で分配することになるだろ。株式会社はさっきも言ったように利益を追求する団体なので、誰に経営決定権を任せれば、会社の利益追求に対して一番大きくインセンティブが働くか、って考えるとね、残りをもらえる権利のある株主に任せるべきということなんだ。株主に経営決定権を任せることが、会社が利益を追求するうえで一番可能性が高いということになる。だから、株主に最終的な経営決定権を任せ、株主・経営者・債権者の利害を調整するという目的のために会社法という法律があるんだ。さっきの若手くんの質問に答えるならば、株主は特別偉いわけじゃないけど、経営決定権を持っているから会社としては丁寧な対応をしている、会社で一番大事なことは株主総会で決めるっていうことなんだ。わかったかな？」

「なるほどなあ〜。理論的にはそうなっているのか。確かに最終的な剰余権者に経営決定権を任せるというのは理に適っているような……。でも、いまいち納得できんっていうか……う〜ん。」

「じゃあ、ちょっと強引なたとえ話をしよう。言っておくけれど強引なたとえ話で、必ずしも会社法ぴったりじゃないから、イメージだけつかめばいいからね。お金持ちのAさんがリストラされて無職の友人Bさんに『1台車が余っているから、無職なんだったら月給25万円でタクシー運転手でもやらないか？ 車、貸してあげるから。』と言って、Bさんも承諾したとする（この際、個人タクシーの免許等の話は無視する）。この場合、このタクシーの運転の内容、つまり今日は何時から何時までどこを流そうかということはすべてBさんの勝手になる。ガソリンを月末締め翌月一括払いで入れたら、ガソリンスタンドが債権者になる。この話で、Bさんの個人タクシー事業の利益に一番強いインセンティブを有するのは誰かな？ ガソリンスタンドはきちんとツケを払ってもらえば文句ないし、Bさんはがんばってもがんばらなくても月給25万円。そうするとAさんが個人タクシー事業の儲けの残りを持って行くから、Aさんが一番強いインセンティブを有することになる。Bさんは、どこをどのように走るかについては好き勝手にしてもいいけど、もっとお客さんを呼ぶためには新車に買い替えたほうがいいかとかってことには興味はなく、また決定権もない。AさんはBさんへの月給25万円とガソリンスタンドへのツケを払った残りがすべて自分の儲けになるから、何とか儲けが多くなるようにと考えるし、場合によっては車の買い替えも検討するかもしれない。Bさんの働きがあまりにも悪ければ、運転手を交代させるという選択肢も

ある（株主総会で取締役を入れ替えるようなもの）。さっきの剰余権者だからこそ、株主に経営決定権を任せるっていうのは、こういう感じの話なんだ。ちょっとはイメージがわいたかな？」

「だいぶイメージがわいてきました。でも、それって、株主が合理的な人やったらでしょ？ 現実には、法律も知らんくせに株主優待の文句言う人とかばっかりですやん。理屈はようわかりましたけど、やっぱり現実的にはピンと来んなあ。」

「現実的には確かにそういう株主ばかりが目につくのもわかるんだけど、それは、若手くんが上場会社にいてその立ち位置からしか見ていないからだよ。世の中には200万社以上の株式会社があるけど（特例有限会社を含む）、上場会社は3,600社くらいしかないんだから、ほとんどの会社は未上場の小さな会社なんだ。さっきの個人タクシーの話のほうがわかりやすいのはね、上場していなければ、株主だって3名、5名とかだし、経営者と同一人物であることも多かったりするから、株主も会社の経営や業績に無関心ってことは少ないからなんだ。さっきの話のね、タクシーの運転自体や営業時間、営業エリアなんかはBさんにお任せで、儲けのところだけ口を出してくるっていうイメージは、株主と経営者の関係に似てるだろ？ これが所謂『所有と経営の分離』ってことなんだ。ところがね、上場会社だとうちみたいに株主が1万名以上いたりするから、経営や業績に無関心っていう株主もたくさんいるわけさ。会社法の原則はどちらかいうと圧倒的多数のほうに対応するようにできているから、ほんの一部の上場会社にあてはめると、ちょっと違和感があるのも否めないってことかな。」

会社法の目的と剰余権者としての株主　　67

「そう言えばそうですね。やっぱり法律は原則論ですもんね。数の上で見れば、上場会社がマイノリティなわけやからなあ……。タクシーの話でいくと、そのうち運転手のBさんが勝手なことをやり過ぎてクビになるとか車を買い替えるみたいな事業の根幹にあたることはAさんっていうか株主（株主総会）が決める、みたいな感じで考えたら、会社法が言うところの『利害関係人の調整』って言うのんもなんとなくイメージできるような……。いや〜、だいぶすっきりしました。やっぱり聞いてみるもんですねえ。あまりにも入口の話なんで、部長から『今頃そんなこと言うとんのかあ！』って怒られたらどうしようって心配で……。ありがとうございました。やっぱり部長は優しいなあ。僕は部長の下で働けて幸せもんです。」

「今日の話みたいな、会社法の根っこ、の話はしっかり勉強しておいたほうがいいよ。根っこの話はね、いろんな場面で困ったときに必ず役立つはずだからね。『利害関係者の調整』の話はまたそのうち続きを話してあげるよ。それから、そういう見え見えのおだてを言っても今日は人形町で一杯、にはならないからね。」

「ばれとったか。そうそう、うまいこといかんなあ。」

「こら！」

解 説

1　会社法の目的

会社法の目的については、「事業活動の主体（単位）である企業が、

会社という法的形態を利用する場合の、その組織や運営について定めるルールである。そして、そのルールは、会社をめぐる利害関係者の利害の調整を主な目的とする。」(伊藤ほか・会社法9頁)という考え方が伝統的な通説とされている。また、「会社債権者の保護を図りつつ、社員(株主のこと※筆者注)の利益を増進させるよう、会社が運営される仕組みを用意するのが会社法である」(龍田・大要27頁、中村ほか・実務31頁)という考え方も基本的には通説の延長線上と考えられる。しかし、会社の社会的な存在意義、会社の営利性に着目して、「会社法の目的とは、会社に法令・社会規範を遵守させつつ(公正性の確保)、その富の最大化による社員(株主のこと※筆者注)への分配実現に貢献すること(効率性の確保)を目的とする法ルールの体系と把握するのが正しい。」(落合・要説45頁)という考え方も説得力がある。いずれの考え方をとっても、会社法の目的を達成するためには会社関係者の利害調整は避けて通れないことになるが、ここで問題となるのが、会社の経営決定権を誰に任せるのか、である。

2 剰余権者としての株主

　会社関係者を株主・経営者・債権者・従業員の4つとして誰に経営決定権を任せるべきなのか、についてはおおむね会話文のとおりである。ここで、ポイントとなるのが、株主は剰余権者である、ということである。つまり株主が会社財産から利益配分を受けるためには、債権者に払うものを払った後に余りが存在することが必要だということである。配当等に係る財源規制も基本的には負債(債権者への支払予定分)＋資本金・準備金を除いた剰余金をベースに分配可能額を計算する規定となっており(2年目9月参照)、株主には剰余部分を増加させる、言い換えると会社の利益拡大について会社関係者の中で最も強いインセンティブがあるということになる。そこで、会社法は会社関係者の中で株主に経営決定権を与える、会社にとって最も重要な事

柄は株主総会で決める、という考え方を取るのである。「その会社の経営をどうすればよいか、という判断は、それに最も利害関係の強い者に決めさせた方が一生懸命やるに違いない。そうすると、儲かった利益が帰属する者、すなわち、株主にその経営支配権を持たせるのが、最も合理的であるということになる。……このように考えてくると、株主（株式）の本質は、余剰利益を受け取る立場にあることと、それを背景にした経営支配権を有することの2つであることがわかる」（中村ほか・実務29頁）と説明されているとおり、会社法は、"剰余権者に経営決定権を任せるのが合理的"と考えているということである。

> **ポイント**
> ・まず、「会社法の目的」（会社をめぐる利害関係者の利害の調整を目的とする）を踏まえる。
> ・そのうえで、利害関係者の中で、「株主は剰余権者である」「なぜ会社法は株主に経営決定権を任せたのか」という意味を理解する。

> **もっと知りたい方は**
> ・落合・要説52頁
> ・田中・会社法74頁

１年目12月　会社をめぐる利害関係者の利害の調整

具体的に「利害関係者の調整」ってどうなってるんかなあって

（とある総合病院にて）

「若手くん、どうだい、調子は？」

「あっ、部長！　すみません。見舞いにまできてもろて……。切ってからもう２日目ですんで、ひとりでトイレも行けるようになりました。」

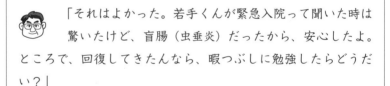「それはよかった。若手くんが緊急入院って聞いた時は驚いたけど、盲腸（虫垂炎）だったから、安心したよ。ところで、回復してきたんなら、暇つぶしに勉強したらどうだい？」

「はい、そう思て昨日の夜から会社法の本を読んどるんですけど、腹は痛いし消灯が21時なんでいまいち進まんで……。いくら病院でも、21時消灯はないですよね。今時、子供でも眠なりませんよ。」

「まあ、確かに21時は早いけど、病院だからね。痛くて痛くて眠る以外に痛みから逃れられないような人もいるわけだから、しようがないよね。若手くんみたいに、もうあと

は術後の経過を見て退院、みたいなのんきな人だから本を読もうかと思うわけだからね。やっぱり病院内で利害関係者の調整を図るためには、厳しい状況の人に目線を合わせないとね。誰かがすごしやすい分、誰かが迷惑するっていうのであれば、厳しい状況の人に迷惑かけちゃいけないでしょ、やっぱり。まあ、がんばって昼間に勉強したら夜は眠れるよ。」

「まあ、そうなんですけどね。ところで今、『利害関係者の調整』って出てきましたけど、それってこの前教えてもろうた"会社法の根っこ"の話みたいですね。」

「そう。この前は、『会社をめぐる利害関係者の調整を図る』のが会社法の目的で、『剰余権者たる株主に経営決定権がある』のが合理的であると会社法は考えている、って話をしたんだったね。」

「はい。そこんところはそれなりになるほどなあって思たんですけど、具体的に『利害関係者の調整』ってどうなってるんかなあって。病院の消灯時間（を何時にするか）よりは難しそうじゃないですか？」

「それはそうだけど、考え方自体はあんまり変わらないと思うよ。」

「そうなんですか？　会社法のルールを守らんかったら、消灯時間と同じようにナースのおねえさんがやさしく怒ってくれたりして……。若手さん、早く寝ないとダメよ……。お願い……、とかって言うてくれたらうれしいなあ。でもますます寝れんようになりそうやなあ。」

「そんなこと、あるはずないだろ！　何を考えているんだ、君は！」

「いやいや、ちょっとしたジョークですがな。でもなんで、消灯時間と会社法の考え方があんまり変わらんのですか？」

「それはね、こういうことなんだ。結局のところ、会社法という法律は、利益を追求する団体たる株式会社の健全な発展を目指しているから、利害関係者（株主・経営者・債権者等）の誰かがすごく得をする代わりに誰かがすごく損をする、みたいなことが認められているのであれば、株式会社制度自体が廃れてしまうことになって、会社法のあり方自体が問われてしまうだろ？　たとえばだけど、会社法が経営者の好き勝手を認めているような法律だったら、例としては、売上が10億円、利益は赤字でずっと無配の会社の社長の報酬が年額3億円だったら、普通は株主は怒るよね？　そんな会社には誰も出資しようと思わないよね？　だから、会社法では取締役の報酬は株主総会で決めることになっているんだ。つまり、経営者の報酬は、株主に了解をもらって決める、自分たちでは勝手に決められないようになっているんだ。これって病院の消灯時間と同じようなものなんだ。A病院では消灯時間の決めはなし、B病院では21時ってなっていたとしたらね、静かに養生したい人はB病院に行くはずだからA病院は閑古鳥が鳴くことになる。つまりは、利害関係者の調整がきちんとなされているほうが健全な発展につながっていくってことなんだ。会社法では、この利害関係者の調整、すなわち、株主と経営者、株主と債権者、経営者と債権者、の関係（株主と株主という関係もある）をきちんと調整して、誰かが不当なことをできないように、また正しく権利が行使できるように、とい

うようなことを決めているってことなんだ。ねっ？ 病院の消灯時間の話と根本的には似ているだろ？」

「なるほどなあ。根本的にはそんなに難しい話やないんですね。いまさっきの例では株主と経営者の関係でしたけど、そういう決めが株主と債権者、経営者と債権者、にもあるっていうことなんですよね？」

「そうだね。株主、経営者、債権者の三者の誰もが簡単にずるができないように、きちんと利害関係者の調整がなされるように、ルールを作ることによって株式会社が健全に発展していくって会社法は考えているってことなんだ。」

「なるほどなあ〜。会社法っていろんなことを考えてるんですねえ。頭ええんやな。」

「人間じゃないからね、会社法は。それが会社法の考え方だって言うことだよ。この前話した『剰余権者たる株主に経営決定権がある』と言う考え方をベースにして、きちんと利害関係者の調整がなされるように、その延長線上に、『株主利益極大化原則』『株主有限責任の原則』『株式自由譲渡性の原則』『法人格否認の法理』『剰余金の配当のルール』『株主平等の原則』その他もろもろの基本的ルールが決められているんだ。ひとつひとつをしっかり理解しようとすると、それなりに奥が深くて難しかったりもするけれど、ベースの考え方はそんなに特殊なことを言っているわけではないんだ。株式会社っていうのは、いろいろな活動を年中行っているわけだから、誰かが簡単にずるができないようにルールを作ろうとするとどうしても細かいところまで決めていかないといけなくて、結果難しくなってしまうだけなんだよ。」

「そっか〜。何となくわかったような気がします。あとは、会社法のルールに違反したら、ナースのおねえさんがやさしく怒ってくれる、みたいサービスがあったら最高ですね？」

「君はもうずっと病院から出てこなくていいよ！（怒）」

解説

1 会社をめぐる利害関係者の利害の調整

　会社法の目的については、会社をめぐる利害関係者の利害の調整を主な目的とする、とされている（1年目11月参照）。

　会話文では、株主、経営者、債権者の三者の誰もが簡単に不正ができないように、きちんと利害関係者の調整がなされるように、ルールを作ることによって株式会社が健全に発展していく、という会社法の考え方を説明している。これについては、「会社は、その法人格のベールをはがせば、所有者、債権者、従業員、経営者といったステークホルダーがそれぞれ自己利益実現を目指して行動する場である。（中略）そして、これらさまざまなステークホルダーが、会社を場としてそれぞれ自己の利益を実現しようと行動するところから、その利害の妥当な調整が必要となり、そのために会社法が解決しなければならないさまざまな問題が生ずるのである。（中略）もしこうした会社ステークホルダー間の利害対立が解決されず、経営決定ができないままにいたずらに時が流れるとすれば、会社の存立そのものが危うくなる。こうした事態を回避するためには、会社をめぐるステークホルダー間の利害対立がのっぴきならない状況になった場合に、最終的にその利害を調整する法ルールが必要となる。株式会社法は、まさにそのための法ルールを提供するのであり、株式会社法の基本的な存在意義は、この

点にあると考えられるのである。」(落合・要説41頁)とあるとおりである。

2　利害の調整の具体例

　会社法における利害関係の調整とは、具体的にはどのようなものなのか。いくつか例示してみる。

〈株主と経営者〉
・経営者の選解任は株主総会で決定する（株主が決める）。
・経営者の報酬は株主総会で決定する（株主が決める）。

〈株主と債権者〉
・配当・自己株式取得等の株主還元については、財源規制に服する（債権者保護のために、貸借対照表上の剰余金をベースに計算される分配可能額を超えて株主還元を行うことはできない）。
・株主は出資額以上に責任を負わない（株主有限責任の原則）。

〈経営者と債権者〉
・合併等における債権者保護手続き（合併等の際には債権者に異議申述申立期間を与える）

　いずれも、規制がなければ、当事者の一方が簡単に得をして他方が損をすることになりかねないものばかりである。経営者が自分で選解任権、報酬決定権を持つならば、業績も上がらないのに多額の報酬を得て経営者の座に居座り続ける者が出てきても制御できないことになる。また、株主還元についても、財源規制がなければ、債権者に支払われるべき部分まで配当として利得しようとする大株主を制御できなくなる（配当は原則的には株主総会で決定されるから）。つまり、利害関係者の調整がきちんと図られている仕組みとして株式会社が存在しなければ、誰も株式会社に出資しようとしなくなり、誰も株式会社と商取引をしなくなり、誰も株式会社を設立しようとしなくなるであろ

う。そうすると、多数の人から資金を集めて大規模な事業を行うことに適した仕組みであるはずの株式会社形態が廃れることとなり、日本という国は中小企業ばかりとなって、国家の力も衰えていくかもしれない。逆に言えば、きちんと利害関係者の調整が図られている仕組みとして株式会社が存在し、剰余権者として利益拡大に最もインセンティブのある株主に経営決定権を任せて事業が発展すれば、社会に富をもたらすことになり、ひいては国家の力も増すと考えられるのである。

　また、グローバルな視点では、「国家としても、日本法に準拠する会社が、国際的な競争の中で敗北してしまったのでは、日本経済が沈下してしまう。したがって、国家的な要請として、日本の企業が国際的な競争の中で勝利できるような法的インフラを用意しなければならないのである。したがって、会社法は、国際的な経済競争に勝利するためのインフラであって、国家的な経済政策の一環になったのである。(中略)これは企業が国際的な競争をしているだけでなく、各国の法制度も競争をしているということである。」(中村ほか・実務9頁)という考え方もある。つまり会社法は、株式会社が健全に発展していくための法的インフラである、ということができるのである。

ポイント
・会社をめぐる利害関係者の利害の調整がきちんと図られることによって、株式会社は利益を上げ、ひいては社会の富が増していく。

もっと知りたい方は
・落合・要説 43 頁
・中村ほか・実務 30 頁

1年目1月　経営者への牽制と監査役・社外監査役の役割

社外監査役って、一体何してはるんですか？

・・・・・・・・・・

（ベテラン部長と若手くんが会社の廊下を歩いていると、向こうからパリっとした紳士が……）

「あっ、腕良（うでよし）先生、本年もよろしくお願いいたします。」（と言いつつお辞儀、若手くんもよくわからないながらもとりあえず合わせてお辞儀。）

「いやいや、ベテラン部長、こちらこそよろしくお願いします。」（と言って、去っていく。）

「部長、今のん、誰ですか？」

「何を言ってるんだ！　うちの社外監査役の腕良弁護士じゃないか！　君は、うちの役員の顔も覚えてないのかね！　しっかりしてくれよ！！！」

「えっ！　あの人が腕良弁護士かあ。かっこええ人ですねえ。スーツも上等そうやし、シブいナイスミドルっちゅう感じで……。そないに怒らんといてくださいよ。顔は何回か見たことあるような気いもしますけど、名前教えてもろたんは初めてなんですから。だいたい、あの人、めったに会社へ来んの

でしょ？　えらい人でめったに来ん人の顔なんか僕らなんかにはわかりませんよ。」

「まあ、確かに社外監査役だから通常は大事な会議のときぐらいしか出社はしないね。それでも、若手くんも総務部に来てもう1年近くなるんだから、役員の顔と名前くらいは一致していないとね。こんなことじゃ今後が思いやられるから、近々役員がみんな揃っているところで紹介してあげるよ。」

「はい。よろしくお願いします。しかし、シブいおじさんやったなあ。あんなにかっこよかったら、会社でも飲みにいっても、モテるやろうなあ……（女の子の口調で）腕良先生、今度ご飯連れて行って、腕良先生、今日はゆっくりしていってね、腕良先生、腕良先生……。うらやましいなあ！　僕も弁護士になったら良かった。」

「何を昼間から妄想しているんだ！　だいたい、弁護士ってそんなに簡単になれるもんじゃないぞ！」

「まあ、それはそうなんですけどね。いいじゃないですか、妄想するだけやったらタダなんですから。それはそうと、さっきの腕良弁護士って言うか社外監査役って、一体何してはるんですか？　そんな、たまにしか会社へ来んのに、役員なんですよね？　そしたら、えらい人なんでしょうけど、なんでそんなたまにしか会社へ来ん人がえらいのかもようわからんし。部長、そのへんのとこ、教えてくださいよ。」

「総務部へ来て1年近く経つのに、まだそんなことを言ってるのかい。盲腸（虫垂炎）がこじれて、3か月くらい入院が長引いて、もっと勉強してくれば良かったのに。1週

経営者への牽制と監査役・社外監査役の役割

間ですぐ出てくるから勉強が足りないのかもな。たまには自分で調べたらどうだい？」

「そんな冷たいこと、言わんといてくださいよ。盲腸（虫垂炎）は風邪とちゃうんやからこじれませんて。スパッと切って1週間でほなさいなら〜、が当たり前ですやんか。そこをなんとか教えてくださいよ。」

「しようがないな。こっちも若手くんを役員の皆さんに引き合わせてなかったわけだから、今回はサービスで教えてあげよう。じゃあね、そもそも監査役ってどんな仕事か知ってるかい？」

「取締役の職務執行を監査するって書いてありましたけど……。はっきり言うて、ピンと来ませんわ。実際は、何してはるんですか？」

「それを説明するには、会社法の『経営者への牽制』の仕組みを説明しなければいけないね。この前話した時に、会社法は、会社をめぐる利害関係者の利害の調整を図るためにあるって言ったよね？　利害関係者の中で、経営者つまり取締役が会社自体のハンドルを実質的に握っているわけだから、不正をしようとすれば一番やりやすいポジションだとも言えるんだ。だから、会社法は、取締役の不正を防ぐために、二重三重の牽制をかけているんだ。ここまではいいかな？」

「はい。でも取締役って何かすっげえ悪もんみたいですね。」

「取締役がみんながみんな不正をするっていうことではなくて、"仕組みとして"不正がしにくいインフラを提

供するってことなんだ。"仕組みとして"不正がしにくいインフラを提供することによって、利害関係者の利害の調整を図るという目的を達成しようとしているんだ。たとえば、代表取締役が暴走するのを止めるためには、まず第一の歯止めとして『取締役会による牽制』、第二の歯止めとして『監査役による牽制』、第三の歯止めとして『株主による牽制』、と３つのハードルが用意されていて、簡単に代表取締役が不正ができないようになっているってことなんだ。わかるかな？」

「はい、まあ、なんとなく。でもいまいち実感がわかんなあ。」

「じゃあ、第一の歯止めである『取締役会による牽制』をもう少し具体的に言うとね、『取締役会が取締役の職務執行を監督する』『代表取締役の選定・解職ができる』『会社にとっての重要な業務執行は取締役会で決める』というものがある。取締役はひとりひとりが"監視義務"というものを背負っているし、代表取締役が暴走するようであれば他の取締役が結束して解職するという方法もあるし、取締役会は多数決だから何でも代表取締役ひとりで決められるわけじゃない。第一の歯止めはわかるよね？」

「はい、一応わかります。でも、他の取締役って、代表取締役の所詮子分なんやから、監視義務とかって言うてもそないに簡単には止められへんのとちゃいます？」

「そういう反論はあるね。で、第二の歯止めはちょっと置いといて、第三の歯止め『株主による牽制』を説明するとね、これはわかりやすいよね。『株主総会の決議』『株主代表訴訟』が代表的な牽制だよね。つまり、取締役の選解任や報酬決

定は総会決議だから、暴走する人は解任できるわけだよね。暴走の結果、会社に損害が発生したら株主代表訴訟を提起されるかもしれない。これが、第三の歯止めだよね。」

「これはなんとなくわかりやすいですね。」

「そこで、第二の歯止めを説明するとね、第二の歯止めは監査役なんだ。監査役は、取締役の職務執行を監査する、とされているけど、具体的には、取締役の職務執行の法令・定款違反または著しい不当性の有無をチェックし指摘するという役割でね、会議出席だけではなくて重要な稟議書の閲覧、工場や支店に行って社内規程どおりに業務が運営されているかどうかをチェックしたり、倉庫の実地棚卸にも参加したり、内部統制部門と情報連携したりして、最終的には監査報告を作成する、という会社の適法性を担保するための重要な機関なんだ。取締役会での議決権はないけど、出席はしているし意見も言うことになっている。どうしてもひどいと思うことがあったら、監査報告にその旨を記載するという方法もある。ちょっと難しいけど、監査役には取締役の違法行為の差止請求権や会社・取締役間の訴訟の会社代表権なんかもあるから、取締役会でしっかりと代表取締役の暴走を止める歯止めになることが期待されているんだ。そのために、会社法では取締役の任期は2年以内（定款で短縮可能）なのに監査役の任期は4年（定款でも短縮不可）とされていて、独立性も法的に保障されているんだ。」

「なるほどなあ。それでもやっぱり、元々代表取締役の子分やった人やったら、あかんのとちゃいます？　所詮は議決権もあらへんから代表取締役をクビにもでけへんし。」

「そこで、"社外監査役"の登場となるんだ。今の会社法では、うちのような上場している会社の多くは監査役会設置会社だから、監査役は3人以上でかつ半数以上が社外監査役じゃないといけないとされている。つまり、最低2人は"しがらみなく物が言える監査役"がいることになる。だから、第二の歯止めとしての効果が期待されているんだ」

「そうなんや〜。うまいことできてるんやなあ、会社法って。そうすると、社外監査役の腕良弁護士は、うちの会社でもやっぱり重要な役割を担っているえらい人っちゅうことになるわけや。なるほどなあ。たまにしか会社に来んでも、やっぱり、腕良先生はえらいんや。かっこええんや。ええなあ。腕良先生みたいになりたかったなあ。僕も腕良先生みたいやったらもっとモテるのになあ。ええなあ、腕良先生……。」

「こらっ！昼間から妄想するな！！ 大体、総務部に来て1年近くなるのに、社外監査役の役割もわからないで、弁護士になりたいとかって言ってる場合か！！！（怒）」

解説

1 経営者への牽制

「経営者への牽制」について、会話文では『取締役会による牽制』『監査役による牽制』『株主による牽制』の3つのハードルというかたちで説明している。

第一の歯止め『取締役会による牽制』について、会話文では「取締役会が取締役の職務執行を監督する」、「代表取締役の選定・解職ができる」、「会社にとっての重要な業務執行は取締役会で決める」の3つを挙げている。「取締役会が取締役の職務執行を監督する」（会社法

362条2項2号）は、取締役一人一人が、他の取締役の職務の執行を監督するということであり、判例も「取締役会構成員としての取締役は、取締役会に上程された事項について監視するにとどまらず、代表取締役の業務執行一般を監視する職責を有する」（最高裁昭和48年5月22日判決　判時707号92頁）としている。「代表取締役の選定・解職ができる」（会社法362条2項3号）は、職務執行の監督の結果、代表取締役としての適格・不適格を判断するわけなので当然であると言える。「会社にとっての重要な業務執行は取締役会で決める」（会社法362条4項）は、一定の重要な業務執行は代表取締役一人では決められず取締役会の多数決によらなければならない、ということである。したがって、条文上はそう簡単には代表取締役一人が暴走できるようにはなっていない。しかしながら、この取締役会による牽制は、十分機能していないとの批判もあるところである。その理由としては、「①取締役の人数が多すぎて十分な議論ができない　②日本の会社の取締役は従業員上がりが大半で、経営者市場が未発達のため競争圧力が弱い　③代表取締役の部下が取締役であって、部下が上司を監督できない　④ほとんどの取締役が業務執行も担当するから自己の業務執行について自らが監督することは困難であり、また他の取締役の業務執行を批判すると自らに跳ね返ってくるかもしれないのでお互いに他人の領域には口を出さない風潮が生じる。」との指摘もある（落合・要説137頁）。

　第三の歯止め『株主による牽制』については、「株主総会の決議」、「株主代表訴訟」が代表的な牽制である。なんといっても、取締役・監査役の選解任、報酬等が株主総会の決議で決定される以上、相応の牽制は働いていると言える。また、役員等が会社に対して果たすべき義務を怠り、その結果会社に対して損害を与えた場合、会社は当該役員等に対して損害賠償請求できるが、仲間意識等からこれを怠った場合、株主が会社に代わって損害賠償請求権を行使できる、とするのが

株主代表訴訟である。したがって、怠慢なかじ取りで会社に損害を与えた役員等には、仮に社内の牽制が効かなかったとしても株主代表訴訟になるリスクがある、という牽制が働くことになる。

2　監査役による牽制と社外監査役の役割

　そして、第二の歯止めが『監査役による牽制』である。「監査役は、取締役の職務の執行を監査し、その結果を監査報告の形で開示する。そのための調査権限を持つとともに、定款で監査範囲を限定されていなければ、取締役の違法行為を差止めるなどの監督是正権限を持つ。取締役の暴走を抑えることが監査役の役割だといってよかろう」(龍田・大要 134 頁)。「監査役による監査の対象となる「取締役の職務の執行」には、取締役が自ら実行するもののほか、取締役から委任を受けた使用人が行う業務執行も含まれる。」(伊藤ほか・会社法 191 頁) とされている。したがって、現実の監査役の行動としては、取締役会・監査役会等の重要な会議への出席・発言、重要な稟議書の閲覧、工場や支店への往査や会計監査人と連携した実地棚卸、内部統制部門との情報連携など、社内の業務執行がきちんとルールどおり行われているかを年中チェックすることとなり、それをベースに最終的には監査報告を作成するのである。

　監査役会設置会社の監査役は、会計監査と業務監査の両方を行う。しかし、会計監査人設置会社である場合、会計監査は第一義的にはプロの会計監査人が行い、監査役は会計監査人の監査をレビューし、その監査の方法および結果が相当であるかどうかをチェックすることとなる。監査役の業務監査は、取締役会の監督が業務執行の妥当性にまで及ぶのに対して、適法性に限られる、とするのが通説である(注)。理由としては、「権限には責任を伴うから、妥当性についてもその権限の対象にするということは、監査役が妥当性の問題につき適切な監査を行わなかったときには、善管注意義務違反として損害賠償責任を

負うことを意味する。果たして監査役の責任をそこまで拡張すべきかには、疑問があるからである。」（落合・要説142頁）、「そのような政策判断はもっぱら取締役会がすべきもの」（龍田・大要141頁）などがある。また、監査役には取締役の違法行為の差止請求権（会社法385条）や会社・取締役間の訴訟の会社代表権（会社法386条1項1号）などの権限もあり、監査役は監査を通じて、取締役の職務の執行、ひいては会社全体の業務運営における適法性を担保する重要な役割を担っているのである。

（注）内部統制システム等についての取締役の決定（取締役会の決議）の内容および運用状況の相当性や会社の支配に関する基本方針・買収防衛策、および会社とその親会社等との間の取引であって、会社のその事業年度に係る個別注記表において会社計算規則112条に基づく注記を要するものについての意見を事業報告の監査報告に記載すべきとされていること等をもって、少なくとも一定の範囲内では妥当性についての監査権限が認められているとする考えもある（弥永真生『リーガルマインド会社法〔第14版〕』（有斐閣、2016）216頁）。

　監査役の任期は4年で、定款でも短縮することはできない。これは、経営陣からの独立性を保障するためであり、取締役の任期（最長2年）よりも長くなっている。監査役会設置会社となれば、最低3名、うち半数以上の社外監査役が強制される。これは、社内の情報に精通する社内監査役と業務執行取締役等としがらみのない半数以上の社外監査役がチームを組むことで、より監査の質がアップすることが期待されているためである。しかし、監査役会を設置し、員数が3名以上となっても、監査役各自が単独でその権限を行使できる。これを監査役の独任制という。この独任制は監査役会においても基本的には維持され、決議によって個々の監査役の権限行使を妨げることはできない（会社法390条2項）。独任制である理由は、適法か違法かという問題は監査役の多数決で決めるものではないからであるとされて

いる。珍しいケースではあるが、現実に、個別の監査役の反対意見が記載されている上場会社の監査役会監査報告も存在する。

　ベテラン部長の言うとおり、「しがらみなく物が言える」社外監査役が監査役会の半数以上とすることが強制され、独任制の機関である監査役が、第二の歯止めとして機能することが期待されているわけである。

ポイント
・会社法が利害関係者の利害の調整のために用意する「経営者への牽制」には、「取締役会による牽制」、「監査役による牽制」、「株主による牽制」という3つの歯止めがある。
・監査役は取締役の職務の執行を監査するが、その権限は独任制であり、その適切な権限の行使によって会社の適法性を担保する。
・監査役会の半数以上は社外監査役とすることが強制されるが、これは社内の情報に精通する社内監査役と業務執行取締役等とはしがらみのない半数以上の社外監査役がチームを組むことで、より一層の監査の質の向上を目指す主旨である。

もっと知りたい方は
・髙橋ほか・会社法235頁
・田中・会社法279頁
・桃尾・会社法169頁

1年目2月　社外取締役に期待される役割

社外取締役って、なんで今、盛り上がっているんですか？

● ● ● ● ● ● ● ● ●

「部長、今ちょっといいですか？」

「ん？　若手くんか。4時から会議だから少しの時間なら大丈夫だよ。何か疑問点でもあるのかい？」

「はい。自分でも調べてみたんですけど、なかなか実感がわかへんで……。あの〜、最近新聞なんかでも社外取締役がよう話題になってるやないですか？　うちの会社には確か2人居てはったと思うんですけど、社外取締役って、なんで今、こないに盛り上がってるんですか？　社外取締役っちゅう言葉とか役割自体は、前からあったわけやし、ここへきて盛り上がるっちゅうのんがどうもピンと来んで……。この前、部長から、『経営者への牽制』『社外監査役』を教えてもろたんですけど、なんで今、社外取締役なんですか？」

「本当に調べてみたのかい？　確かに最近よく話題になってるけど、だからこそ、調べる文献なんかもいろいろあってすぐに答えが見つかりそうなんだけどな。まあでも、トレンドの話だから出血大サービスでちょっと話してあげようか。」

88

「ありがとうございます。よろしくお願いします。」

「じゃあ、いくよ。まず、社外取締役ってどんな人なのか知ってるかい？」

「それぐらいは知ってますよ。条文はまどろっこしいんで、簡単に言うたら、その会社の業務を執行しない取締役で、現在も過去10年間にもその会社や子会社で業務執行っちゅうか本業に従事したことない人（取締役としても使用人としても）で、親会社の人でも兄弟会社の業務執行取締役等でもなくて、その会社の取締役・重要な使用人の配偶者や2親等以内の親族やない人のことですやん。」

「へ〜え、勉強してるじゃないか。ちょっと雑な言い方だけれど、そのとおりだよ。で、若手くんの言うように、社外取締役というものは以前からある。うちの会社にも確かに2人おられるけど、今みたいに社外取締役が話題になる前から入っていただいている。それが、なぜ今すごく話題になっているのかってことだよね？」

「そうなんですよ、部長。それが知りたいんです。」

「最初っから答えを言っちゃうとね、それは、"社外取締役の位置づけ"というか"社外取締役に期待される役割"がね、以前と今では少し違ってきたからなんだよ」

「え〜っ。別に法律が変わったわけやないんですよね。なんでそないなことになったんですか？」

社外取締役に期待される役割　89

「以前の社外取締役ってね、期待されている役割が、①その会社の本業の世界しか知らない取締役会のメンバー（社内の取締役たち）に社外者としての識見等に基づく意見を言う、②大会社の（元）経営者等、経営者としての経験豊富な人が大所高所からの意見を言う、③取引銀行・主要取引先の役員等に入ってもらうことによって安定した取引を維持する、④親会社の役員等が子会社の社外取締役となって取締役会に出席することによってグループ（親会社）の方針を踏まえた意思決定をする、というような感じだったんだ。だから、株主総会での質疑応答でも『大所高所からのご意見をいただいております。』とかって言っていたんだ。ここまではいいかな？」

「はい。でも、大所はいいですけど、高所はなあ……。僕ね、高所恐怖症で高いとこはあきませんねん。スカイツリーなんか絶対あきませんわ。」

「誰がスカイツリーの話をしてるんだ（ちょっと怒）！そうじゃなくて、以前の"社外取締役に期待されている役割"はね、さっき例を4つ挙げたけれどね、イメージは"取締役会でアドバイスをする"ってことなんだ。だけど、最近ではちょっと違う役割を期待されるようになってきたんだ。」

「ちょっと違うって、どんな感じなんですか？」

「前回、若手くんに『経営者への牽制』を説明したときに、第一の歯止めは『取締役会による牽制』だったよね。会社法362条2項にあるとおり、"取締役会が取締役の職務執行を監督する"となっているよね。だけど、若手くんも言っていたように、"取締役って、所詮代表取締役の子分なんだから、

牽制って言ってもなあ"という反論もある。そこで、代表取締役の子分ではない社外取締役を導入して、もっとしっかり監督するべきなんじゃないかという議論が出てきたんだね。」

「なるほどなあ。そうなんや。でも、その"監督"って、具体的にはどないな感じなんですか？ 夫婦で選手と同じ寮に住んで、仲良くやるってことやないですよね？」

「どうしてここで箱根駅伝で勝った監督の話になるのか、さっぱりわからないよ（ちょっと怒）。そうじゃなくってね、ここでいう"監督"はね、会社（取締役会）が作った経営計画等を踏まえて、取締役の業績を評価して経営の効率性を確保することなんだ。簡単に言うとね、取締役が株主利益を増加させるためにがんばっているのかを業績評価して、だめな取締役に対してはノーを突きつける、これを"監督"と言っているんだ。」

「結構、強烈ですね。なんか、代表取締役以下の通信簿をつけてるみたいですね。」

「ほんと、そのとおりだね。その上で、場合によっては、代表取締役を解職する提案なんかもしたりする。まあ、ほんとに解職できるかどうかは社外取締役が何人入っているかにもよるから必ず実現するとは限らないけれどね。」

「僕、昔から通信簿は苦手ですねん。通信簿もらうたんびにおかんに怒られとったから。いややなあ、通信簿！」

「若手くんの話じゃないからね、今は（ちょっと怒）！ それからね、もう一つの重要な"監督"は、利益相反に対する"監督"なんだ。」

社外取締役に期待される役割　　91

「何ですか、それ？」

「簡単な例をあげるとね、X社の社長は親会社出身の人で、親と子で取引関係があるとする。その親子取引における製品単価は、一般顧客との取引の製品単価に比して、親会社に著しく得な価格（つまりX社にとって著しく損な価格）であるとしたら、やっぱりおかしいよね？ 社長は親会社出身かもしれないが、今はX社の代表取締役社長であって、X社に対して善管注意義務・忠実義務を負っているから、X社のために全力でがんばらないといけない立場にいる。にもかかわらず、自分の出身母体の親会社に著しく得な取引（つまりX社に著しく損な取引）をしてるということは、X社の取締役としての義務違反であり、X社の株主に対して単に株主価値を下げる行為（X社の利益を親会社へ流出させている）をしていることになる。だけど、ほかの取締役は親会社から来た社長には何も言えない。こういう時こそ、代表取締役の子分ではなく親会社（筆頭株主）にしがらみもない社外取締役が、一般株主の利益を棄損しないようにきちんと監督することが期待されているんだ。ねっ？ 以前の経営の助言の役割と随分とイメージが違うだろ？」

「はい。アドバイス系やったら社長の味方っちゅう感じやけど、いまさっきの監督系ははっきり言うて、ちょっとこわい感じがしますねえ。でも、だから子分やなくて、社外取締役の役割やって言われると納得しますけど。」

「最初の質問に絡めて言うとね、だから、盛り上がったんだよ。社外取締役に期待される役割が以前とちょっと違う、というのが直接的な答えなんだけど、それに加えて、上場会社でも社外取締役を導入していない会社はいっぱいあったし、

会社法改正で社外取締役を義務づけるかどうかって議論されたりしたから、監督されたくない社長さんたちは『ふざけんな！』ってなったんだよ。一方で、社外取締役に期待される役割が以前とちょっと違うということをわかっていない社長さんたちは『大所高所からのご意見の人を法律で義務づけるのは変だ』、『大所高所からのご意見なしでもうちの会社は業績も株価もいいからそんなのはいらない』とかってなったから、だから盛り上がったんだよ」

「なるほどなあ〜。でも、会社法改正で社外取締役の義務づけはされんかったんですよね？」

「会社法での義務づけはされなかったけど、やっぱり話題にもなったし、機関投資家を中心に社外取締役がいない会社の代表取締役には株主総会の役員選任議案で反対票を入れるとかいろいろな環境変化があったから、この1〜2年で導入する会社が急増したのも事実だよね。と、いうわけで若手くん、僕はそろそろ会議に行くけど、この話には続きがあるから、次は社外役員の独立性について話をしてあげるよ。だけど、この程度のトレンドの話題はもう少しちゃんと理解をしておかないとね。もうすぐ総務部へ来て1年になるんだから、清水（きよみず）の舞台から飛び降りるつもりでシャカリキに勉強したほうがいいよ。でないとまたすぐに、株主総会の季節が来てしまうぞ。」

「清水の舞台から飛び降りるって、勘弁してくださいよ〜。ですから、僕は高いとこはあきませんねんて。」

「そういう話じゃないだろ（怒）。」

> 解　説

1　コーポレート・ガバナンス強化の流れ

　1年目1月では「経営者への牽制」について、『取締役会による牽制』、『監査役による牽制』、『株主による牽制』という3つの歯止めというかたちで説明した。

　しかし、第一の歯止めである『取締役会による牽制』については、日本では十分機能していないとの批判もあるところである（日本では、代表取締役の部下が取締役であって、部下が上司を監督できない等の理由による。詳細は1年目1月参照）。

　また、「会社法制定後に起こった企業不祥事による問題や、長引く景気停滞による証券市場の低迷の中での外国人投資家離れの原因を、日本企業の企業統治の仕組みの欠陥、すなわちコーポレート・ガバナンスの不全に結びつけようとする論調が内外で現れるなど(注)、様々な場面でコーポレート・ガバナンスのあり方が議論されるようになりました。」(阿部泰久『立法経緯から読む会社法改正』（新日本法規、2014）5頁)、とあるように、日本の景気低迷からの脱出のため、コーポレート・ガバナンス強化が叫ばれるようになった。

(注)「監査役制度は、監査を行う監査役に不適切な業務執行を行った業務執行者である取締役を解職する権限が付与されていないといった点で、日本独特の制度であり、特に欧米の機関投資家から、そのような監査役に実効的な監査・監督ができるのか、と疑問を呈する意見も多く出されていました。」（桃尾・会社法13頁）

◎「コーポレート・ガバナンス（企業統治）」とは？
・「会社経営において求められる「効率性」と「適法性」を同時に確保するための会社としての仕組みをいいます。」（桃尾・会社法3頁）

> - 「会社経営の適法性を確保し、収益性を向上させるために、会社経営者に適切な規律づけを働かせる仕組みをいう。」（伊藤ほか・会社法198頁）
> - 「一番広くは、社会と企業の関係を指しており、企業の社会における役割論や社会的責任の論議などを含んでいる。それより狭い意味として、会社に対する統治の仕組みを指すこともある。最も狭い意味では、会社、特に上場企業の経営者に対するコントロールの仕組みのことを指す。」（中村ほか・実務62頁）
>
> つまり、1年目1月から解説している「経営者への牽制」のことである。

2　社外取締役に期待される役割

　コーポレート・ガバナンスの強化が求められる中、平成26年会社法改正に係る法制審議会会社法制部会第4回会議（2010年8月25日開催）部会資料2「企業統治の在り方に関する検討事項(1)」にて示された、社外取締役に期待される役割はつぎのとおりであった。

①助言機能
②経営の監督機能
　（a）取締役会における重要事項の決定に関して議決権を行使すること等を通じて経営全般を監督する機能
　（b）経営全般の評価に基づき、取締役会における経営者の選定・解職の決定に関して議決権を行使すること等を通じて経営者を監督する機能
③利益相反の監督機能
　（a）会社と経営者との間の利益相反を監督する機能
　（b）会社と経営者以外の利害関係者との間の利益相反を監督する機能

　上記のうち助言機能については、従来から社外取締役を導入している会社においては最もポピュラーなものであろう。会話文にもあるとおり、

- その会社の世界しか知らない社内の取締役たちに社外者としての意見を言う
- 経営者としての経験豊富な人が大所高所からの意見を言う
- 取引銀行・主要取引先の役員等に取締役会に入ってもらうことによって安定した取引を維持する
- 親会社の役員等が子会社の社外取締役となって取締役会に出席することによりグループ（親会社）の方針を踏まえた意思決定をする（現在では親会社の役員等には社外性が認められない）

というものが代表例であろう。しかし、経営の監督機能や利益相反の監督機能については、明らかに「取締役会の監督機能の強化」という観点での期待される役割である。コーポレート・ガバナンスの向上を図り、海外の機関投資家等からの信頼を得るためには社外取締役の設置の義務化が必要か否かということが盛んに議論された。最終的には平成26年改正会社法において社外取締役の義務化は見送られたが、東京証券取引所は「上場会社は取締役である独立役員を少なくとも1名確保するよう努めなければならない」（東証有価証券上場規程445条の4）という上場規則改正を2014年2月10日付で施行し、「上場会社は独立社外取締役を少なくとも2名以上選任すべき」（原則4-8）という内容を含む「コーポレートガバナンス・コード」を上場規則に取り込み2015年6月1日にスタートした。加えて、議決権行使助言会社（ISS等）の助言基準および内外の機関投資家の議決権行使基準が社外取締役を求める方向となったことから、結果として国内上場会社の社外取締役導入は加速度的に進むこととなった。2016年7月27日東証ニュース「東証上場会社における独立社外取締役の選任状況について＜確報＞」によれば、東証1部上場会社においては、1,966社中1,943社が社外取締役を選任（98.8％　前年比164社増加）している。いずれにしても、「監督」は、業務執行取締役等としがらみのない「社外取締役」ならではの期待される役割であると言えよ

う。

ポイント
・コーポレート・ガバナンス強化のためには、業務執行取締役等としがらみのない社外取締役の働きが期待されており、コーポレートガバナンス・コード等の影響もあって、東証1部上場会社のほとんどがすでに導入済である。

もっと知りたい方は
・髙橋ほか・会社法149頁
・桃尾・会社法13頁
・中村ほか・実務173頁

1年目3月　社外役員の独立性

社外役員の独立性の話、ぜひお願いします

「若手くん、ちょっといいかな？」

「はい。大丈夫です。あっ、この前の続きですね。部長が最後に言うてはった、社外役員の独立性の話、是非お願いします。この前の部長の話の後、僕もいろいろ調べたりしてちょっとはわかってきてるんで。」

「ふ〜ん。珍しく自信ありげだな。まあ、いいか。この前は、社外取締役に期待される役割が、"監督"である、という話をしたよね。」

「はい。箱根駅伝の監督の話して、怒られました。」

「そうだったね。君の話は突然関係のない方向へ飛んで行くからね、今日はそんなことないようにね。それで、今回は社外役員の独立性の話なんだけれど、前々回に社外監査役、前回に社外取締役の話をしたよね？」

「はい。おかげさまでようわかりました。取締役会にしても監査役会にしても、"代表取締役の子分ではない"社外役員が、『経営者への牽制』のために重要な役割を担ってるっ

ちゅうこともようわかりました。」

「へ〜え、ちゃんと覚えているんだね。そのとおりだよ。そうなんだけど、たとえば、社外取締役が親会社の役員だったら、本当に公平に監督をすると思うかい？　また、社外取締役が最重要取引先の社長だったら、どんな場面でもきちんと監督をすると思うかい？」

「えっ？　社外取締役が親会社の役員やったら、ですか？　親会社の役員やったら、子会社の代表取締役の子分ちゅうわけやないから、ビシッと監督できそうな気もしますけど……。あっ、そうか！　親会社との取引ですね、部長？」

「そう。なかなかちゃんと理解しているようだね。親会社との取引の場合には、その社外取締役は両社にきちんとする義務を背負ってしまうことになる。そして、心情的には親会社有利の方向へ引っ張られる危険がある。また、社外取締役が最重要取引先の社長だったら、自分の会社との取引に影響が出る案件について、公平な立場で臨めるだろうか？　これが、きょうの話の中心なんだ。」

「なるほどなあ。だから、社外役員の独立性、なんですね？」

「そう。社外取締役にしても社外監査役にしても、代表取締役の部下ではないからビシッと監督・監査ができる、ということなんだけれども、監督・監査ができるできないは、部下かどうか、だけでは決まらないってことなんだ。親会社、大株主、重要取引先、顧問契約先等に所属している人またはしていた人、とか代表取締役等キーマンの血縁関係者など、状況

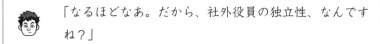

社外役員の独立性

によっては監督・監査ができない可能性のある人が社外役員になっているというのはいかがなものか、それだったら、そういう関係が全くない人を持ってくるべきじゃないのか、というのが社外役員の独立性という言葉の意味なんだ。」

「ようわかります。……ん？　でも、それってちょっとおかしくないですか？　親会社も大株主も取引先も顧問契約先も親戚もあかん、ってなったら、そんな独立しまくりな人、どうやって見つけてくるんですか？　知り合いはあかんって言われても、社外とはいえ取締役や監査役になってもらおかっちゅう話やから近所のおっさんとか通行人Ａみたいなんはあかんし……。理屈はわかるんですけど現実的にはどないやって探すんですか？」

「なかなかいいところを突いてくるじゃないか。確かにそうなんだよ。前回、社外取締役を導入する会社が急増しているっていう話をしたんだけれども、各社とも探してくるのに大なり小なり苦労しているという話も聞くよ。やっぱり多そうなのは信頼できる人の紹介とか人材紹介会社に頼むとかってところなんだろうね。」

「平成26年改正会社法では、親会社の役員や使用人、兄弟会社の業務執行取締役や使用人、取締役や重要な使用人の配偶者または二親等以内の親族はダメってことになったんだ。一方、大株主関係や重要取引先関係は社外性は否定されないということになる。ただし、会社法上はセーフでも、証券取引所の独立役員制度では独立役員になれないとか、機関投資家等が独立性に難ありとして株主総会の役員選任議案で反対行使をするとか、全く牽制されないというわけでもないんだ。やっぱり法律と

して規制するためには"明快なルール"じゃないといけないんだけれども、たとえば、"重要取引先"の人はダメってルールを作ろうとすると、どこまでが重要取引先でどこからが普通の取引先か、という線引きをする必要が出てくる。しかし、金額で線引きしようとしても会社の規模によって1億円がすごく大きかったりそうでもなかったりしてうまく線引きできないわけで、結局は法律に規定はされなかったんだ。」

「なるほどなあ。」

「社外役員の独立性についてはわかったかな？　今日はいつもよりわかってるみたいだったけど。」

「はい。結局、前回教えてもろうた、社外取締役に期待される役割である、『監督』をちゃんとわかっとかんと今回の『独立性』もようわからんようになってしまうっちゅうことですね。だって、大所高所からのご意見おやじを社外取締役の役割やって思とったら、独立性なんかいりませんもん。この前部長にお話聞いてから、ちゃんと復習するようにしたかいがありました。実は、4月に総務部へ新入社員でも入ってきたら、今のままやったらカッコつかんなあっちゅうことに気ぃつきまして……。もう時間ないんですけど、なんとか新人が来るまでにはもうちょっとましになっとかんとと思うんですよ。」

「1年近く経ってやっと若手くんもやる気が出てきたか。せっかくやる気が出てきたんだ、しっかりがんばりたまえ！　ちょっとは勉強してるみたいだから、そしたら今日は若手くんの好きな人形町のシブい居酒屋へ行くかい？　実は、若手くんがあこがれる社外監査役の腕良弁護士と飲む約束なんだ。」

社外役員の独立性　　101

「え〜〜〜〜〜っ！！！ 行きます行きます！！！ 腕良先生とご一緒できるなんて！！！ かっこええなあ、腕良先生。今日も上等そうなスーツかな、腕良先生。もてるやろうなあ、腕良先生。きっとお金持ちなんやろうなあ、腕良先生。腕良先生、腕良先生、腕良先生……。」

「こらっ！ 昼間っから妄想するな！ ちょっと誉めたらやっぱり妄想か（あきらめモード）。」

解　説

1　社外役員の定義の変更

　改正前会社法における社外性の要件は、たとえば取締役にあっては、「株式会社の取締役であって、当該株式会社又はその子会社の業務執行取締役若しくは執行役又は支配人その他の使用人でなく、かつ、過去に当該株式会社又はその子会社の業務執行取締役若しくは執行役又は支配人その他の使用人となったことがないものをいう」（改正前会社法2条15号）というものであった。このような要件では、監督の実効性を高めるという観点からは十分とは言えない、つまり、経営者と利害関係を有しない「独立性」、たとえば、親会社関係、近親者関係等、状況によっては公平な監督が期待できないものを排除することが必要との指摘がなされていた。

　そこで、平成26年改正会社法では、社外取締役・社外監査役の社外要件を厳格化した。たとえば社外取締役では、①親会社等（自然人であるものに限る。）又は親会社等の取締役若しくは執行役若しくは支配人その他の使用人でないこと（会社法2条15号ハ）、②親会社等の子会社等（当該株式会社及びその子会社を除く。）の業務執行取締役等でないこと（会社法2条15号ニ）、③当該株式会社の取締役若しくは

支配人その他の重要な使用人又は親会社等（自然人であるものに限る。）の配偶者又は二親等内の親族でないこと（会社法2条15号ホ）が追加された。簡単に言うと、親会社の取締役や従業員、兄弟会社の業務執行取締役や従業員、取締役等の配偶者・二親等以内の親族を社外要件から除外し、親会社との取引や親族との取引等、社外役員の公平な監督・監査が期待できない状況を排除することとしたのである。なお、親会社関係者、兄弟会社関係者は兼任をしている場合は社外要件を満たさないが、親会社や兄弟会社を退職していれば社外の要件を満たすこととなる。

また、重要取引先関係者が排除されないこととなったのは、重要性を客観的な形式的基準にすることが困難であったためと言われている。

一方で、改正前会社法では過去に一度でも当該会社での勤務経験があれば社外役員となれなかったが、改正会社法では過去勤務要件を過去10年間に限定する要件緩和も盛り込まれた。これは、今回の改正会社法における社外要件の厳格化により人材確保の困難性が指摘されていたところ、一定期間を経過すれば経営者との関係も希薄化し、実効性のある監督・監査を期待できるという考え方によるものである。具体的には、

① 当該株式会社またはその子会社の業務執行取締役等でなく、かつ、その就任の前10年間当該株式会社またはその子会社の業務執行取締役等であったことがないこと（会社法2条15号イ）。

② その就任の前10年内のいずれかの時において当該株式会社またはその子会社の取締役、会計参与、または監査役であったことがある者にあっては、当該取締役、会計参与または監査役への就任の前10年間当該株式会社またはその子会社の業務執行取締役等であったことがないこと（会社法2条15号ロ）

と規定されている。この会社法2条15号ロの規定の意味は立案担当

官によると、「過去に株式会社またはその子会社の業務執行取締役等であったことがある者が、これを辞めた後、10年が経たない間に、当該株式会社またはその子会社の業務執行取締役以外の取締役、会計参与または監査役となった場合には、たとえ第2条第15号イの要件を満たしていたとしても、社外取締役の機能を十分に果たすことができるほど業務執行者からの影響が希薄化したということはできません。」(坂本三郎編著『一問一答 平成26年改正会社法〔第2版〕』(商事法務、2016) 112頁) とされており、注意が必要である。

2　社外役員の独立性判断基準

また社外役員の独立性を判断する基準については、東京証券取引所の独立役員制度における独立性基準や、開示府令改正により2012年3月期の有価証券報告書から社外役員の提出会社からの独立性に関する基準または方針の内容(ない場合にはその旨)を記載することとされた等、動きは従来からあった。しかし、コーポレートガバナンス・コード原則4-9に「独立社外取締役となる者の独立性をその実質面において担保することに主眼を置いた独立性判断基準を策定・開示すべきである。」と記載されたこともあり、自社オリジナルの独立性判断基準を策定・開示する会社が増えている。

ポイント

・コーポレート・ガバナンス強化には社外役員の役割が重要だが、実効性のある監督・監査を目指すうえで、社外役員の独立性はポイントであり、平成26年会社法改正でも社外役員の要件については規制が強化された(ただし過去勤務要件を10年に限定する要件緩和も実施)。
・コーポレートガバナンス・コード原則4-9で社外役員の独立性基準の策定・開示を促していることから、自社オリジナルの独立性基準の策定・開示が増加している。

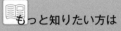もっと知りたい方は
・桃尾・会社法 49 頁
・髙橋ほか・会社法 149 頁
・澤口実＝内田修平＝髙田洋輔編著『コーポレートガバナンス・コードの実務〔第 2 版〕』（商事法務、2016）236 頁

2年目4月　株主総会の決議取消

現実に決議取消になってもうたっちゅうことってあるんですか？

「いよいよ4月か。若手くんが転勤してきて1年になるっていうことか。」

「なんか、あっ、ちゅう間ぁでしたけどね、この1年。4月といえば、隣の経理に入ってきた新人さん、可愛いですねえ。アイドルになっとってもおかしないくらいですやん。ああいう子が隣の席とかに配属されてきたら、毎日会社へ来るのんにも"張り"が出るんですけどねえ。経理の人はええなあ。」

「君はそんなに会社へ来るのに"張り"がないのか？ それなら、彼女はうちに来てもらったほうがよかったかもな。名前は駆出（かけだし）さんって言うんだけど、なにしろ彼女は某大学の法学部から大学院に行って、それからうちに今回入社してきたバリバリだからな。一時は本気で司法試験の勉強をしていたっていう話だから、若手くんの隣に座ったら毎日先輩がやり込められて、緊張感のある会社生活が送れたかもなあ。いや〜、失敗したかなあ。うちに配属してもらえばよかったかなあ。」

「え〜〜〜〜〜っ！！！！！ 彼女ってそんな法律バリバリやったんですか？ そらあかんわ、隣に来たら。僕の立場なんか、あっという間になくなってまいますやん。」

「でも、彼女が隣じゃないと"張り"がないんだろ?」

「いえいえ、4月になったし、いよいよ総会モードっちゅうことで、"張り"まくっていきますから、大丈夫ですよ。そういえば、去年の今頃は、何で総会を開くのか、とか、役員の説明義務、とかを教えてもろとったんですねえ。今年はちょっとましになりましたから、がんばっていきますよ。ところで、部長、ちょっと質問してええですか?」

「彼女のメルアドとかなら教えないぞ。まともな質問なら答えてあげないこともないけど。」

「まともな質問に決まってまんがな。あのですねえ、総会実務でよく"決議取消にならないように"って言うじゃないですか? それが一番大事なことやっていうのんはわかるんですけど、現実に決議取消になってもうたっちゅうことってあるんですか? 実例って言うんですか、そういうのんあるんかなって思いまして。」

「おっ、ちゃんと総会関係の質問じゃないか? それだったら答えてあげるよ。実例はね、それなりにあるよ。まあ、大体は手続き面等で、法が認めた株主の権利を侵害したケースだね。じゃあ、有名なやつをいくつか説明しようか。」

「お願いします。実例を聞くとイメージも湧くと思うんで。」

「じゃあ最初は、招集通知発送日と総会日の間が中2週間に2日足りなかったってやつだね。この中2週間ルールの主旨は、株主に、会社の概況を理解してもらって議案の

賛否を決定してもらうために一定の期間を与えているということなんだけれども、実際の話としては、2日足りないかどうかでそんなに熟慮できたりできなかったりってものでもないという考え方もありそうだよね？　だけど、この場合は、決議取消が認められたんだ。なぜかと言うとね、株主の熟慮に必要な期間がどれくらいかっていうのは簡単に決められないから、法が"2週間"という線引きをしたということなんだ。2週間で必ず熟慮できるというのではなくて、どこかで線引きしないと法的に安定しないから線を引いたってことなんだ。なので、そんなことくらいも守れない会社の肩を持つよりは、株主の肩を持ちましょうということなんだね。」

「なるほどなあ。やっぱり、ルールどおりやらんと決議取消になるんやなあ。ほな、つぎはどんなんですか？」

「総会開始時間が予告もなく3時間遅れたからアウトってのはどうだい？」

「そんなんあるんですか？」

「昭和30年代の古い話なんだけどね、午後1時開催予定の総会を4時10分になって開催したのは、定刻に参集した株主に対して開会時に臨席を困難ならしめるもので、著しくその手続きが不公正とされて決議取消になったというのがあるんだ。株主は時間と交通費をかけて総会場へ来てくれるわけだから、行ってみたら3時間以上も待たされたっていうのはやっぱり"著しくその手続きが不公正"と言われても仕方ないよね。株主だって、その日にほかの用事があるかもしれないしね。」

「そうですね。いろんな実例があるんやな。やっぱりいつも部長がおっしゃってるように、法が認めた株主の権利の侵害とかだまし討ち的なやつはあかんっちゅうことですね？」

「そういうことだね。つぎは有名なやつを説明しよう。総会場に入れないほど多くの株主が来て、300名くらいが入れないまま開催を強行した総会での決議が取消されたというのがあるよ。やっぱり総会に参集したすべての株主が双方向の会議に参加して議決権を行使する、というのが法が求める株主総会だからね。」

「そらそうですよね。その時現場で入れんかった人と会場警備員て、すごい押し問答やったんでしょうね？」

「僕はビデオで見たことがあるけど、すごいバトルだったよ。」

「でしょうねえ。せやから、前に部長と総会会場の下見でホテルへ行った時、予想来場者数の1.5〜2倍くらいの席数がいいっておっしゃってたんですね（1年目10月参照）。見栄えや雰囲気だけの話やなかったんですね？」

「そういうこと。それでね、この総会ではもう1つ決議取消になる事由があったんだ。」

「えっ！ 1回の総会で取消事由が2つですか？ よっぽどこの時、会社側は大変やったんですね？」

「そうなんだろうねえ。で、もう1つの取消事由はね、議案の修正動議を取り上げずにそのまま採決したという

ものなんだ。この時は総会会場自体がかなりの喧騒状態にある中で、動議提出者は舞台真下まで行って修正動議がある旨叫びながら、動議を記載したビラを大きく振りかざしているのに議長は無視して採決をしたというもので、見えているのにこれを取り上げないっていうのは著しく不公正とされたんだ。個別の事情はあるんだろうけど、やっぱり最低限の法が求める手続きは外してはいけないということなんだ。」

「今聞いたら、そらそうやろって思いますけど、個別の事情がある中で急にそんなことになったら大変やなあ。でも最後はやっぱり基本が大事なんやなあ。」

「そういうこと。つぎは役員の説明義務関係を話そうか。退職慰労金贈呈議案ってね、よくあるパターンでは"贈呈の時期、金額等について、退任取締役については取締役会に、退任監査役については監査役の協議にそれぞれご一任願います"と言って金額を言わないだろ？　それじゃ賛否が決められないから金額を言えって言われた話でね、金額も言わなかったし説明をきちんとしなかったことを理由に決議取消になったんだ。判決では、金額を言わないのなら、きちんとした基準があること、その基準は株主が容易に知りうること、その基準に沿えば支給額を一意的に算出できるものであること等について説明するべきであったとされている。この手の議案では、過去から慣例的に金額を言わない実務が定着していたから（プライベートな話である等の理由で）、会社にとっては結構衝撃が強かったと思うよ。」

「この事例は僕も知ってます。個別審議方式で、報告事項の質疑応答を長くやったんで、最後のほうのこの議案の時には相当時間が経過していてサクサクッとやってしまったら

株主総会の決議取消　　111

しいですね?」

「そうらしいね。でもやっぱり、役員の報酬は総会で決めるのが基本だから、最低限の説明は必要っていうことだよね?」

「そうですねえ。どこまで行ってもやっぱり基本が大事ってことですねえ。」

「最後に説明するのはちょっと今までのとは毛色が違うよ。経営陣と大株主が争ってね、お互いの陣営が一般の株主に『自分たちに賛成してください、相手の提案には反対してください。』とやっている時にね、会社側が『賛成・反対に拘わらず議決権を行使してくれた株主にはクオカード500円をあげます』ということを"その会社として初めて"実施したことについて、会社法120条1項に定める"株主の権利行使に対する利益供与"に当たるとされて決議取消になったのがあるんだ。」

「えっ! でも、こっちに賛成してくれたらって言うんやったらわかりますけど、なんでそうなるんですか?」

「それはね、前年の総会まではクオカードの贈呈はしていなかったのに争いになった時からそんなことを始めて、クオカード贈呈を告知するはがきに重要事項として会社に賛成してくださいというお願いの記載があって、クオカード贈呈と賛成のお願いの関連が推定されてしまったこと、結果として例年よりも議決権行使比率が約30%も増加したこと等から、クオカード贈呈自体が賛成獲得を目的としていると推認されてしまったんだね。」

「なるほどなあ。だったらけんかになる何年も前から、クオカード贈呈をやってたら、答えは変わったかもしれんっちゅうことですか？」

「ひょっとしたらそうかもしれないね。今回はいろいろ決議取消になった実例を話したけれども、結局のところ『基本が大事』ということなんだ。どの実例もいろんな個別事情があって難しい状況の中で迎えた総会で、その個別事情の中で何とかさばこういろいろやった結果、基本をちょっとないがしろにしてしまったということが共通してるよね。だから、若手くんも、どの仕事も『基本が大事』ってことを肝に銘じておかないとね。ボーっとしてたら、経理の駆出さんに馬鹿にされるよ。」

「ところで部長、駆出さんのメルアドとかって知りませんか？　やっぱりお近づきになりたいなあって。」

「やっぱりそれが目当てか！　そんなことより、もっと勉強しなさい！　もう総会シーズンなんだぞ！（怒）」

解　説

1　株主総会の決議取消

株主総会の決議取消については、会社法831条に規定がある。

（会社法831条1項）
　次の各号に掲げる場合には、株主等は、株主総会等の決議の日から三箇月以内に、訴えをもって当該決議の取消しを請求することができる。（中略）
一　株主総会等の招集の手続又は決議の方法が法令若しくは定款に違反し、又は著しく不公正なとき

株主総会の決議取消　　113

二　株主総会等の決議の内容が定款に違反するとき
三　株主総会等の決議について特別の利害関係を有する者が議決権を行使したことによって、著しく不当な決議がされたとき

今回紹介した判例は以下のとおりである。
①　招集通知期間の不足（東京地裁昭和54年7月23日判決　判時964号115頁）
②　3時間遅れの総会開催（水戸地裁下妻支部昭和35年9月30日判決　判時238号29頁）
③　300名が入場できなかった総会開催（大阪地裁昭和49年3月28日判決　判時736号20頁）
④　修正動議の無視（大阪地裁昭和49年3月28日判決　判時736号20頁）
⑤　退職慰労金贈呈議案における説明義務違反（東京地裁昭和63年1月28日判決　資料版商事47号76頁）
⑥　利益供与と見なされたクオカード送付（東京地裁平成19年12月6日判決　資料版商事286号431頁）

条文に当てはめてみると、①～⑥のすべてが、会社法831条1項1号に該当することがわかる。会社法831条1項1号のうち、招集の手続きの瑕疵にあたるものが①、決議方法の瑕疵が③⑤⑥、著しく不公正にあたるものが②④と言えよう。ちなみに、会社法831条1項2号が適用される場合の例としては、定款で定めた員数以上の取締役を選任した場合、会社法831条1項3号が適用される場合の例としては、大株主である取締役が議決権を行使して自分の責任免除を決議する場合等が考えられるが、極めて稀であると言えよう。

2 判例紹介（①～⑥）

<判例①　招集通知期間の不足>
「招集通知の法定期間に関する前記商法の規定は、株主が総会前に十分熟慮してその議決権を行使できるようにはかったものであるところ、本件の招集通知は、すべての株主に対して法定の招集期間に二日も足りない期日に発せられたものであるというのであるから、本件株主総会招集の手続にはその性質及び程度から見て重大な瑕疵があるものというべきであり、また、これが直ちに総会決議の結果に影響を及ぼさない瑕疵ということもできないから、被告会社の主張は採用しない。」

<判例②　3時間遅れの総会開催>
「三時間以上も遅延したような場合は、事由の如何はともあれ、開会時間を不確定とし定刻に参集した株主に対し、開会時に於ける臨席を困難ならしめるもので、著しくその手続が不公正であるといわざるを得ない。右のとおり二十日の総会には開会時刻遅延の点に於て取消さるべき瑕疵があるから、かゝる総会に於ける延期の決議は取消さるべきである。」

<判例③　300名が入場できなかった総会開催>
「少なくともこれらの株主が質問、動議の提出その他により議案の審議に参加し、議決権を行使することができなかったことは明らかである。被告会社としては、本件総会出席のために参集したすべての株主に対し、何らかの方法で議決権行使の機会を与えるべきであり、かりに本件総会当日、総会場の物理的状況等によりそれが不可能であつたとすれば、総会の期日を変更し、延期しまたは続行することにより、株主のために右機会を確保しなければならず、かつ、それは可能であつて、右のような措置をとらないでした本件決議は、その方法において株主に議決権を認めた法令の趣旨に違反するものといわざるを得ない。」

<判例④　修正動議の無視>
「原告の右動議提出行為が議長の表決結果宣言前であつたことは前記のとおりであり、議長を含む被告会社側の者においてそれを認識する

ことが可能であつた以上は、認識の有無にかかわらず、それに対する何らの措置も講じないでした本件決議は、その方法において著しく不公正であるといわなければならない。」

<判例⑤　退職慰労金贈呈議案における説明義務違反>
「支給基準を定めて取締役会等に一任することがお手盛り防止の趣旨に反せず、したがつて株主が利益に反しない理由を説明する必要があるというべきであり、具体的には、（中略）会社に現実に一定の確定された基準が存在すること、その基準は株主に公開されており周知のものであるか又は株主が容易に知り得ること、及びその内容が前記のようにして支給額を一意的に算出できるものであること等について説明する必要があるというべきである。（中略）以上によれば、本件慰労金決議は、商法二三七条ノ三第一項に違反するものというべきであり、決議の方法が法令に違反したものであるから、決議取消事由がある。また、本件法令違反の程度は重大でないとはいえないから、商法二五一条によって本件慰労金決議の取消を棄却することはできないというべきである。」

<判例⑥　利益供与と見なされたクオカード送付>
「被告が議決権を有する全株主に送付した本件はがきには、「議決権を行使（委任状による行使を含む）」した株主には、Quoカードを贈呈する旨を記載しつつも、「【重要】」とした上で、「是非とも、会社提案にご賛同のうえ、議決権を行使して頂きたくお願い申し上げます。」と記載し、Quoカードの贈呈の記載と重要事項の記載に、それぞれ下線と傍点を施して、相互の関連を印象付ける記載がされていることが認められる。
　また、弁論の全趣旨によれば、被告は、昨年の定時株主総会まではQuoカードの提供等、議決権の行使を条件とした利益の提供は行っておらず、原告との間で株主の賛成票の獲得を巡って対立関係が生じた本件株主総会において初めて行ったものであることが認められる。（中略）本件株主総会における議決権行使比率は81.62％で例年に比較して約30パーセントの増加となっていること（中略）、白紙で返送された議決権行使書は本件会社提案に賛成したものとして取り扱われるところ、白紙で被告に議決権行使書を返送した株主数は1349名（議決

権数1万4545個）に及ぶこと（中略）、被告に返送された議決権行使書の中にはQuoカードを要求する旨の記載のあるものが存在すること（中略）の各事実が認められ、Quoカードの提供が株主による議決権行使に少なからぬ影響を及ぼしたことが窺われる。

　そうであれば、Quoカードの提供を伴う議決権行使の勧誘が、一面において、株主による議決権行使を促すことを目的とするものであったことは否定されないとしても、本件は、原告ら及び被告の双方から取締役及び監査役の選任に関する議案が提出され、双方が株主の賛成票の獲得を巡って対立関係にある事案であること及び上記の各事実を考慮すると、本件贈呈は、本件会社提案へ賛成する議決権行使の獲得をも目的としたものであると推認することができ、この推認を覆すに足りる証拠はない。（中略）以上によれば、本件贈呈は、その額においては、社会通念上相当な範囲に止まり、また、会社の財産的基礎に影響を及ぼすとまではいえないと一応いうことができるものの、本件会社提案に賛成する議決権行使の獲得をも目的としたものであって、株主の権利行使に影響を及ぼすおそれのない正当な目的によるものということはできないから、例外的に違法性を有しないものとして許容される場合に該当するとは解し得ず、結論として、本件贈呈は、会社法120条1項の禁止する利益供与に該当するというべきである。

　そうであれば、本件株主総会における本件各決議は、会社法120条1項の禁止する利益供与を受けた議決権行使により可決されたものであって、その方法が法令に違反したものといわざるを得ず、取消しを免れない。」

ポイント

・会社法831条1項に規定される決議取消にならないようにするには、会社法が求める手続きをきちんと履行し、会社法が認めた株主総会における株主の権利を侵害しない、という基本が何より重要である。

もっと知りたい方は
・森・株主総会498頁

2年目5月　株主総会における監査役の監査報告

え〜っ！　どこもみんな監査役がしゃべってますやん！

●●●●●●●●

「部長、ちょっと今いち納得がいかんことがあって……。質問してもええですか？」

「今ならいいよ。あまり時間はないけれど。」

「あの、監査報告なんですけどね、総会シナリオの。この1年、部長のご指示で他社の総会も何回か見に行ったんですけど、招集通知の監査報告書自体は、ほとんどの会社でおんなじようなもんがくっついたぁるんですけど、監査役のシナリオは、えらい短いのんと長いのん、監査報告書の一部の棒読みやったりオリジナルやったり、みたいな感じでバラバラなんですよ。何でこんなことになるんかなあってことがわからんのです。総会のシナリオって、法律に忠実にやればやるほど同じパターンになるはずやのに。」

「珍しくそこそこいい質問だな。でもこれくらいは1年間も勉強してきたのならわかっていてほしいんだけどな。まあ、このところ新入社員の駆出さんのせいでちょっとは真面目に勉強しているみたいだから教えてあげよう。」

「ありがとうございます。ほんまに駆出さんはプレッシャーですわ。僕のほうが先輩やのに、『若手先輩、こんなことも知らないんですか？　がっかり……。』とかって言われたら会社来る気ぃがなくなりますよって。疑問が出てきたらすぐ調べる、そんであかんかったら部長に聞く、ってのを地道にやっていかんといつあの子が総務へ来るかと思ったら焦りますやん。」

「おっ、一応本当にやる気のようだな。それじゃあ、教えてあげよう。監査役の監査報告のシナリオってね、大体は単体の話と連結の話になってるだろ？　招集通知には単体の計算書類と監査報告書（会計監査人＋監査役会）、連結の計算書類と監査報告書（会計監査人＋監査役会）が添付されている。」

「そうですね。まずは単体の話をしゃべってから連結の話ってパターンが多いような気ぃがしますけど。」

「そうなんだけれど、法が招集通知に添付を要求しているのは、実はね、単体の計算書類と監査報告書（会計監査人＋監査役会）、と連結計算書類だけなんだ。連結の監査報告書（会計監査人＋監査役会）は法的には添付を要求されていないんだ。実際はほとんどの会社が添付しているけれども。添付が要求されていないから、『連結計算書類の内容及び監査の結果を定時株主総会に報告しなければならない』（会社法444条7項）と、なってるんだ。ここまではいいかい？」

「ん？　なんかわかったようなわからんような……。えっ！　そしたら、単体の監査報告書って、招集通知にくっつけることになっとるから、しゃべらんでもええっちゅうことですか？」

「そういうことになるね、わかってるじゃないか、若手くん!」

「そんなぁ……。株主総会とかシナリオとかって、法に基づいたもんやって思とったのに、何でここだけそんなことになっとるんですか? 理解でけへんのですけど」

「単純に言うと、昔の名残りだね。監査役の監査報告は、昔の商法では義務づけられていたらしくて、それ以降も慣行的に行われているものなんだ。だからね、総会の監査報告についてはね、法が要求しているのは、実は連結計算書類の監査結果(会計監査人+監査役会)だけだっていうことになるんだ。それ以外の分は言ってみれば"おまけ"なんだ。だから、若手くんが最初に言ったように、長かったり短かったりっていろいろバリエーションがあるのも、絶対的に法が要求しているのは連結の監査結果(会計監査人+監査役会)の報告だけだから、それ以外の分をどうするかは各社ごとの判断だからなんだよ。また、法的には義務づけられていないけど、実際にはほとんどの会社が連結の監査報告書を添付しているから、余計にわかりにくいよね。招集通知を読む株主さんのどれだけが"こっちは添付が義務でこっちは義務じゃない"と正しく理解しているかとなると甚だ疑問だね。」

「そんなことになっとったんかぁ。ちょっとわかってきた気がしますけど、なんかもやもやするなあ。」

「最後に整理してあげるよ。その前に、もう一つポイントがあるんだ。実はこの会社法444条7項の主語は、"取締役"なんだ。だから条文どおりにやるのなら、連結の監査結果(会計監査人+監査役会)の報告は、"取締役"がしないとい

けないんだ。」

「え〜っ！　どこもみんな監査役がしゃべってますやん！」

「そうだね。どこの会社も現実には監査役が報告している。これはね、監査役が慣行的に単体の監査報告を行うから、連結の監査報告も監査役に頼んでやってもらってもいいよという考え方が認められているからなんだ。だから、監査役の監査報告の後で議長が『連結計算書類の監査結果は、以上の報告のとおりであります。』というシナリオになっていることがよくあるのは、条文を意識して議長が追認的に発言しているからなんだ。」

「ふ〜ん。なんか、今まで部長に教えてもらってきた総会実務って、何でやねん、て思っても"法律がこうなってるから"的な明快な答えがほとんどやったのに、今回は、わかりにくいですねえ。やっぱり、違和感ありますわ。」

「そうかもしれないね。総会実務は、まずは会社法だけど、それ以外に判例や長年積み重ねてきた実務の慣行等、いろんなものがミックスされてできているからね。だけど、株主からすれば、連結計算書類の監査結果（会計監査人＋監査役会）だけをサクッと言っておしまい、よりは、今のやり方のほうがいいと思わないかい？」

「まあ、3〜4行読んでおしまい、よりはいいですけどねえ。部長、すんません。もう一回整理して話してくださいよ。」

株主総会における監査役の監査報告　　121

「そうだね。総会シナリオの『監査報告』は、そもそもは昔の商法時代の名残りで慣行的に行われているもので、法が要求するものではない。単体の監査報告書（会計監査人＋監査役会）は招集通知に添付することが義務づけられているから（会社法437条）、総会における口頭での報告までは要求されていない。一方、連結計算書類の監査報告書（会計監査人＋監査役会）は招集通知に添付が義務づけられてはいないから（実際はほとんどの会社が添付している）、総会での報告が要求されている（会社法444条7項）。ただし、条文では取締役が報告することになっているけど、慣行的に単体の監査報告を監査役が行うから、ついでに連結の分も一緒に報告してもらっているってことなんだ。だから、どれだけ長くても、また短くても、連結の監査報告（会計監査人＋監査役会）さえきちんと報告していれば法的には問題ないということなんだ。わかったかな？」

「やっとわかりました。でも、実際の総会の中で、2〜3分くらいの監査報告にも、いろいろ理屈とか慣行とかがあるんですねえ。やっぱり、総会実務は深いわ。」

「そういうこと。だから、若手くんもがんばって勉強し続けなきゃいけないってことだよ。でないと駆出さんが総務に来たらあっさり嫌われてしまうぞ！（笑）」

「せやから、こないして勉強してるんですやん！！！『若手さんって、一生懸命勉強しておられて素敵！』とか言うてもろたら、もっと勉強すんのになあ。あっ！　それで思い出した！　今晩の駆出さんの歓迎会、部長に最初の挨拶をお願いします！」

「えっ！ それは常務にやってもらいなさいよ。今回は出席するっておっしゃっていたじゃないか？」

「いえ、部長、お願いします。新人の歓迎会の挨拶は総務部長って、旧商法時代からの慣行ですから！」

「そんなとこだけすぐ覚えたんだ。中身をちゃんと理解するほうが大事なんだぞ！（苦笑）」

解　説

1　株主総会における監査役の監査報告

　通常、上場会社の招集通知には、単体の計算書類・監査報告書（会計監査人＋監査役会）と連結計算書類・監査報告書（会計監査人＋監査役会）が添付されている。単体の計算書類・監査報告書（会計監査人＋監査役会）については、会社法437条により添付が義務づけられている。

　一方、連結計算書類について、会社法444条は、4項で会計監査人＋監査役の監査を受けなければならない、5項で監査を受けた連結計算書類は取締役会で承認を受けなければならない、6項で取締役会承認済みの連結計算書類を招集通知に添付しなければならない、としているのみで、単体とは違い連結の監査報告書の添付は義務づけられていない。なので、7項で『取締役は』連結計算書類を定時株主総会へ提出し、連結計算書類の内容および監査の結果を報告しなければならないとしているのである。したがって、通常は招集通知に添付されている連結の監査報告書は、「あくまでも会社が任意に添付している」ということであって（会社計算規則134条2項）、条文上は「取締役」に監査の結果の報告が求められている。

　株主総会のシナリオにおいては、議長就任宣言、開会宣言、質問の

受付時期等の諸注意、出席株主の議決権数等の報告のあとに監査役の監査報告がなされるのが一般的である（1年目6月参照）。これは、株主総会に提出される議案・書類等に法令・定款違反または著しく不当な事項があると認められる場合（会社法384条）以外には、法律上要求されているものではないが、実務では昭和49年改正前の旧商法において意見を報告することとされていたことにより、以後慣行的に行われているものであり、実務的にはほとんどの上場会社が行っている。

監査役の監査報告を慣行的に行うのであれば、会社法439条のいわゆる「計算書類の承認特則規定[注]」を踏まえて、計算書類の適法性および相当性を充足していることを監査役から報告することが適当である。

(注) 計算書類の承認特則規定とは……取締役会・会計監査人設置会社で、会計監査人の監査報告書の内容が無限定適正意見であることおよび監査役（監査役会）の監査報告書の内容として会計監査人の監査の方法または結果を相当でないと認める意見がないこと等を充たせば、計算書類について、株主総会において承認事項ではなく報告事項とするもの（会社法439条、会社計算規則135条）。

前述のとおり監査役の監査報告は事業報告の説明の前に行われることが一般的であるが、監査役は議案・書類等に法令・定款違反または著しく不当な事項があると認められる場合には株主総会に報告しなければならないから（会社法384条）、監査報告を慣行的にやるのであれば取締役による事業報告等の説明の前に「議案・書類等は適法かつ相当である」旨を報告しておくことが理に適っていると言える。

さて、株主総会における連結計算書類の監査結果の報告については、前述のとおり条文上は「取締役は」監査の結果を報告しなければならない、とされているが、実際には多くの会社で監査役が行っている。これについては、制度改正時の立案担当官が、「通常の大会社に

おける監査役の連結計算書類についての監査結果は、取締役が監査役に依頼して、監査役に自ら報告してもらうことも許されるものと考えられます」(始関正光『Q＆A平成14年改正商法』(商事法務、2003) 275頁)、としており、問題はないとされている。実務上はベテラン部長の言うとおり、監査報告の後で「連結計算書類の監査結果は、以上の報告のとおりであります」と議長が追認的に発言するシナリオが一般的である。

2　株主総会シナリオにおける監査役の監査報告の例

議長	それでは、本日の報告事項の報告および議案の審議に先立ちまして、監査役から当社の監査報告をお願いします。引き続き、連結計算書類に係る会計監査人および監査役会の監査結果についても監査役から報告をお願いします。それでは、監査役、お願いします。
監査役	私は、常勤監査役の○○でございます。各監査役が作成した監査報告書に基づいて、監査役会において協議いたしました結果につきまして、私からご報告申し上げます。 まず、当社第□期事業年度における取締役の職務執行全般について監査を行ってまいりましたが、お手許の監査役会の監査報告書謄本に記載のとおり、事業報告は、法令、定款に従い会社の状況を正しく示しているものと認めます。会計に関しましては、会計監査人△△監査法人の監査の方法および結果は相当であり、会計以外の業務につきましても、不正の行為または法令、定款に違反する重大な事実は認められません。また、各監査役は本株主総会に提出されるすべての議案および書類を調査いたしましたが、法令、定款に違反する事項および不当な事実はございません。 つぎに連結計算書類の監査でございますが、お手許の会計監査人および監査役会の監査報告書謄本に記載のとおり、会計監査人△△監査法人からは我が国において一般に公正妥当と認められる企業会計の基準に準拠して、当社および連結子会社からなる企業集団の財産および損益の状況をすべての重要な点におい

	て適正に表示しているとの報告を受けており、監査役会としては、会計監査人の監査の方法および結果は相当であると認めます。 以上ご報告申し上げます。
議長	連結計算書類の監査結果は、以上の報告のとおりであります。

ポイント
・株主総会における監査役の監査報告は、法に義務づけられたものではなく慣行的に行われているもの。
・慣行的に行うのであれば、株主にわかりやすいシナリオ(シナリオ全体の中における時期も含めて)が望ましい。
・連結計算書類の監査(会計監査人＋監査役会)結果報告のみが法で義務づけられている。
・連結計算書類の監査(会計監査人＋監査役会)結果報告は、条文上は取締役に課せられているが、監査役に頼むことも許容されている。

もっと知りたい方は
・三井住友信託・平成28年ポイント303、305頁

2年目6月　株主総会における質疑打切り

質疑打切りっちゅうのん、教えてくださいよ！

- - - - - - - - - -

「招集通知も発送したし、いよいよだな、若手くん。」

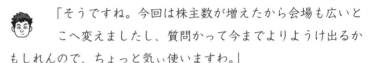「そうですね。今回は株主数が増えたから会場も広いとこへ変えましたし、質問かって今までよりようけ出るかもしれんので、ちょっと気ぃ使いますわ。」

「そうだね。昨年以上にきっちり準備しないとね。」

「あのぅ、そんで部長にいっこ聞きたいことがあるんですけど今いいですか？」

「いいよ。今回の総会絡みかい？」

「はい。今までのうちの総会って、だいたい100名弱の来場で質問かって5問前後ちゅう感じやないですか。せやけど今回はもっといっぱい来場しそうやし、質問かってようけ出そうですやん？　そしたら、今までの1時間弱では終わらんで、1時間半とか2時間とかってなるかもしれんわけでしょ？」

「そうだね。もっと質問が出て、時間も長くなるって考えておいたほうがいいよね。」

「そんでですね、いろいろと総会関係の本を見とったら、質問が終わらん時には『質疑打切り』ちゅうのんをやるって書いたあるんですけど、これがようわからんのですわ。たとえばこの本なんかには、『一般的平均的株主から見て、合理的に報告事項の内容が理解でき、決議事項について賛否が決定できるだけの質疑応答が行われたときには、質疑を打ち切り、採決に入ってもかまわないと解されています』(桃尾・Q＆A242頁) て書いたあるでしょ？ これ読んだら、『そらそうやな』て思うんですけど、実際問題として考えてみたら、来場してる株主に『あんた、理解できてまっか？』て聞いて回るわけにもいかんし、どないすんのんかな？ ってなってもうて……。質問20問受けたらもう十分とか2時間やったらもうええやろ、みたいなもうちょっとわかりやすいやつはないんかなあ、て思ていろいろ探したんですけど、結局ようわからんのです。部長、質疑打切りっちゅうのん、教えてくださいよ！」

「……」

「部長！ どないしたんですか？ いっつもやったら、すぐ教えてくれはんのに、なんで黙ってはるんですか？」

「いや～。感動していたんだよ。」

「えっ？ もう親でもない！ 子でもない！」

「それは"勘当"。そうじゃなくって、心が動かされるほうだよ。」

「何で？ 質疑打切りって、そないに感動的なんですか？」

「違うよ、若手くんだよ。」

「えっ、僕？ あの、何のこっちゃさっぱりわからんのですけど。」

「去年の今頃はさ、招集通知出したら『もう、やれやれモードですわ。』とかおバカなことを言ってたのに、今年はまともな疑問を自分で調べてよくわからないから聞いてくる……。成長したなあって思ってさ。そんなにやる気になるとは、よっぽど隣の経理の駆出さんによく思われたいんだね。すごいね、駆出さん効果は！ 今度彼女に、『君のおかげでうちの若手くんが仕事をするようになって大助かりだよ』って言っとくか。」

「え～っ！ あほなこと、やめてくださいよ！ 彼女が来るまで仕事してへんかったみたいやないですか！」

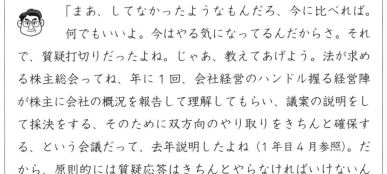「まあ、してなかったようなもんだろ、今に比べれば。何でもいいよ。今はやる気になってるんだからさ。それで、質疑打切りだったよね。じゃあ、教えてあげよう。法が求める株主総会ってね、年に1回、会社経営のハンドル握る経営陣が株主に会社の概況を報告して理解してもらい、議案の説明をして採決をする、そのために双方向のやり取りをきちんと確保する、という会議だって、去年説明したよね（1年目4月参照）。だから、原則的には質疑応答はきちんとやらなければいけないん

だ。だけどね、質問が終わらないからといって、5時間も6時間もやり続けることまで法が求めているわけではないんだ。会社法315条の議長の権限は、"きちんとした双方向の会議"を仕切るために与えられたものだと考えるとね、解釈としては"合理的な時間内に終わらせる"という意味もあるんだ。何か不満があって、最初から納得する気がないのに延々と繰り返される類の質問は納得するまで説得する必要はないと前に説明したよね（1年目5月参照）？　それなんかも同じ考え方なんだ。議長は、建設的な会議を仕切るためにいるのだから、場合によっては質疑打切りということもあり得るわけなんだ。ここまではいいかな？」

「なるほどなあ。そのへんはわかります。」

「そしたら、質疑打切りについてのまずは考え方、つぎに実際どうやるか、って2段階で考えてみよう。質疑打切りの考え方はね、さっき若手くんが見ていた本のとおりなんだ。株主の質問権（裏返せば役員の説明義務）はね、報告事項を理解するため（つまり会社の概況を理解するため）と議案の賛否を決めるため、について認められているって前に説明したよね（1年目5月参照）。だから、ごく普通の株主がね、会社の概況を理解し議案の賛否が決定できるっていうレベルまで質疑応答を行ったら、仮にまだ手を挙げている株主がいたとしても、質疑は打切ってもよいということなんだ。」

「いや、それはわかるんですよ。本番では説明義務のある質問、ない質問がごちゃまぜに出てくるから、こんだけ質疑応答やったら、普通の株主は大体理解しとるやろっちゅうとこまでやって、そしたらまあええやん、ていうノリは理解できるんですけどね。具体的にはどないすんのんか？　っちゅうこと

なんですよね。」

「そうだね。そしたら、つぎは実際どうやるかっていう話をしよう。さっきの考え方でいけば、普通の株主が会社の概況を理解し議案の賛否が決定できるっていうレベルまで質疑応答をやったってことは、もう説明義務のある質問はおおむね出尽くした状況ってことになるんだけど、若手くんの言うように今一つピンと来ないよね？」

「そうなんですよ、そこなんです。だからどうやったらええのんかようわからんのです。」

「考え方としては理解できるけど、ちょっと抽象的だしね。実際は、質疑応答の時間、質問した人数、質問数、今出ている質問の中身、等を総合的に勘案して判断するんだ。個別審議方式だと、報告事項の質疑と各議案の質疑が別だから、それぞれの質疑応答コーナーごとに判断しなければいけないけど、うちは一括審議方式だから、1回しかない質疑応答コーナーでそれを判断すればいいんだ。」

「せやけど、総合的に判断って言うてもなあ。やっぱり、何時間やったら、とか何問やったら、とかのほうがわかりやすいんやけどなあ。」

「理屈で考えてるとわかりにくいよね。でも実際にはそんなにも難しくないんだよ。若手くんも知ってるとおり、現実には説明義務のある質問、ない質問が混在してるよね？それが、長くやっていると説明義務のない質問ばかりになっていくものなんだ。たとえば、外食チェーンの会社でね、最初は"他社との差別化戦略としての新メニュー開発"とか"新規出店の方

針"とかの話だったのに、時間が経過してくると"こういうメニューはどうだ"とか"自宅の最寄り駅に出店してほしい"といったものになって行きがちなんだ。このパターンになったら、質疑打切りのタイミングになってきたって考えてもいいんだ。」

「う〜ん。ちょっとわかってきました。でもやっぱり、もうちょい簡単なルールはないんですかねえ。」

「それは、むずかしいね。たとえば、時間で切るといってもね、2,000名来場していて質問希望者を全部指名できそうにない総会もあれば15名しか来場しない総会もあるわけだから、2,000名なら2時間くらいでイメージが湧くけど、15名でも2時間経たないと切れないとなると来場者が全員質問するくらいの話になってしまうだろ？ やっぱり、一律には決められないんだよ。」

「なるほどなあ。そう言われればそうですね。せやからやっぱり"総合的に判断"になるわけか。」

「そういうこと。でもね、さっきね、質疑応答の時間、質問した人数、質問数、今出ている質問の中身、等を総合的に勘案して判断すると言ったけど、時間は長くなるほど切りやすいし、人数、質問数も多いほど切りやすい、質問の中身はここ2、3問説明義務なしの質問が続いているっていう状況だと切りやすい、ということでそんなにハイレベルな判断というわけでもないんだ。過去の判例でも、総会自体が2時間13分、質疑応答時間が50分で17名から18問の質問を受けた総会の質疑打切りについて、適法という判決が出ているんだ。だから、現実に1,000名以上来場するような大企業では大体開会から2時間を過ぎると、『ご質問はあと2名とさせていただきます』といっ

た予告をして、2名の質問を終えた後に採決をするというところが多いんだ。」

「そっか〜。統計とか見てると、大企業で2時間〜2時間半くらいのとこが多いなあと思とったらそういうことやったんですね。だいぶ腹に落ちてきましたわ。」

「あとは、実務のポイントだな。まず、質疑打切りは議長の権限か？　基本的には議長の議事整理権限（会社法315条）の範囲内と考えられている。動議として議場に諮るという考え方もあるけど、多数決で決めたって、あとで訴訟を起こされて"議論が煮詰まっていなかった"って裁判で言われたら決議取消になるから、議場に諮る意味はあまりない。議場に諮ると"みんなの意見を聞いた"という優しい議事運営のイメージになるというメリットはあるけどね。」

「まあ、議長は建設的な双方向の会議を仕切るんやから、そのための権限として質疑打切りできるっていうのんは理解できます。」

「もうひとつ大事なことは、権限はあるとしても議長は判断しない、うしろの事務局・弁護士が判断して紙を差し入れるってこと。」

「ふ〜ん。あっ！　そうか。議長は質疑応答で大変やし、場合によってはアツくなっとるかもしれんから、冷静な人が判断するってことですね？」

「そういうこと。それで質疑を打切るんだけど、ここで突然『ここまで』と言うんじゃなくて、『あと2名で』と打切りの予告をするんだ。それで2名が終わると、採決へと

進むんだ。突然だと文句が出るかもしれないけど、予告をするとなぜかみんな納得しちゃうんだよね。だから以前は議長自身や株主から質疑打切りの動議を出してやっていたんだけど、最近は質疑打切りのときは『あと２名』がトレンドなんだ。」

「なるほどなるほど。いやぁ、部長。ようわかりました。そしたら、うちは今までが100名弱の来場やったんが今回は２倍のイメージ、質問も今までの５問前後から10〜15問くらいで考えときます。そんで、質疑応答だけで１時間を超えてきて内容も冴えんやつが続いてきたら、弁護士先生と相談して議長に紙を入れる、くらいで検討しときます。」

「いいんじゃないか。なかなか考え方もしっかりしてきたな。やっぱり経理の駆出さんにはお礼を言っとかなきゃな。」

「ああっ！　だからそれはアカンて言うてるやないですか！　一生懸命やっとるのに何でこないにネタにされるんやろ。冴えんかったら冴えんかったでもっと勉強せえ！　仕事せえ！　て言われるし……。何か割が悪いような……。」

「いやいや、そんなに心配しなくてもいいよ。駆出さんにはちゃんと『若手くんは今頃になってだけれどよく勉強してるよ。』って誉めておくから。」

「それ、全然誉めてませんやん……。」

> **解 説**

1　株主総会における質疑打切り

　定時株主総会とは、年に1回、会社経営のハンドルを握る経営陣が株主に会社の概況を報告して理解してもらい、議案の説明をして採決をする、そのために双方向のやり取りをきちんと確保するという会議である。したがって、会社の概況を理解するための質問、議案の賛否を決めるための質問には役員に説明義務がある（会社法314条）。

　しかし、現実の総会では、株価、株主優待、総会のお土産、総会場での茶菓の接待、店舗展開業種における現場でのクレーム等、説明義務のない質問が相当数出される。その結果、1,000名以上来場するような総会では、質問希望者に全員対応するには何時間かかるかわからないというのが実態である。会社法が求める株主総会は、「建設的な双方向の会議」なのであるから、どんな場合でも質問にすべて回答しなければならないというわけではない。建設的な会議というものには自ずと適正な時間というものがあるはずである。そこで「質疑打切り」という概念が登場する。しかし、来場株主数等、さまざまなファクターがあり一概に何時間とも決められないため、議長に議事を整理する権限を与え、その権限を適切に行使させることによって、「建設的な双方向の会議」を実現させるという考え方になるのである。したがって、議長の議事整理権限には、合理的な時間内に終わらせるという解釈も含まれている。

2　具体的な質疑打切りのポイント

　では、「質疑打切り」はどのような場合に許されるのか。これは、「一般的平均的株主からみて、合理的に報告事項の内容が理解でき、決議事項について賛否が決定できるだけの質疑応答が行われたときには、質疑を打ち切り、採決に入ってもかまわない」（桃尾・Q＆A242頁）

とする考え方が通説・判例[注1]である。「要するに、「開会以来、随分と時間も経過」しており、質問も「もうひととおり終わっている」し、「有意義な質問」も出ないという雰囲気である」（森・株主総会293頁）ということである。

しかし、これでは抽象的でいま一つわかりにくいので、実務における具体的な判断のポイントは、審議時間、説明義務の有無、質問者数・質問数等を総合的に勘案することとされている[注2]。会話文にもあるとおり、実際のところ、特に不祥事等のトピックがなければ、開会後2時間を目処に質疑打切りを検討する大企業（おおむね質疑応答で1時間半前後）も多いと思われる。

実際の質疑打切りの方法は、「あと2名とさせていただきます」がトレンドである。本文中にもあるとおり、質疑打切りは基本的には議長の議事整理権限（会社法315条）の範囲内と考えられるが、ソフトなイメージにするべく「あと2名……いかがでしょうか？」と議場に諮る方法、株主から動議を提出してもらう方法も利用されている。

また、質疑打切りの判断は、事務局・弁護士が行い、議長に紙を入れるのが一般的である。

なお、個別審議方式の場合、報告事項の後の質疑応答を2時間行ったとしても、議案の審議は別途しっかり対応する必要がある点に留意する必要がある。

(注1) 名古屋地裁平成5年9月30日判決　資料版商事116号188頁
(注2) 具体的な判断のポイントの例として、以下が挙げられている。
○中村・役員148頁
　①審議時間　②説明義務の有無　③発言者の数
○桃尾・Q＆A242頁
　①審議時間　②発言者の数および質問の数　③説明義務の有無　④その時点での質問希望者の数
○森・株主総会293頁

①審議時間　②緊急動議・修正動議をひととおり受けている　③説明義務の有無

ポイント
・株主総会における質疑打切りは、審議時間、説明義務の有無、質問者数・質問数等を総合的に勘案して判断する。
・質疑打切り自体は議長の議事整理権限の範囲内だが、「あと2名とさせていただきます」等予告をする、議場に諮る等のソフトな方法も多用されている。
・質疑打切りの判断は、事務局・弁護士等議長以外のスタッフが行う。
・個別審議方式の場合は、質疑応答のたびに判断することになる。

もっと知りたい方は
・中村・役員147頁
・森・株主総会290頁

2年目7月　株主総会の実際の運営②

この回答者と新社長の抱負と役員候補者のこと、教えてくださいよ

「若手くん、金曜の夜ははじけていたねえ。」

「そらそうですよ。やっとこさ、総会終わったんですから。その週の金曜日くらいはじけたってええやないですか？　気ぃも使たし、くたびれましたし。でも、来場株主増えて、新しい会場でしたけど、なんとか終わってやれやれですよ。」

「そうだね。先週の金曜日くらいは盛り上がってもいいよね。それに今年は若手くんもそれなりに活躍したから、はじける権利もあるからね。でも、横から見てると、総会が終わったからはじけたんじゃなくて、駆出さんがいたからはじけてたっていう風に見えたんだけどな。」

「(狼狽しつつ) そ、そ、そんなことないですよ。今年は僕もちょっとは総会運営の戦力になったから、やれやれっていう気持ではじけてたんですよ。勘弁してくださいよ。」

「そしたらそういうことにしておくよ。ところで、この6月も去年と同様に他社の総会を何件か見学してきたんだろ？　どうだった？」

「そうですねえ。やっぱり去年と同じで細かいところでうちとちゃうとこがいろいろありましたわ。その中でも"あれっ"って思たやつをいくつか言うたら、①質疑応答の場面で議長が取締役でも執行役員でもない"ただの部長"を指名して回答させたやつ、②総会後の取締役会で新たに社長になる予定の取締役の抱負を聞きたいっちゅう質問に対してほんまに抱負を言うたやつ、③役員候補者席の位置と退場方法、くらいですかねえ。それ以外にもいろいろうちとちゃうのんはありましたけど、なんでかっていうのんもだいたいわかるやつでしたから。この3つが"あれっ"って思たやつですかねえ。部長、この回答者と新社長の抱負と役員候補者のこと、教えてくださいよ。」

「そうか。うちと違うやり方をしている総会も、だいたい理屈がわかるようになってきたか。去年よりは成長しているようだな。じゃあ、その3つを話してあげよう。」

「よろしくお願いします。」

「まず最初は、①質疑応答の場面で議長が取締役でも執行役員でもない"ただの部長"を指名して回答させたんだよね？ 若手くんはどう思う？」

「う～ん。説明義務って"役員の"やて思てましたから、正直"なんやこれ"っちゅう感じでした。」

「ストレートに見るとそれもわかるけどね。答えから言えば"法的には全然問題なし"なんだ。」

「へぇ～。何でなんですか？」

「会社法314条は、取締役等の説明義務を規定している。だから、説明義務を背負っているのは確かに取締役等なんだけれども、一方、議長はその質問に対して最も適切だと思われる者に回答させる権限がある。なので、説明義務はあくまでも取締役等が背負うんだけれども、議長は誰に答えさせてもいいわけなんだ。最近では、役員席の後ろに執行役員席を設けて、場合によっては回答させるという会社も増えているけど、執行役員だって会社法上の役員ではないから、若手くんの言う"ただの部長"と法的には変わらないんだよ。結局、一番適切な回答が期待できる者を議長が指名しているっていうだけなんだ。ただし、取締役も執行役員もいるのに"ただの部長"に回答させたとなると、担当役員はいかにもいまひとつという感じを株主に与えるから、あんまりいい方法とは言いにくいけどね。わかったかな?」

「なるほどなあ。わかりました。法的にはOKだけど、あんまりカッコよくはないってことですね? じゃあ、つぎは②総会後の取締役会で新たに社長になる予定の取締役の抱負を聞きたいっちゅう質問に対してほんまに抱負を言うやつ、をお願いします。」

「若手くんは、それを見た時はどう思ったのかな?」

「えっ! はい。法的には株主の抱負を聞きたいっちゅうのんに乗ってあげたらあかんていうことはないとは思うんですけど、総会実務の感覚で言うたら、"やらんでええもんはやらん""どうしてもやりたいんやったら、閉会後で恐縮ですが……"っちゅう感じかなあ。要望どおりやってあげたら頼んだ株主は満足なんでしょうけど、何もそのままやらんかて……、て思たんですよ。」

「そのとおりだよ。若手くんもだいぶわかってきたねえ。答えは、法的には問題ない。あとは個人株主サービス的に、どこまでやってあげるかだけなんだ。伝統的な総会実務の考え方で言えば、"法的な総会自体は無駄なく早く終わらせる"ということなので、20年前なら謝絶していた質問だよね。だけど、今時の総会には特殊な人もめったに来ないし、個人株主向けIRの場という側面も重視されているから、そのまま受けちゃう会社も徐々に増えている気がするよね。若手くんの言うように、"早く終わらせたい"と"個人株主サービス"を両方とも満たす方法としては、総会閉会後にやる、という手もある。まあ、うちではこの質問は出たことはないけれど、最近のトレンドを踏まえれば、断りにくいので、やっぱり閉会後かなあ。まあ、いつか社長が交代する時に考えることにしよう。若手くんの考え方でいいんだよ。」

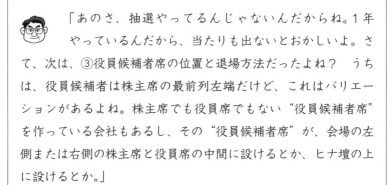「やった！ 僕の考えで当たりっちゅうこともあるんですねえ。わぁ、当たった当たった！」

「あのさ、抽選やってるんじゃないんだからね。1年やっているんだから、当たりも出ないとおかしいよ。さて、次は、③役員候補者席の位置と退場方法だったよね？ うちは、役員候補者は株主席の最前列左端だけど、これはバリエーションがあるよね。株主席でも役員席でもない"役員候補者席"を作っている会社もあるし、その"役員候補者席"が、会場の左側または右側の株主席と役員席の中間に設けるとか、ヒナ壇の上に設けるとか。」

「僕の見たんは、会場の左サイドの株主席と役員席の中間でした。そんで、退場する時は株主と一緒に退場して

はりました。」

「まあ、位置については何でもいいんだ。特に決まりもないみたいだしね。ただ、退場方法は現実にはいろいろあって、たとえば株主の退場を役員全員が見送るとかする会社もあるけど、私はうちのやり方が一番いいと思っているんだ。うちのやり方は、閉会して役員一同が起立して"ありがとうございました"と一礼して退場していく列の最後に、役員候補者席の人もついていく方式だよね？」

「はい、そうですね。でも、それってなんか意味あるんですか？」

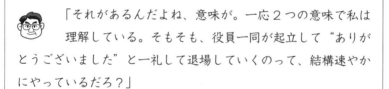「それがあるんだよね、意味が。一応２つの意味で私は理解している。そもそも、役員一同が起立して"ありがとうございました"と一礼して退場していくのって、結構速やかにやっているだろ？」

「はい。とっとと退場ってイメージです。」

「それはね、たとえばすごく業績や株価が低迷している時はね、終わってから役員がいつまでもいたら文句を言いたい株主さんに絡まれるかもしれないからなんだ。だから、きちんとお礼の挨拶をしたら速やかに退場するのがセオリーなんだ。」

「なるほど。それはそうですね。だから、役員候補者席の人もサクッと退場すべきなんですね？」

「そう。それから２つ目の意味合いとしては、役員候補者席の人はね、総会が終わればすでに役員候補者じゃな

くて役員なんだ。」

「あっ、そうか！」

「だから、新たに選任された役員も一緒に退場して、そのまま取締役会や監査役会を開催するというわけなんだ。」

「なるほどなあ〜。まあ、会場によって、役員席がヒナ壇の上だったりしたら工夫がいるかもしれんけど、役員候補者席の人も閉会したら役員なんやから、他の役員と一緒に退場するっちゅうのんは理に適ってますねえ。」

「そうだろ。だから、退場する時もこのやり方の会社もあれば株主と一緒に出てくる会社とかいろいろあって、最終的には各社の判断なんだけど、私はこのやり方が一番いいと思ってるんだ。」

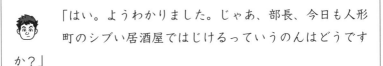「はい。ようわかりました。じゃあ、部長、今日も人形町のシブい居酒屋ではじけるっていうのんはどうですか？」

「またはじけるのか？　駆出さんにも声掛けてあげようか？」

「えっ！　いえいえ、勘弁してくださいよ。この前は大勢やったからよかったんですけど、少人数やったら緊張しておいしいもんの味がのうなりますから。」

「案外、根性無しなんだな、若手くんは。」

株主総会の実際の運営②

「若い女の子だけは苦手なんですわ。」

「じゃあ、会社法は苦手じゃないんだね？」

「なんで、そうやってイジルんですか？」

解説

1 「質疑応答の場面で議長が取締役でも執行役員でもない"ただの部長"を指名して回答させた」

　これは、質疑応答における回答者の問題である。議長は、その質問を回答するのに最もふさわしい者に回答させることができる。「取締役・執行役・会計参与・監査役は株主の質問した事項を説明する義務を負う。誰が説明するのが一番よいかは会社したがって社長（多くの場合議長でもある）が決める。従業員である担当者が説明しても取締役が説明したことになる。」（龍田・大要184頁）、「使用人その他の者に代わって説明させることもできる。」（稲葉威雄『改正会社法』（金融財政事情研究会、1982）138頁）、とあるとおり、取締役ではない部長に回答させても法的には問題はない。もっとも、取締役・監査役以外の者が回答したとしても、会社法314条（取締役等の説明義務）は取締役等に義務があると解されている。つまり、役員ではない者が回答した場合、その回答者は説明補助者ということになる。また、会話文にもあるとおり、取締役ではない執行役員を役員席に臨席させ回答させる会社もあるが、会社法上執行役員は取締役等ではないため、若手くんの言う"ただの部長"に回答させることと考え方は同じである。ただし、担当取締役、担当執行役員がいるにもかかわらず使用人に回答させた場合、株主から見て役員等への信頼感的にマイナスに作用す

る可能性は否定できない。

2 「総会後の取締役会で新たに社長になる予定の取締役の抱負を聞きたいという質問に対して本当に抱負を言った」

　この総会に新社長予定者を含む取締役選任議案があるのであれば、一応は議案についての質問ということになるが、「取締役候補者の抱負を聞かないと当該議案の賛否が決定できない」ということはないので（抱負が必須であるならば、総会に来場しない株主は意思決定できないはずである）、説明義務はない。また、この総会に新社長予定者を含む取締役選任議案がないのであれば、そもそも議案についての質問ではないし、報告事項にも関係がない。したがって、この質問は説明義務の範囲外である。つまり、株主サービスとして抱負を言うか言わないかという問題なのである。会話文にもあるように、かつての総会実務は「法的な総会自体は無駄なく早く終わらせる」という考え方であったが、近時は総会を「個人株主向けIRの場」と位置づける会社も増えていることから、株主の要請どおりに抱負を述べる会社もある。また、総会閉会後に抱負を述べたり挨拶をする会社もある。結局のところ、各社の「決め」の問題である。

3 「役員候補者席の位置と退場方法」

　通常、役員候補者席は、株主席最前列の左右の端、ヒナ壇の役員席奥のスペース、役員席と株主席の中間あたり等に設けられている。当然法律の規定はないので、各社の判断である。ただし、株主席最前列の左右の端を役員候補者席とする場合は、早く来た株主が座ってしまわないように、はり紙等にて役員候補者席であることを明示しておくことが必要である。また退場方法についても、基本的には各社の判断である。株主の退場を全役員で見送る会社もあるが、閉会後の挨拶をすれば速やかに退場する方法が一般的である。理由は会話文にもある

とおりで、株主からの無用な接触を避ける意味である。この時に役員候補者席にいる新任役員がどう退場するのかについても、ヒナ壇の役員の退場について行く、株主と一緒に退場する等バリエーションがあるが、閉会後にはすでに役員候補者ではなく役員なので、他の役員の退場について行く方法が多く見られる。ただし、これについても正しい正しくないという問題ではなく、役員候補者席がどこに設けられているのか（株主席、ヒナ壇の上、その他）により、ヒナ壇の役員の退場に合流しづらいケースもあることから、会場レイアウト、役員候補者席、退場方法を総合的に考えた上で、運営しやすい方法を選択するべきである。

ポイント

・質疑応答における回答者は、議長がその質問の回答者に最もふさわしいと考える者に回答させればよい。取締役・監査役以外の者に回答させても法的には全く問題はないが、株主からの信頼感低下に繋がる可能性もある。
・説明義務のない質問への対応については、株主サービスの一環としてどこまで対応するのかという問題である。新社長、役員候補者への抱負、意気込み等の要請についてはよく見られるので、会社としての方針を決めておけばよい。
・役員候補者席の位置と退場方法については、会場レイアウト等を勘案の上、会社の運営しやすい方法を選択する。

2年目8月　剰余金配当の決定機関

配当て、総会で決めるもんやないんですか？

「部長、今ちょっといいですか？」

「若手くんか。うん、今ならいいよ。どうしたんだい？」

「総会も終わったんで、前から気になっとったことをちょっと聞こかと思いまして。いや、あのですね、部長に言われたんで、よその総会見に行くつもりでいくつか株を買うたんですけど、みんな３月決算６月総会やのに、配当の紙が招集通知に入っとったり、決議通知に入っとったりいろいろなんですわ。配当て総会で決めるはずやのになんでかな、とか、なんで会社によっていろいろあるんかな、とかなんか不思議で……。なんでこないなことになるんですか。そんで部長にちょっと教えてもらお思いまして。」

「う～ん。それくらいは自分で調べたらどうだい、若手くん。なんだったら、経理の駆出さんに聞いたらすぐ教えてくれるかもしれないぞ。隣の経理に行ってきたら？」

「勘弁してくださいよ、部長。あの子にカッコ悪いとこ見せとうないからがんばって勉強してんのに、本人に聞きにいったらバレバレですやんか。そんなことできるわけあらへ

んやないですか。」

「それもそうか。じゃあ、しょうがないから少し教えてあげようか。」

「よろしくお願いします。」

「まず最初に答えを言っちゃうとね、剰余金配当の決定機関が株主総会か取締役会かってことなんだ。」

「えっ。配当て、総会で決めるもんやないんですか？」

「普通はそうだよね。だけど、ある条件をクリアすれば、取締役会限りで決定することができるんだ。」

「へぇ〜。そんなことになっとるんや。」

「とりあえず、うちの会社をイメージして監査役会設置会社で話をするとね、若手くんの言うとおり、剰余金の処分は株主総会で決めるのが原則なんだ（会社法454条1項）。だけど、取締役の任期が1年でね、剰余金の処分を取締役会決議で決定できる旨の定款規定があって、会計監査人の監査報告が無限定適正意見で、会計監査人の監査報告に係る監査役・監査役会の監査報告に"会計監査人の監査の方法または結果を相当でない"と認める意見がないこと等の条件をクリアすると、取締役会限りで配当を決定できるんだ（会社法459条1項・2項）。だからね、うちも含めて多くの会社では原則どおり株主総会で配当を決めるから決議通知に配当の書類が入っているけど、取締役会で決定できる会社では招集通知に入れることも可能ってことなんだ。わかったかな？」

「条文に規定があるっちゅうことはわかりましたし、配当の紙が招集通知に入っとったり決議通知に入っとったりするっちゅうのんもわかりましたけど、なんでそないなルールになっとるんかっちゅうとこがいまいち……。どこの会社も総会で決めるてなルールやったらなんでいかんのか、とかなんで取締役会で決めれる条件みたいなんを決める必要があるんか、とか考えたら、やっぱりようわかりまへんわ。」

「おっ、質問もまともな質問になってきたな、若手くん。それはなかなかいい観点だよ。だったら続きを教えてあげよう。」

「はい。お願いします。」

「今の会社法が平成18年5月に施行される前は、商法の時代だったんだけど、商法では、配当も含めて"毎年、その期の利益処分"の議案を株主総会で承認していたんだ。だから、配当はどんな会社も株主総会で決めていたんだ。だけど、平成14年改正商法で"委員会等設置会社"（現行の指名委員会等設置会社）という新しい機関設計が登場してね、そのスタイルになった会社は取締役会で利益処分（配当含む）を決められるようになったんだ。まあ、商法時代のことは適当に聞き流してくれていいよ。とにかく、どんな会社も配当は総会で決めていたのが、委員会等設置会社の登場によって、取締役会限りで決められる、という概念が出てきたって覚えていてくれたらそれでいいよ。その後平成18年5月に会社法が施行されたときに、配当を取締役会限りで決められるパターンが拡大されたんだ。指名委員会等設置会社、監査役会設置会社という機関設計にかかわらず、"定款において取締役会で決める"とした会社はさっき説明

剰余金配当の決定機関

した条件をクリアすれば配当を取締役会限りで決定できるようになったんだ。」

「ふ〜ん。なんか、拡大の一途って感じですねえ。」

「まあ、そういう感じもするね。この会社法で認められた"定款において取締役会で決める"としたパターンは、この規定を定款に入れる時の定款変更議案が株主総会の特別決議だから、"株主の意見を反映している""株主も賛成してくれている"という建てつけにできるところがミソだよね。そのうえで、さっきも言ったように、会計監査人の監査報告が無限定適正意見で、会計監査人の監査報告に係る監査役・監査役会の監査報告に"会計監査人の監査の方法または結果を相当でない"と認める意見がないこと等の条件をクリアすれば、取締役会限りで配当を決定できるんだ。計算書類の正確性はきちんと担保しようということだよね。一方で、このパターンであっても指名委員会等設置会社であっても、取締役の任期は1年（つまり総会で毎年改選）が法定されていて、配当の決定権限を有する取締役を信任するかどうかを毎年株主が判断するという理屈になってるんだ。わかったかな？」

「さっきよりはだいぶ。でも、そしたら、総会で剰余金の処分（配当）の議案て、ないんですよね？」

「ほかの剰余金の処分があれば別だけど、いわゆる配当の議案はないね。だから、元の議案がない以上、修正動議も出せないし、事実上他の会社より1つ議案が減ることになるよね。」

「それはお値打ち感あるかも。口下手な社長さんや総会嫌いの社長さんには魅力的かもしれませんね。」

「確かにね。だから、配当を取締役会で決めて招集通知に同封している上場会社は確か300社前後はあったと思うよ。まあ、上場会社は3,600社くらいあるから、少数派ではあるけどね。」

「なるほどなあ。でも、取締役の任期は1年で毎年株主の信任を問うっちゅうても、普通は会社提案は勝つに決まってるから、何か楽してる気ぃするなあ。儲かってんのに配当ちょっとしかせんとか、何でもやれそうな感じするなあ。取締役会で決めるんと株主総会で質問や動議くらいながら決めるんとでは、えらいちゃう気ぃするなあ。今回は屋形船で飲みながら取締役会してええ気分で配当決めたから大幅増配とか。」

「何を言ってるんだ！（ちょっと怒）　上場会社の取締役会が、そんなにのんきなわけないだろう！　ちょっとは勉強してるかなって思ってたけど、やっぱり若手くんは相変わらずだな。駆出さん効果もこのへんまでか。」

「（あわてて）そんなことありまへんて！」

「駆出さんにも言っておこう。君のおかげで若手くんはちょっと勉強したけど、数ヶ月で力尽きましたって。」

「や、や、やめてくださいよ。もっと勉強しますから！　もっとがんばりますから！　配当かってもっと勉強しますよって！」

「ほんとかな？ じゃあまあ、今回は彼女には言わないでおこう。だけど、配当ってね、普通は総会で必ず出てくる話題だけれど、結構奥が深いんだ。だから、若手くんがほんとうに配当を勉強する気があるんだったら、次回は配当のそもそも論から話してあげようか。」

「はい。お願いします。そしたら、つぎの配当の講義は屋形船でどうですか？」

「真面目にやる気があるのか、君は！！！（怒）」

> 解 説

1 会社法以前の配当の決定機関

　平成14年商法改正までは、配当や役員賞与等を「期間損益」とリンクさせて考えており、中間配当を除いては例外なくすべての会社が「利益処分案承認の件」という議案の中で配当を決定していた。

　平成14年商法改正で新設された委員会等設置会社（現行の「指名委員会等設置会社」、以下本解説において同じ）において、初めて「配当の決定機関を取締役会限りとする」概念が登場した。委員会等設置会社とは、取締役会の中に指名委員会、報酬委員会、監査委員会という3つの委員会を設け（各委員会は社外取締役が過半数を占める）、取締役の任期は1年、業務執行は原則として取締役ではなく代表執行役・執行役が行うという会社である。当時の立案担当官の解説には、「利益処分または損失処理は、高度の経営判断を要するものであり、必ずしも経営に関する知識・能力が十分ではない株主が利益処分案等について的確な判断をすることは困難である場合が多いといえます。したがって、経営の専門家として株主総会において選任された取締役に

よって組織される取締役会の監督機能を高めることができ、取締役会が株主の利益を適切に反映することができるのであれば、利益処分等を取締役会に委ねた方がより適切な判断ができると考えられます」(始関正光編著『Q＆A平成14年改正商法』(商事法務、2003) 154頁)とあり、社外取締役が過半数を占める指名・報酬・監査の三委員会により取締役会の監督機能が高められており、執行役が作成した利益処分案等についても株主の利益を反映した厳正な審査が期待できるとして、委員会等設置会社においては、会計監査人および監査委員会の適正意見等があれば取締役会に利益処分等の決定権限を認めたものである。一方、「利益処分等が株主の利益に重要な影響を有するものであることに鑑み、委員会等設置会社においては取締役の任期を1年として(中略)、利益処分等の決定権限を有することとなる取締役を信任するかどうかを毎年、株主が判断する」(前掲始関155頁)こととして、取締役の任期1年を義務づけた。

2 取締役会を配当の決定機関とするための要件

　平成18年5月施行の会社法では、配当の決定権限を取締役会が有することとなるパターンが拡大された。指名委員会等設置会社、監査役会設置会社という機関設計にかかわらず、定款に「取締役会において配当を決定する旨」を規定した会社は配当を取締役会で決定できることとなった。監査役会設置会社において配当の決定機関を取締役会することについては、会社法の立案担当官によって「委員会の設置と監査役の設置との違いによって、配当を行う際の決議機関を違えるべき合理的理由はないことから、会社法においては、委員会設置会社(現行の指名委員会等設置会社※筆者注記)以外の会社であっても、①監査役会設置会社であること、②会計監査人設置会社であること、③取締役の任期(中略)が1年(中略)の要件を満たす会社は、④定款の定めを置くことにより、⑤最終事業年度に係る計算書類が法令および

定款に従い株式会社の財産および損益の状況を正しく表示しているものとして法務省令（中略）で定める要件に該当する場合に、取締役会の決議によって通常の配当を行うことができることとしている（会社法459条1項・2項）。①、②、⑤の要件は、剰余金の配当をする場合における分配可能額算定の基礎となる計算書類の正確性を確保するためのものであり、③の要件は、取締役会による剰余金の配当方針が株主の意思に沿ったものでない場合には、適切に取締役を選任し、その意思を反映させるためのものである」（相澤哲編著『一問一答　新・会社法〔改訂版〕』（商事法務、2009）153頁）と説明されている。なお、現在では平成26年会社法改正で登場した監査等委員会設置会社でも、定款に「取締役会において配当を決定する旨」を規定した会社は配当を取締役会で決定できることとなっている。

　また、会社法459条は配当を含む剰余金等の処分等を取締役会で決定できるとする定款の定めに関する規定であるが、460条1項は、配当を取締役会で決定できるのみならず、「株主総会の決議によっては定めない旨」を定款で定めることができるとする。したがって、定款で「配当の決定権限は取締役会」とするだけではなく「株主総会の決議によらず」と定めることにより、株主総会において配当に関する株主提案・修正動議を完全に封じることができることとなった（会計監査人・監査役会（監査委員会、監査等委員会）の意見が問題ないことが条件）。

　2016年版株主総会白書によれば、調査対象1,755社のうち、剰余金の処分権限について取締役会とする定款規定のある会社でかつ取締役会で決議した会社が207社、同定款規定のある会社で総会決議を排除している会社が161社と、合計368社が、配当を取締役会で決定している。この368社のうち、306社が招集通知に配当金関係の書類を同封もしくは招集通知送付前に別送としている（29、149頁）。

ポイント

・会社法では、指名委員会等設置会社、監査等委員会設置会社、監査役会設置会社のいずれであっても、定款に取締役会において配当を決定する旨を規定した会社は、配当の決定機関を取締役会とすることが可能である。要件は以下のとおり（監査役会設置会社の場合）。
　・会計監査人設置会社であること。
　・取締役の任期が1年を超えない。
　・定款の定めがあること。
　・最終事業年度に係る計算書類が法令および定款に従い株式会社の財産および損益の状況を正しく表示しているものとして法務省令に定める要件に該当する場合（会計監査人の監査報告が無限定適正意見で、会計監査人の監査報告に係る監査役・監査役会の監査報告に"会計監査人の監査の方法または結果を相当でない"と認める意見がないこと等）。

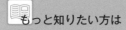 もっと知りたい方は

・伊藤ほか・会社法 280 頁
・田中・会社法 398 頁

剰余金配当の決定機関

2年目9月　配当のそもそも論

配当のそもそも論ですね。ぜひお願いします

● ● ● ● ● ● ● ● ● ●

　「よ〜し！　会議の資料もでけたし、今日はあと1時間ほど適当に流したら人形町ではじけるだけや〜。」

　「若手くん、はじける前に勉強しようか。」

　「あっ！　部長、ひとりごとなんやから、揚げ足取らんといてくださいよ。1時間流したら、は不謹慎でしたけど。」

　「勤務時間中に、流すだ何だと上司の前でひとりごとを言われたら、普通はチェック入れるだろ。その辺が相変わらずなんだよな、若手くんは。そういう所を直さないと、経理の駆出さんに馬鹿にされるぞ。」

　「勘弁してくださいよ、部長。今日の飲み会はあの子も参加するんでちょっとウキウキしとっただけですやん。部長、あの子に変な情報流すのんやめてくださいね。飲み会やってちょっとずつ仲良うなろ思てがんばってるんですから。」

　「それは若手くん次第だな。ちゃんと勉強するんだったら黙っておいてもいいけど。」

「ちゃんと勉強しますって。前から言うてますやんか。」

「そしたら1時間流すんじゃなくて、この前の続きを1時間勉強しようか。」

「配当のそもそも論ですね。ぜひお願いします。」

「相変わらず返事はいいな。前回は配当の決定機関の話をしたけど、配当って多くの会社では株主総会で決めるよね？　それってなぜだと思う？」

「そら当たり前ですやんか。配当をもらうのんは株主の基本的な権利ですもん。そもそも株式会社っちゅうのんは、利益をあげてそれを株主に分配するのんを目的にしとる団体やねんから、株主にとってはめっちゃ重要なことですやん。せやけど、どんだけ配当してどんだけ内部留保するのんかっていうたら、株主によって意見もいろいろやろうから、株主総会の多数決で決めるっちゅうことになっとるんですやん。」

「す、す、す、すごいね、わ、わ、わ、若手くん！　ちょっとは勉強したんだね。そのとおりだよ。株式会社は利益をあげてそれを分配するという組織なので、剰余金の配当を受ける権利も残余財産の分配を受ける権利も与えない「株式」は認められないんだ（会社法105条2項）。そして配当は、株主にとって重大な利害関係があって、株主が決めるべきとの考え方から、株主総会で決めるということになっているんだ。じゃあ、若手くん、つぎの質問だ。株主総会で決めさえすれば、会社にお金がある限り配当してもいいのかな？」

「え〜っ。これからも会社やっていかなあかんのに、そんなあほなこと誰もせんでしょ?」

「誰もしないかどうかじゃなくてね、やろうと思えばできるのか、理屈の世界でどうかってことだよ。」

「株主総会で決めたら、できるんとちゃいますか?」

「その答えじゃバツだな。できないんだよ、っていうかできないようになっているんだ。これは、去年話した、"会社法の根っこ"の問題なんだけどな。」

「えっ、会社法の根っこ? 根っこ、根っこと……。あっ、そうか! さっきの答え取り消します。そらできませんわ。」

「わかったみたいだね。会社法は、会社をめぐる利害関係者の調整を図ることを目的とした法律だから、経営者、株主、債権者の各人が簡単に不正ができないようになっている、という話をしたよね。この配当の問題は、株主と債権者の利害関係の調整なんだ。」

「そうですね。株主総会で決めさえすればなんぼでも配当できるんやったら、本来債権者に劣後するはずの株主が丸儲けになりますもんね。」

「まあ、丸儲けかどうかは別にしてね、債権者は別に担保をとったりしていなければ、会社財産から返済してもらうしか方法がないわけだけど、剰余金の配当は会社財産の流出だし、株主有限責任の原則により株主の個人財産もあてにできない。だから、株主と債権者の利害関係を調整するために、会社法

は剰余金の配当等について、ルールを設けているんだ。」

「なるほど。そらそうですよね。具体的にはどんなルールなんですか？」

「貸借対照表の純資産額の中の"その他資本剰余金"と"その他利益剰余金"の合計額をベースに、自己株式の帳簿価格を減算したり、決算日以降の配当額やそれに伴う準備金増加額、自己株式の増減による影響等を加減算したりいろいろ調整して配当の効力発生日時点の『分配可能額』を求める。この『分配可能額』が、株主への配当の原資になるんだ。また、純資産額が300万円未満のときには剰余金の配当は禁止されている（会社法458条）。つまり、配当原資に乏しい中での配当は、債権者を危険にさらす行為なのでできないようになっているんだ。このルールを『財源規制』という言い方もするんだ。」

「ルールがあるっちゅうのんはわかるんですけど、なんかピンときませんねえ。だって、今年のうちの総会でも『こんなに現預金があるんやったら、もうちょっと配当増やしてもええんちゃいますか？』て、質問出ましたやん？　せやけど、今の部長の説明やと、話の中に現預金が全然出てきませんやん？　ほしたら、あの株主の質問て、完全に的外れやっちゅうことですか？　なんかいまいちモヤッとしとるんですけど。」

「初めて聞くとそうかもしれないけどね、結論から言うと現預金は全く関係がない。だから、株主さんの質問は、完全に的外れだね、確かによく出るみたいだけどね。ここで言っている"剰余金"とか"分配可能額"は、完全に会計上の話なんだ。株主は剰余権者だから、返済の順番としては債権者が先だよね。なので、債権者の債権、つまり会社から見た時の負債、

が完全に返済できる状態じゃないと配当できないという考え方なんだ。だから、資産が負債＋資本金・準備金を超える部分を分配可能額とするというのが基本的な考え方なんだね。」

「なるほどなあ。だいぶわかってきました。せやけど、結局配当は株主総会で決めるんやし、ずるできそうな気ぃするなあ。債権者の誰もが、たとえば近所のガソリンスタンドのおっちゃんが月末締め翌月払いにしてるガソリン代の債権者やったとして、いちいちお客の株主総会の配当議案なんかチェックせえへんのとちゃいますか？」

「それはそうなんだけど、その辺はうまくできていてね、簡単に不正はできないようになってるんだよ。たとえば、分配可能額を超える剰余金配当がなされた場合、株主は会社に対してその分を戻す義務を負うとか取締役・執行役等の業務執行者も連帯してその分を会社に支払う義務を負うとか、いろんなルールがあってね、株主総会で決めたからといってそう簡単に不正ができないようになっているんだ。株主と結託して不正な配当を行って、その分をその取締役が個人財産で会社に弁償するんだったら、バカバカしくって不正をする気もしないだろ？　この法律はね、そう簡単には不正はできないようになっているんだよ。」

「やっぱり、会社法ってうまいことできとんやなあ。利害関係者の調整をさしたら天下一品や。ついでに、僕と駆出さんの調整もこの法律でなんとかなりませんかねえ？」

「君は何を考えてるんだ！（ちょっと怒）。法律が、若手くんの恋愛に介入するわけないだろ！　せっかく今回はちょっと勉強してきた感じだからほめてあげようかって思っていたけど、やっぱり若手くんは若手くんだな。がっかりだよ。人形

町で飲んでる暇があったらもっと勉強したほうがいいな！」

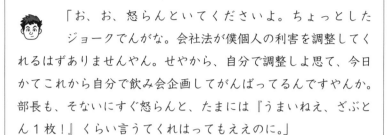
「お、お、怒らんといてくださいよ。ちょっとしたジョークでんがな。会社法が僕個人の利害を調整してくれるはずありませんやん。せやから、自分で調整しよ思て、今日かてこれから自分で飲み会企画してがんばってるんですやんか。部長も、そないにすぐ怒らんと、たまには『うまいねえ、ざぶとん1枚！』くらい言うてくれはってもええのに。」

「……」

解説

1 剰余金の配当

「株式会社は、剰余利益をあげて、それを社員である株主に分配することを目的とした経済組織である（会社の営利性）。もっともその分配は、企業継続中において株主に対する会社財産の分配でも、会社の清算の際の残余財産分配でもよい」（落合・要説221頁）とあるように、会社の営利性から導かれる剰余金の配当は、株主にとって基本的な権利として保証されている（会社法105条1項）。残余財産の分配も同様に保証されており（会社法105条1項）、剰余金の配当を受ける権利も残余財産の分配を受ける権利も与えない「株式」は認められない（会社法105条2項）。

　株式会社は、剰余金の配当をしようとするときは、その都度、株主総会の（普通）決議によって、配当財産の種類および帳簿価額の総額、株主に対する配当財産の割当てに関する事項、配当の効力発生日を定めなければならない（会社法454条1項）。これは、若手くんの言うとおり、「利益を会社に留保して、会社の維持・成長を期待する

か、剰余金の配当を受けて当座の現金収入を得るかということについては、株主間で意見が異なるのが普通なので、剰余金の配当に株主は重要な利害を有し、株主のコントロールを及ぼすことが適当であると考えられたためである。」(弥永真生『リーガルマインド会社法〔第14版〕』(有斐閣、2015) 431頁) と説明される。

2　財源規制

　剰余金の配当は、効力発生日における分配可能額を超えてはならない (会社法461条1項)。また、剰余金の配当は、純資産額が300万円を下回る場合にはできない (会社法458条)。このルールは、株主と債権者の利害関係の調整のためには不可欠である。「つまり、剰余金の配当等を会社の全くの自由に任せるわけにはいかないから、会社法は、株主と債権者との利害の調整を図るために、剰余金の配当等につき一定の強行法的制限を課することになる」(落合・要説221頁)。

　「その他資本剰余金＋その他利益剰余金」をベースに算出される「分配可能額」を超えて剰余金の配当をしてはならないというルールを「財源規制」と呼ぶ。「換言すれば、資産が負債と資本金・準備金の合計額を超える額が原則として分配可能額となる」(落合・要説219頁) ということであり、「現預金」とは全く関係がない。違法な剰余金配当がなされた場合についても、ベテラン部長の言うとおりで、株主の返還義務や取締役等の会社への支払義務 (会社法462条1項) があり、簡単には不正ができないようになっている。

ポイント

・剰余金の配当は、株式会社の営利性から導かれる株主の基本的な権利であり、原則、株主総会（普通決議）で決定される。
・株主と債権者の利害関係の調整のため、剰余金の配当には財源規制（資産が負債＋資本金・準備金を超える部分をもとに計算される分配可能額を超えてはならない）が及ぶ。現預金は全く関係がない。
・違法な剰余金の配当（分配可能額を超える配当）がなされた場合、配当を受領した株主の返還義務や取締役等の会社への支払義務が規定されている（会社法462条1項）。

もっと知りたい方は

・伊藤ほか・会社法279頁
・髙橋ほか・会社法370頁
・田中・会社法428頁

2年目10月　中間配当

せやけど、中間配当は取締役会決議でやってる

- - - - - - - - -

　「若手くん、この前の飲み会はどうだったんだい？」

　「えっ？　部長、この前の飲み会てどの飲み会です？」

　「ほら、経理の駆出さんたちと人形町へ行ったやつだよ！　勤務時間中に、あと1時間流すだ何だと上司の前で言ってた日のさ。」

　「ああ、あん時のやつですか。めっちゃ楽しかったんですよ！　ほんで、"定期的にこのメンバーで飲み会しよう"ってことになって、あの後も1回飲んだんですよ。」

　「じゃあ、駆出さんとも順調に親しくなっていってるってことだな。よかったじゃないか、若手くん。」

　「いやいやいやいや、その辺はまあ、ええやないですか。あっ、そうそう、部長に、この前教えてもろた配当絡みの質問があるんですけど、今聞いてもいいですか？」

　「何かごまかされた感じもするけど、今ならいいよ。」

「ふぅ〜っ、危なかった。聞きたいのんはですねえ、中間配当の話なんですよ。うちの会社は監査役会設置会社で、配当かって株主総会で決めてますやん？ ほんで、中間配当もやってる。」

「そうだね。」

「せやけど、中間配当は取締役会決議でやってる。そんで調べてみたら、取締役会設置会社は１事業年度の途中において１回だけ取締役会決議で中間配当（金銭に限る）をやるって定款で決めることができるてなってる（会社法454条5項）。ほんでうちの定款にはちゃんと中間配当が書いたある。それはそんで法律どおりやからええんですけど、質問っちゅうのんは、なんでそんな条文・ルールがあるのんかっちゅうことなんです。別に、配当は年に１回だけやったらそんでええ気もするんです。株主総会は１回しかないのに、１年に２回配当しよて思うから、もう１回は取締役会決議で、みたいなことになるんちゃうかって思うんですよ。こっちの配当は株主総会決議、こっちの配当は取締役会決議て、変な感じしますし、そもそも配当って前回の話みたいに株主総会が筋っちゅう気ぃもするんです。部長、何でなんですか？」

「なかなかやるじゃないか、若手くん。勉強してるんだねえ。まあでも、ある意味当然だよね。だって法律バリバリの駆出さんと仲良くなろうって考えてるんだから、当たり前だよね。今までの若手くんだったら木端微塵だもんな。」

「あの子の話はいいですから！ 質問ですよ、質問！ 答えを教えてくださいよ！」

中間配当

「わかった、わかった。教えてあげるよ。これはね、昔の名残なんだ。」

「えっ、何ですか、それ？」

「あのね、昔はね、決算が1年じゃなくて半年だったんだ。当然株主総会も1年に2回やっていたんだ。だから、配当も1年に2回あったんだよ。だけどね、昭和49年商法改正で、今と同じように1年決算になったんだ。そうしたら株主総会も1年に1回になるよね？　そうすると、1年に2回の配当になじんでいた株主から不満も出る。だから1年決算になっても1年に2回配当ができるような制度をつくったんだ。それが今の中間配当制度なんだよ。だから、中間配当は定款に定めることによって取締役会決議でできるんだよ。」

「昭和49年て、僕、生まれてまへんがな。そんな昔のこと、そら知らんわ。」

「"そら、知らんわ"じゃないよ、若手くん。昭和49年商法改正とか昭和56年商法改正は、重要な改正だから、知っていないとだめだよ。駆出さんだってきっと知ってるよ。」

「もうっ、あの子のことはええんですて。部長もしつこいなあ。へえ〜、そうなんや。昔は半年決算やったんや。でもそしたら大変ですね、株主総会が1年に2回あったら、年がら年中総会絡みの仕事してなあかん。そんなんやったら、ほかの仕事、でけへんがな。」

「そうだね。だから昔の総務部の人達はその点では今より大変だったのかもしれないね。まあでも、そういう理

由で中間配当制度ってできたんだよ。だから、さっきの質問の答えとしては"昔の名残"ってことになるんだ。」

「なるほどなあ。わかりました。せやけど、ほしたら次の質問です。上場会社でも、中間配当やってないとこかってありますやん？ あれは何でなんですか？」

「それを回答するためには、その前にひとつルールを説明しておかないといけないな。会社が中間配当をやってね、結果として決算期末に計算書類における分配可能額にマイナスを生じた時は、この中間配当に関する職務を行った業務執行者は、会社に対して連帯して当該マイナス額と中間配当の帳簿価額のいずれか少ない額を支払う義務を負うんだ。注意を怠らなかったことを証明できればセーフなんだけどね（会社法465条1項）。だからね、剰余金が潤沢じゃない会社は、下手に中間配当をやると、下半期の業績が急に悪化した場合には期末に欠損ということにもなりかねないから、やらないほうが無難なんだ。伝統的には、季節変動の大きい業種、たとえば冬が書き入れ時の会社なんかは、ひょっとしたら暖冬になって下期ダメかも、という懸念があるから、中間配当を昔からやらないってところもあるんだ。」

「なるほどなあ〜。でも年1回しか配当せんかったら、上期の半年間株主やった人と、下期の半年間株主やった人とで、差ぁ出ませんか？」

「そうだね、差が出るね。だけど、昔から年1回配当だった会社の場合には、その株式を買う時点でわかっていることだから、買う人はそれを承知で買っているってことだよね。それでも、上半期下半期の差が気になるっていう会社なんかは、たとえば、3月末日は配当の基準日、9月末日は株主優待の

中間配当 167

基準日ということにして、どっちの基準日を跨いでも何かもらえるっていうように工夫しているところもあるんだ。」

「へ〜え。だいぶわかってきました。」

「それでね、実務的には、株主総会で決める配当に関する書類は、総会後の決議通知に同封するから、株主に届くのは3月決算会社なら6月下旬ってことになるんだけれど、中間配当は11月の取締役会で決める会社が多いから、12月上旬の中間報告書に同封する会社が大半なんだ。中間配当は取締役会で決めるから本来はいつでもいいんだけど、総会後の配当からおおむね半年経過後でかつもともと株主宛送付物があるならそれに同封することで郵便代も節約になるからね。うちなんかでも株主数は17,000名くらいいるから、配当金関係書類だけを別途送るだけで郵便代が100万円以上かかるからね。」

「なるほどなるほど。やっぱり、会社法やら株式実務やらってうまいことできとんやなあ。中間配当についても、スタートは昔の名残みたいないまいちな理由やったけど、それがちゃんと制度になったら、1つ1つきちんと理屈があって納得感あるもんなあ。大したもんや。」

「そりゃあそうだろう。配当制度は、株主と債権者の利害関係の調整の代表格だからね。この法律はいつも言っているように会社をめぐる利害関係者の調整を図るのが目的なんだから、その辺はきちんとしていて当たり前なんだ。」

「配当って深いなあ。僕、もうちょっと配当を勉強しますんで、また続きを教えてください、お願いします。」

「妙に、真面目な終わり方だけど……、まあいいか。」

解　説

1　中間配当制度

　取締役会設置会社は、一事業年度の途中において一回に限り取締役会の決議によって剰余金の配当（配当財産が金銭であるものに限る。）をすることができる旨を定款で定めることができる（会社法454条5項）。これが中間配当である。この制度ができた理由は、「かつてわが国の多くの会社で事業年度を半年としていて、半年ごとの決算によって配当を行っていた時代の名残である。その後、監査手続が複雑になったことから事業年度を1年とすることが一般的となったが（昭和49年商法改正を契機として※筆者注）、会社法制定前は配当の決議は定時株主総会でのみ可能であった。そのままだと年2回だった配当が年1回になってしまう。そのため、中間配当の制度を設けることで年2回の配当を可能にしたのである。」（髙橋ほか・会社法384頁）とされている。

　これにより、配当の決定権限を取締役会とする会社でなくとも、年1回に限り取締役会決議により中間配当を行うことができるようになった。現在でも上場会社の多くが、中間配当を実施していることから見ても、相応にニーズがあったものと考えられる。

2　期末の欠損填補責任

　中間配当を実施する場合に気をつけなければならないのは、期末に欠損が生じた場合の責任である。会社が剰余金の配当等をした場合（ただし定時株主総会の決議に基づく剰余金の配当等は除く）、当該配当をした日の属する事業年度末日に分配可能額がマイナスとなった場合、

当該配当に関する職務を行った業務執行者は、当該会社に対して連帯して当該マイナス額（当該配当等により株主に交付した金銭等の帳簿価格の総額を限度とする）を支払う義務を負う。ただし当該業務執行者が、その職務を行うについて注意を怠らなかったことを証明した場合は責任を免れる（会社法465条1項）。このルールの主旨は、「欠損填補責任が中間配当制度導入の際に過剰な配当の実施に対処するために導入されたという経緯からして、会社財務の健全性を確保することにより債権者を保護しようとするものであると理解できる。分配可能額規制では必ずしもカバーしきれない期中の財務状況の悪化リスクについて、それについて情報を有していると考えられる取締役に責任を負わせ、分配行為を慎重にさせることで対応しようとしているのである。」（髙橋ほか・会社法381頁）とされている。一般に「資本維持の原則」と言われるものである。したがって、会話文にもあるように、季節によって業績変動の大きい業種等では、中間配当を実施しない会社もある。最終的には、自社の業種・業績等に合った配当のあり方を決定・実施すべきなのである。

3 中間配当の送付事務

会話文にもあるように、株主数が多い上場会社においては、配当実施により大きな事務コストが発生する。そのため、極力郵送料等のコストを圧縮する考え方から、中間配当はもともと送付予定である中間報告書と同封するケースが多い。

ポイント
・中間配当制度は、期末配当を株主総会で決定する会社においても、定款に規定することで年1回だけ取締役会決議で配当を実施できる制度である。しかし、実施する場合には、期末の欠損に注意が必要である。

2年目11月　未払配当金

そういう受け取ってもらえなかった配当金を未払配当金って言うんだ

● ● ● ● ● ● ● ● ●

「どうしたんだい、若手くん？　今の電話、めちゃくちゃ長かったみたいだけど？」

「30分くらいかかりました。くたびれました。」

「で、内容は何だったの？」

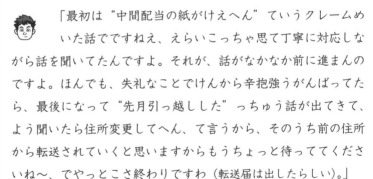「最初は"中間配当の紙がけえへん"ていうクレームめいた話でですねえ、えらいこっちゃ思て丁寧に対応しながら話を聞いてたんですよ。それが、話がなかなか前に進まんのですよ。ほんでも、失礼なことでけんから辛抱強うがんばってたら、最後になって"先月引っ越しした"っちゅう話が出てきて、よう聞いたら住所変更してへん、て言うから、そのうち前の住所から転送されていくと思いますからもうちょっと待っててくださいね〜、でやっとこさ終わりですわ（転送届は出したらしい）。」

「なかなかいい経験をしたじゃないか、若手くん。」

「ええ経験て……。そらそうなんですけど、やっぱりくたびれ感てんこ盛りですわ。ところで部長、さっきのん

は電話してくれはったし、転送届を出してはったみたいやからえ
えんですけど、電話もないし転送届も出てなかったら、配当金関
係書類はこっちへ戻ってくるんですよね?」

「正確には、代行機関の事務センターに戻ってくるね。」

「ほしたら、その配当金、どないなるんですか?」

「どないなるって、"どないもならんやろう?"」

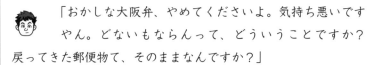「おかしな大阪弁、やめてくださいよ。気持ち悪いです
やん。どないもならんって、どういうことですか?
戻ってきた郵便物て、そのままなんですか?」

「そのままもこのままも、持って行くところがないだろ
う?」

「そう言うたらそうか。行くとこないもんなあ。ほした
ら、その株主さん、配当金もらえへんのですか?」

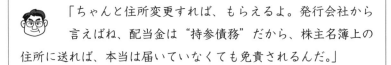「ちゃんと住所変更すれば、もらえるよ。発行会社から
言えばね、配当金は"持参債務"だから、株主名簿上の
住所に送れば、本当は届いていなくても免責されるんだ。」

「えっ、何ですか、その"持参債務"って? 手ぇで持っ
ていくんですか?」

「民法に規定のある、"弁済をすべき場所について別段の
意思表示がないときは、特定物の引渡しは債権発生の時
にその物が存在した場所において、その他の弁済は債権者の現在
の住所において、それぞれしなければならない"ってやつだよ

（民法484条）。会社法ではね、457条にね、配当財産は株主名簿に載っている住所または株主が通知した場所において交付しなければならない、そしてその交付に要する費用は会社持ちって書いてあるんだ。逆に言えば、株主名簿上の住所に送れば、着いても着かなくても会社は法的な義務を果たしたことになるんだ。」

「ふ〜ん。まあでも、あたりまえかぁ。引っ越しして住所変更せんのはその株主さんの勝手やもんなあ。そんなんまで会社に背負わされたら、"君とはやっとれんわ、ほなさいなら〜"て言いたなるもんなあ。」

「昔のしゃべくり漫才は今はよろしい（ちょっと怒）。でも、そのとおりでね、会社法ではね、会社が株主に対してする通知または催告は株主名簿の住所（別途株主が通知した場所がある時はその場所）にあてて発すれば足り、その通知または催告は通常到達すべき時に到達したものとみなされるってことになっているから（会社法126条1項・2項）、やっぱり住所変更は自分でやってもらうしかないんだよ。」

「ようわかりました。ほしたら、引っ越しして何の届も出さんまま月日が流れることもあり得るんですよね？」

「当然、あり得るよね。そういう受け取ってもらえなかった配当金を未払配当金と言うんだ。どこの会社でも大体やってるんだけど、うちも定款に、配当金の除斥期間は3年と定めているから、3年間はひょっとしたら未払配当金を払わないといけなくなる可能性もある。だから、その間は未払配当金をちゃんと会計上管理していなければならないことになるんだ。」

未払配当金

「何ですか？ その、除斥期間って？ 大学をクビになるやつですか？」

「それは除籍。きみと昼間っからボケとツッコミをやってる場合じゃないんだけどな（ちょっと怒）。除斥期間っていうのはね、法律関係を速やかに確定させるため一定期間の経過によって権利を消滅させる制度のことだよ。配当金について言えば、配当金支払請求権は商行為によって生じたものではないから、民法上の消滅時効期間は10年なんだ（民法167条1項）。だけど、多数の株主に対する配当金事務処理の便宜や会社の事務負担等を考えて、大体の会社は3〜5年くらい経過したときには会社は配当金の支払義務を免れる旨を定款に規定しているんだ。うちの会社も定款上3年としているから、さっきの未払配当金は3年間、管理しているんだ。」

「定款に書いたあるってことは株主総会で決めたんでしょうけど、民法で10年てなってるのんを定款で3年て決めてええんですか？ 4年経って株主さんから申し出があっても、払わんでええっちゅうことですか？」

「答えから言うとね、定款で決めていいんだ。昔の判例や通説だと、定款は株主が決めたルールだしそのルールに株主が拘束されるのは当然で、除斥期間が不当に短くない限りはOKということになってるんだ。だから、4年経って申し出てきた株主さんには、支払わなくていいんだけど、実際に支払わない会社と、そうはいっても支払っている会社があるようなんだ。まあ、あんまり厳しくしてもね、ということだと思うよ。」

「ふ〜ん。まあでも10年管理せえって言われたら、やっぱり会社にとっては負担やからしゃ〜ないか。もと

もとは株主さんが住所変更とかの手続きをせんかったんが原因やろうしなあ。」

「そういうことだね。それでね、うちの会社では3年つまり除斥期間が経過すると、会計上はその分の管理していた未払配当金を取り崩して、雑益計上して終わらせるという事務を行っているんだ。除斥期間が経過すると、代行機関から未払配当金の残高や明細の表が出てくるんで、それに基づいて処理するわけだよ。除斥期間を5年と決めてる会社もあるけど、考え方や事務処理は一緒だと思うよ。」

「なるほどなるほど。でも、代行機関から明細が出てくるて言うてはりましたけど、どないやってそんなんわかるんですか？ 何かピンと来ませんけど。」

「それは、代行機関はキチンと未払配当金を把握しているからだよ。配当金の支払方法って大きく分けて3つあるだろ？」

「はい。えっとぉ〜、銀行振込と証券会社の株式数比例配分方式とゆうちょ銀行等の配当金領収証ですね？」

「そうだね。そのうち、証券会社の株式数比例配分方式の場合は、そもそも証券会社の口座データ（住所・氏名等）が証券保管振替機構経由で代行機関に送られてくるわけだからまずデータ不一致がないし、発行会社サイドから見れば各証券会社に該当株主の配当金額合計を払えば終わりだから普通は未払配当金が発生しないんだ。銀行振込の場合には、代行機関が把握している口座情報に合致する口座がないと（結婚等により名字が変わっている場合やその口座が解約されている場合）、いったん振込

未払配当金 175

処理をしたもののお金が戻ってきてしまうケースがある。ゆうちょ銀行等の配当金領収証については、郵便で送るから引っ越しなどが原因で返戻される場合がある。郵便局は、窓口での支払期間が終わると全国の郵便局で回収した支払い済の配当金領収証を取りまとめて代行機関へ引き渡すんだ。代行機関は、郵便局から送られてきた支払済みの配当金領収証と配当金領収証払いの株主リストとを突合して消し込み処理をするんだ。それで、残ったものが領収証払いの未払リストで、それに銀行振込ができなかった分を足し上げれば未払配当金のリストができる。これを未払確定と言ってね、確定するのは配当金の支払開始日からおおむね2ヶ月後くらいになるんだ。代行機関はね、その後除斥期間が経過するまでずっとそのリストをメンテしていくんだ。」

「なるほどなあ。だから、除斥期間が経過したらサクッと明細やら残高やらが出てくるんや。上場してると株主数が多いから、会社の歴史が古いとこは所在不明の株主やら未払配当金も多いんでしょうねえ。そら3年やら5年やらで切りとうもなるし、代行機関にもがんばってもらわなこんなん自分らではとてもやれませんやん？」

「そうそう。だから、若手くんも"ちょっとあの資料出して"とか"この前の数字取りまとめて"とか言われたら代行機関みたいにサクッと出してくれるとこっちもありがたいんだけどなあ。」

「また～、部長そんなこと言うて、いじめるのんやめてくださいよ。最近僕も、サクッと飲み会の日ぃ決めたり、サクッと飲み屋さんも決めたり、スピードアップしてるんですよ。おかげで、駆出さんともちょっとずつですけど距離が縮

まってるような気いもしますしね。」

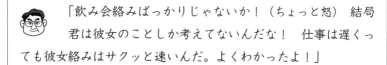
「飲み会絡みばっかりじゃないか！（ちょっと怒）　結局君は彼女のことしか考えてないんだな！　仕事は遅くっても彼女絡みはサクッと速いんだ。よくわかったよ！」

「部長、そないに怒らんといてくださいよ。仕事かってがんばってますやん？」

「"君とはやっとれんわ、ほなさいなら〜"の気分だよ。」

「部長まで昔のしゃべくり漫才になってしまった（ちょっと反省）。」

解説

1　未払配当金とは

　配当金の支払方法については、一覧払いと振込払いの2つがある。一覧払いとは、ゆうちょ銀行等の会社が委託した金融機関で配当金を受け取れる配当金領収証を株主住所宛に送付する方法である。株主は指定の金融機関等に取扱期間（1ヶ月程度が多い）に配当金領収証を持参して換金することができる。会社はゆうちょ銀行や全銀協加入銀行に（株主の利便を考えてゆうちょ銀行が多い）一覧払いの取扱いを委託する。振込払いには、銀行口座等への送金（個別銘柄指定方式と登録配当金受領口座方式）と証券口座に支払う株式数比例配分方式がある。配当金は、郵送した配当金領収証が未達になったり、ゆうちょ銀行等での窓口支払いの取扱期間中に株主が受領しなかったり、銀行口座等に振込をしたものの口座解約等により振込ができなかったりすることがある。このような事象により株主が受領していない配当金を「未払

配当金」と呼ぶ。

　配当金は、民法484条の持参債務であり、配当財産は、株主名簿に記載し、または記録した株主の住所または株主が株式会社に通知した場所において、これを交付しなければならず（会社法457条1項）、その交付に要する費用は、株式会社の負担とする（同条2項）と定められている。また、株式会社が株主に対してする通知または催告は、株主名簿に記載し、または記録した当該株主の住所（当該株主が別に通知または催告を受ける場所または連絡先を当該株式会社に通知した場合にあっては、その場所または連絡先）にあてて発すれば足り（会社法126条1項）、これらの通知または催告は、その通知または催告が通常到達すべきであった時に、到達したものとみなす（同条2項）と定められていることから、株主が転居した場合に、会社は株主の引っ越し先を調査して郵便物を送るという義務はなく、株主において住所変更届を行う必要がある。

　株主が住所変更届を行わない等の原因により、会社からの通知または催告が5年以上継続して未達となった場合には、会社は当該株主に対する通知または催告を行わなくてよく、当該株主に対する会社の義務の履行場所は、会社の住所地（本店）となる（会社法196条1項・2項）。上場会社は、株主名簿管理人において配当金関係書類等の未達管理を行っており、5年間継続未達の株主には、郵便物の送付を行っていない会社も相当数存在する。

2　未払配当金の実務処理

　現実には様々な理由で未払配当金は発生し、会社がそれを管理することになる。ひょっとしたら、2年間郵便物が未達だった株主から突然「忘れていた住所変更手続きをしたので、その間の配当金を受け取りたい」という連絡があるかもしれない。配当金支払請求権の民法上の消滅時効期間は10年（民法167条1項）であるが、10年間の管理

は会社にとってはかなりの負担となる。そこで、「多くの会社では、多数の株主に対する配当金事務処理の便宜と会社事務整理の必要性から、定款上、支払開始日から一定期間（3～5年）経過したときは、会社は配当金の支払義務を免れる旨を規定している。」（全国株懇連合会『全株懇モデルⅠ』（商事法務、2016）66頁）。これを「除斥期間」と呼ぶ。判例でも、「5年の除斥期間を定めた定款規定について、「配当金支払請求権は株主たることを前提として取得されるものであるから、定款の定めに拘束されるのは当然であり、定款でその行使期間が限定されている場合には、株主は定款所定の制限のもとに権利を行使すべきものと解すべき」であるとして、有効であるとされている（大審院昭和2年8月3日判決　民集6巻484頁）。」（前掲全国株懇連合会66頁）。

凄井部品工業（若手くんの会社）では、定款上除斥期間は3年であり、3年の除斥期間が経過すると、株主名簿管理人から未払配当金の残高や明細の資料が交付される。これに基づいて、会社は3年を経過した未払配当金を取り崩して雑益計上するという会計処理を行う。

ポイント
・配当金は持参債務であり、会社は株主名簿上の株主の住所へ配当金関係書類を送付すれば法的な義務は果たしたことになる。
・上場会社では通常、3～5年の除斥期間を定款で定めていることから、その期間の未払配当金については株主名簿管理人が管理している。除斥期間経過後の支払については各社各様である。

もっと知りたい方は
・東証代・ガイド362、378頁

2年目12月　自己株式とは

ほしたら、自己株式の前篇、よろしくお願いします

- - - - - - -

「(電卓を叩きながら)……あれ〜。なんでやろ。(カチャカチャ)やっぱり合えへんなあ。……あ〜あ、わからんわ〜(ため息をつく)。」

「どうしたんだい、若手くん？　ため息ついてるけど。」

「はぁ……。計算が合わへんのです。」

「何の計算だい？　そんなに難しい仕事は、今頼んでないだろ？」

「いや、部長に言われた用事やのうて、ちょっと暇を見つけて、今年の招集通知、見直しとったんです。ほしたら、なんでか知らんけど、計算の合わんとこがあって悩んどったんです。」

「ちょっとした暇を見つけて実地の勉強とは、なかなか一生懸命じゃないか、若手くん。それで、何の計算が合わないんだい？」

「配当です。ここんとこ、部長に配当を教えてもろてきたんで、いっこいっこ自分で計算してみよかて思うたんですけど、計算が合わんで……。1株当たりの配当金×発行済株式総数で配当総額になるはずやのに、それがならんのですわ。」

「それは、ならないだろう。当たり前じゃないか。」

「そんな、当たり前やて言わんかて。何でなんですか？」

「そりゃあ、自己株式があるからだよ。」

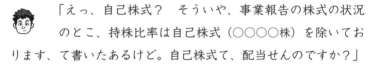「えっ、自己株式？ そういや、事業報告の株式の状況のとこ、持株比率は自己株式（〇〇〇〇株）を除いております、て書いたあるけど。自己株式て、配当せんのですか？」

「そりゃそうだろう。自分で自分に配当しても、しょうがないよね。」

「え〜っ。でも同じ株式やのに、人が持ってたら配当ありで、自分で持ってたら配当なしって、あんまり平等な感じしませんけど。変やないんですか？」

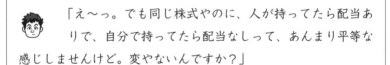「う〜ん。若手くんは自己株式を全然わかってないみたいだな。このままじゃだめだからしっかり教えてあげたいんだけど、今日はそんなに時間がないんだよな……。そうだっ！ 駆出さんを隣からちょっとお借りして、若手くんに講義してもらおうか。彼女ならバッチリだろう。」

「あきませんて！ 勘弁してください！ それだけは、それだけは、やめてください！ 今日は時間ないんやったら、2回に分けてもろてもいいですし。お願いします！！！」

自己株式とは

「どうしても、彼女にはカッコつけていたいんだな。そんなの、いくら隠してもちょっとこの手の話をしたら、向こうはノウハウ保持者なんだからすぐにバレるのにな。若手くんも彼女と仲良くなりたいんだったら、無駄な背伸びはやめて"僕は会社法、あきませんねん"とかなんとかいつものノリでカミングアウトしておくほうが後が楽になると思うんだけどな。」

「その変な大阪弁やめてください！ 後も先もないんです。この仕事しとって、会社法あきませんねんなんて言えますか？ "ダメな人ね"とかって思われたら、部長、責任取ってくれますか？ そんなの、ぜ〜〜〜ったいにあきません！！！」

「わかった、わかった。何で上司が責任取るのかさっぱりわからないけど、そしたら、今日は自己株式の前篇にしよう。」

「やったあ！ 助かった。ほしたら、自己株式の前篇、よろしくお願いします。」

「自己株式ってね、名前のとおり、かつて発行した自社の株式を現在は取得・保有しているってことなんだけど、昔は原則として禁止されていたんだ。」

「へぇ〜。何でなんですか？ 別に自分が前に出したもん、後でまた買うてもそんなん勝手やないですか？」

「そうじゃないんだよな。自己株式の取得は弊害があるから、原則として禁止されてきたんだ。弊害ってね、おおむね①株主への出資の返還と同じ効果となって会社債権者が害される、②株主間の不平等、③会社支配の公正を害する、④不公正な

証券取引に利用されかねないの4つが問題とされていたんだ。」

「もうちょっと噛み砕いてもろてもええですか？」

「結構噛み砕いてるんだけどな。これ以上噛み砕いたら歯が悪くなりそうだ。」

「変なボケはいりませんから。お願いしますよ。」

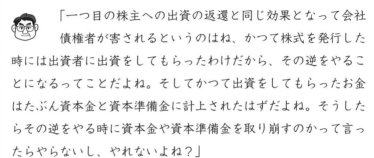
「一つ目の株主への出資の返還と同じ効果となって会社債権者が害されるというのはね、かつて株式を発行した時には出資者に出資をしてもらったわけだから、その逆をやることになるってことだよね。そしてかつて出資をしてもらったお金はたぶん資本金と資本準備金に計上されたはずだよね。そうしたらその逆をやる時に資本金や資本準備金を取り崩すのかって言ったらやらないし、やれないよね？」

「債権者の保護があるから、資本金や資本準備金の取り崩しはやりませんよね。総会決議になってるとこですもんね。」

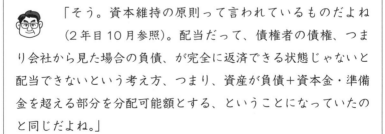
「そう。資本維持の原則って言われているものだよね（2年目10月参照）。配当だって、債権者の債権、つまり会社から見た場合の負債、が完全に返済できる状態じゃないと配当できないという考え方、つまり、資産が負債＋資本金・準備金を超える部分を分配可能額とする、ということになっていたのと同じだよね。」

「なるほどなあ。ほしたら二つ目の株主間の不平等というのはどういうことですか？」

「たとえば、一日の取引が少ない会社で市場での株式売却が難しい場合に、一部の株主から会社が自己株式を取得すると他の株主は"私も参加したかったのに"ってなるだろ？また、その取得価格が市場価格よりも高かったら、会社の財産が沢山払いだされることになるわけだから、株を売らずに残った株主は経済的にも損をするよね。そういうことを指しているんだ。」

「わかりますわかります。ほな三つ目の会社支配の公正を害するというのは？」

「これもたとえばだけど、会社が自己株式をどんどん取得してしまうと、自己株式には議決権がないから、元々は40％の議決権を持っていた株主の議決権比率がたとえば50％超になるといったかたちで増加する。また、自己株式の取得によって、市場に流通する株式の量が減るから、反対派が株式を買い集めようとしても買い集めることが難しいとなったら、支配の固定化を招くってことだな。」

「なるほどなあ。四つ目の不公正な証券取引に利用されかねないは僕でもわかります。会社が株価の維持等のために自己株式取得とかやってまうかも知れんてことですよね。相場操縦とかそんなんに悪用されそうやっちゅうことでやったらあかんてなっとった。」

「そういうことだね。そういうことが問題とされて、自己株式の取得は昔は原則禁止だったんだ。だけれど、経済界からのいろいろな要望等もあって、平成6年商法改正、平成13年商法改正を経て、今の会社法では自己株式取得と保有を原則として認め、弊害には規制を設けるというスタンスになっている。この規制緩和への理屈としては、余剰資金の効率的な返

却、自己株式の持株会への売却による持株会制度の円滑な運営、ストックオプションや組織再編時に新株発行ではなく保有している自己株式が使える、株主への利益還元になる等いろいろあるんだ。なので、原則保有 OK となった以上は、さっき出てきた弊害についてはいろいろな規制が設けられているんだ。これだけ噛み砕いたらわかったかな。こっちは歯が痛くなったよ。」

「変なボケはいりませんて！」

「「株主への出資の返還と同じ効果となって会社債権者が害される」については、取得財源を配当可能利益に限る、つまり配当規制と同じで財源規制をかける、「株主間の不平等」と「会社支配の公正を害する」については、取得に関する手続規制で株主平等原則に反しないようにする（取得は原則総会決議、特定の株主からの取得は総会特別決議にする等）、「不公正な証券取引に利用されかねない」については、インサイダー取引規制等の金融商品取引法の規制によって対応する、といったところだよね。」

「それが今のルールってことですね？」

「そう。で、今は自己株式を取得・保有していいんだけど、じゃあ、保有している自己株式とはどういうものか。これが最初の若手くんの質問への答えになるんだ。」

「長かったですねえ。ここに至る道のりが。新幹線やったら箱根越えてるかもなあ。」

「文句ばっかり言うのだったら、やめようか？（ちょっと怒）」

自己株式とは　185

「いやいやいやいや、ちゃいますて、部長！　文句とちゃいまんがな。ちょっとツッコミたかっただけですやん。若気の至りでんがな。」

「そしたら君は1年中若気の至りだな。まあいいや。保有している自己株式がどういうものかってのを、簡単に言うと、議決権を有しない（会社法308条2項）、剰余金の配当を受けられない（会社法453条）、株式・新株予約権の株主割当や無償割当も受けられない（会社法186条2項、202条2項、241条2項、278条2項）、株式分割・併合については効力を生じる、って感じかな。」

「結構、何にもないんですね。」

「でも、当たり前なんだよね。取得した自己株式がその会社にとって本当にいらないんだったら消却すればいいんだから、一時的に自己株式は貸借対照表上の資本の部のマイナスとして計上されているだけだと思えば、当然だよね。自己株式に総会の議決権があったら、経営者の保身に悪用されるし、自分に配当しても仕方がないし、って考えたら当たり前だろ。」

「そう言われればそうですね。」

「最初の質問に話を戻すけれど、若手くんは、1株当たりの配当金×発行済株式総数＝配当総額、としたけど、それは自己株式がない場合であって、うちはあるから、1株当たりの配当金×（発行済株式総数－自己株式数）＝配当総額、となるんだ。やってみたら？」

「（カチャカチャと電卓を叩きながら）あ〜っ、部長！ちゃんとなりました。計算合いました〜！」

「そんなに驚くことじゃないよ。当たり前なんだから。」

「そないに当たり前、当たり前て言わんかて。せっかく疑問が解消して喜んでるんですから。」

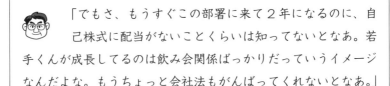「でもさ、もうすぐこの部署に来て2年になるのに、自己株式に配当がないことくらいは知ってないとなあ。若手くんが成長してるのは飲み会関係ばっかりだっていうイメージなんだよな。もうちょっと会社法もがんばってくれないとなあ。」

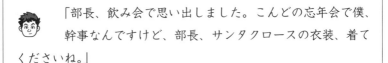「部長、飲み会で思い出しました。こんどの忘年会で僕、幹事なんですけど、部長、サンタクロースの衣装、着てくださいね。」

「なんでまた？ やだよ、そんなの（ちょっと怒）。」

「一生懸命働いてるみんなが楽しく過ごせるように、部長が一肌脱ぐのん は"当たり前"やないですか？」

「……」

解説

1　自己株式とは

　株式会社が有する自己の株式を自己株式という（会社法113条4項）。平成6年商法改正以前は、自己株式の取得は原則として禁止されていた。これは、自己株式の取得と保有についていくつもの弊害が

危惧されたことによる。代表的なものが、①株主への出資の返還と同様の結果を生じる（会社債権者の利益が害される）、②株主間に不平等を生じる、③会社支配の公正を害する、④相場操縦やインサイダー取引などの不公正な証券取引に用いられる（伊藤ほか・会社法288頁）である。しかし、平成6年商法改正、平成13年商法改正を経て、現在の会社法では、自己株式の取得については、原則として認め、これらの弊害に対しては規制を設けるというスタンスとなった。この規制の緩和については、経済界からの認めるべきという意見や学界での活発な議論があったようである。

自己株式の取得を認めるべき理由としては、以下が挙げられていた（大隅ほか・概説407頁）。

(1) 余剰資金の効率的な返却を可能にする点で企業金融上有効な財務戦略となる
(2) 会社が自己株式を取得して持株会に売却する方式をとることにより従業員持株会制度の円滑な運用を図ることができる
(3) ストック・オプション制度の導入が可能となる
(4) 自己株式の取得は敵対的買収の防衛手段となりうる
(5) 自己株式の取得により株式交換が容易となる
(6) 自己株式取得を通じて株主への利益還元がなされる
(7) 持合いの解消に際しての受け皿となりうる
(8) 株式会社制度の国際的な整合が必要である

結果として現在は「株主への出資の返還と同じ効果となって会社債権者が害される」という点については、取得財源を配当可能利益に限る、つまり配当規制と同じで財源規制をかける、「株主間の不平等」と「会社支配の公正を害する」については、取得について株主平等原則に反しないようにする、すなわち手続規制で対応する（たとえば、取得は原則総会決議、特定の株主からの取得は総会特別決議にする等）、

「不公正な証券取引に利用されかねない」という点については、インサイダー取引規制等の金融商品取引法の規制によって対応する、という規制が設けられている。

2 自己株式の性質

　自己株式の性質に関して言えば、自己株式は議決権を有しない（会社法308条2項）、剰余金の配当を受けられない（会社法453条）、株式・新株予約権の株主割当や無償割当も受けられない（会社法186条2項、202条2項、241条2項、278条2項）、株式分割・併合については効力を生じる、というあたりが代表的である。議決権を有しない理由は、経営者の保身に悪用されかねないというのがわかりやすい。剰余金の配当を受けられない理由は、「支払われた配当金を会社の利益として示すのは、利益の二重計上になって誤解を招く。自己株式に配当金を支払わなくても、その分は会社内に留保され、株式の価値は変わらない。」（龍田・大要268頁）からである。また、自己株式は、貸借対照表上では純資産の部に控除項目として計上される（会社計算規則76条2項）。「自己株式の帳簿価額は、分配可能額から減じられる。」（伊藤ほか・会社法293頁）。これは、「自己株式が会計原則によりその資産性が否定され、純資産の部に控除項目として記載されるから、これに応じて会社法上も資産性を否定する取扱いがなされている。」（大隅ほか・概説423頁）ということである。

3 自己株式と配当

　自己株式には剰余金の配当がなされないことから、本文中では、1株当たりの配当金×（発行済株式総数－自己株式数）＝配当総額、で若手くんの計算は合うことになっているが、例外がある。それは失念株式がある場合である。失念株式とは、その名のとおり名義書換を失念しているために株式が本当の権利者の名義になっていない株式を言

う。現在の上場会社株式は電子化されているため、新たな失念株式は発生しない。配当総額の計算で問題となるのは、株主名簿上自己株式となっている失念株式である。前所有者等の名義が自己株式以外の場合には、配当は株主名簿上の株主に支払われることになるが、前所有者等の名義が自己株式である場合は、会社としては、「本当は自分のものではないことはわかっているが誰のものかはわからない」という状態なので、自分のものではない以上配当金請求権は存在することになる。したがって、この場合には、1株当たりの配当金×（発行済株式総数−自己株式数＋自己名義失念株式）＝配当総額、となる。

ポイント
・現在の会社法では、自己株式の取得は原則認められている。ただし、想定される弊害については、財源規制、手続規制、インサイダー取引規制等で対応する考え方である。
・自己株式は、議決権を有しない、配当を受けられない、株式・新株予約権の株主割当や無償割当を受けられない等と規定されているが、これは一時的な貸借対照表上の純資産の部のマイナス項目として存在する以上、当然のことである。

もっと知りたい方は
・髙橋ほか・会社法 385 頁
・龍田・大要 251 頁
・大隅ほか・概説 405 頁

2年目1月　自己株式取得の目的

今日は自己株式取得の目的を話そうか

「部長、あけましておめでとうございます。今年もよろしくお願いいたします。」

「やあ、若手くん。あけましておめでとう。こちらこそ今年もよろしく」

「新年早々ですけど、部長！　年末に1回目をやってもろた自己株式の2回目、いつにいたしましょうか？」

「まだ新年早々会社に来た途端だよ。何でそんなに気合入ってるの？」

「いや、今年は今まで以上にがんばって会社法勉強しよ思いまして。お願いします、部長！　そんでとりあえず自己株式の2回目からお願いします！」

「何かおかしいな。ひょっとしたら若手くん、このお正月休みの間に駆出さんとデートでもして、"がんばってね"とか何とか言われたんじゃないのかい？」

「（ギクッとした表情で）な、何でそないなことわかるんですか？　デートとちゃいますけど、いつも飲みに行く

4人で初詣行ったんですよ。そん時に"若手さんて、経済学部出身なのに株式実務や総会実務をやっていてすごいなあ。私なんか頭でっかちの法律知識だけだから、実務をやっているって尊敬しちゃいます"って言われたんですよ。せやけど、今んとこ僕は"すごく"ないから、今年は"すごく"ならな、て思て。」

「へ〜え。"清く正しいグループ交際"じゃないか。一歩前進だね。よかったじゃないか、若手くん。」

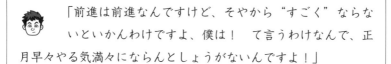
「前進は前進なんですけど、そやから"すごく"ならないといかんわけですよ、僕は！ て言うわけなんで、正月早々やる気満々にならんとしょうがないんですよ！」

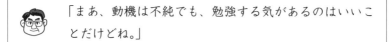
「まあ、動機は不純でも、勉強する気があるのはいいことだけどね。」

「何ですのん！ 動機が不純て！ やる気あるんやからええやないですか！ で、部長！ いつやったら空いてるんですか！！！」

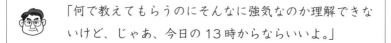
「何で教えてもらうのにそんなに強気なのか理解できないけど、じゃあ、今日の13時からならいいよ。」

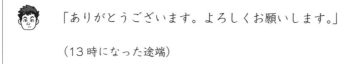
「ありがとうございます。よろしくお願いします。」

（13時になった途端）

「部長！ よろしくお願いします！」

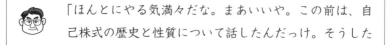
「ほんとにやる気満々だな。まあいいや。この前は、自己株式の歴史と性質について話したんだっけ。そうした

ら、今日は自己株式取得の目的を話そうか。」

「お願いします。」

「昔は自己株式の取得が原則的に禁止されていたって話を前回したよね。なんだけれども、今日では原則取得・保有はOKで、弊害と言われたものを規制するスタンスになっている。一般に現在、企業が自己株式を取得する主な目的については、おおむねつぎの5つだと言われているんだ。①余剰資金の還元、②ROEの向上、③持ち合い解消の受け皿、④代用自己株その他の利用のため、⑤株式消却のため、の5つだね。」

「なんとなくイメージが湧きますけど。もうちょっと噛み砕いて説明して……。おっとっと、噛み砕いてって言うたらまた部長から、"歯が痛くなった"とか何とかいらんボケをかまされそうやから、もうちょっとわかりやすく説明してもらえませんか、部長。」

「いちいちひと言多いなあ、若手くんは！ じゃあ順番に行くよ。①余剰資金の還元は、そのままだよね。内部留保の厚い企業が、特に設備投資などの資金需要がなければ、株主還元を考えるわけだけど、株主還元の代表的なものが配当と自己株式取得だよね。どっちを選択しても、企業としては余剰資金を株主に対して還元しているわけだからね。配当については、日本の企業は伝統的に"安定配当"をやってきたから頻繁な上げ下げがやりにくい雰囲気もあるのに比べて、スポットでやるなら自己株式取得はやりやすいよね。そのうえ、自己株式取得は、企業が自分の株価を割安であると考えているというアナウンスメント効果もあるしね。」

「なるほどなあ。そしたらつぎのんは?」

「②ROEの向上だよね。ROEって言うのはね、Return on Equityの略でね、日本語では自己資本利益率と言うんだ。名前のとおり、自己資本の額に対する利益の割合のことだから、会社にある資本を使ってどれくらい効率的に利益を上げたかってことなんだ。」

「ふ〜ん。言うてることはわかるんですけど、それが何で大事なんですか?」

「それは、機関投資家が重要視している指標だからだよ。たとえば、10億円使って1億円利益を生む事業があるとして、その10億円が全部自己資本か、一部を銀行借入とするかによってROEは変わってくるよね?」

「そら、そうですね。でも無借金のほうがええんやないんですか?」

「借入過多はダメだけど、きちんと返済できる範囲内であれば、一部借入を使う方が効率的ってこともあり得るよね? だから、限られた自己資本(その中に株主資本がある)をいかに効率的に使って利益をあげているかってところに着目して、機関投資家はこの指標を重要視するわけなんだ。日本企業は外国の企業に比べてROEが低い水準であると前から指摘されていたりしているから、グローバルな企業はROEの向上に注力しているというわけなんだ。」

「へ〜え。ほなつぎにいきましょ。」

「軽いな、合いの手が。まあいいや。つぎは③持ち合い解消の受け皿だね。これはわかりやすいよね。資本提携やら持ち合い解消なんかで大株主が株式を手放すとマーケットの需給バランスが崩れて株価が影響を受けてしまう可能性があるから、こういう時に自己株式取得で対応するってことだよね。」

「大株主にいっぺんにドカンと放出されたら、株価絶対下がりそうですもんね。そら、何か手だてがないとあきませんよね。せやけど、持ち合い解消ってよう新聞とかでも出てるから、ニーズはありそうですね。」

「そういうことだね。そしてつぎが④代用自己株その他の利用のためだね。新株予約権の権利行使や組織再編の場合等に交付するために利用されるってことだよね。最近は組織再編も多いしね、ストックオプションもたくさんの企業が導入しているし、役員報酬制度も自己株式を使ったいろんなものがあるしね。一方で、単元未満株主の買増制度に対応するっていうニーズもある。結構、いろんな使い道があるってことなんだよね。」

「なるほどなあ。ほしたら5つ目は?」

「⑤株式消却のためだよね。これはそのとおりで、株式を消滅させて発行済株式総数を減少させるためってことだよね。だいたい今行われている自己株式取得はこの5つのどれかが目的なんだ。少しはわかったかな?」

「まあ、だいたいは。家で復習しますけど。」

「偉いじゃないか、動機は不純だけど。1回聞いても仕事で使わないと知識なんてすぐにどっかへ行っちゃうか

自己株式取得の目的　195

らね。新しい知識はすぐに復習することが肝心なんだ。」

「何ですか！ "動機が不純"て！ せっかくやる気満々やのに、上司がそういう言い方するのんは、僕ら２人の仲を引き裂くつもりですか？」

「まだ引き裂くほどの関係じゃないだろ、"清く正しいグループ交際"なんだから。そこまで言うのだったら、早く引き裂くほどの関係になったらどうだい？」

「なんで、そんなに正月早々いじめるんですか？ あっ！ わかった！ 部長も初詣に一緒に行きたかったんやぁ〜。」

「そんなことがあるはずないだろ！（ちょっと怒）」

解　説

　株式会社が有する自己の株式を自己株式という（会社法113条4項）。2年目12月で解説したとおり、平成6年商法改正以前は自己株式の取得は原則として禁止されていた。

　現在は、いろいろな目的で会社が自己株式を取得している。代表的な取得目的は以下のとおりである。

1　余剰資金の還元

　企業が余剰資金を株主に還元する方法としては、剰余金の配当と自己株式の取得がある。剰余金の配当については、わが国では伝統的に安定配当という考え方が根強く、また最近では目標とする配当性向（配当金総額／当期純利益）を公表してそれに基づく配当を実施する企

業も多いが、毎期毎期の状況を踏まえて機動的に配当金額を柔軟に上下させることは個人投資家の不評を買うと言われており、なかなか実施はむずかしい。その点、自己株式の取得は、定款で定めることにより取締役会決議で実施可能ということもあり（2年目2月参照）、機動的に株主還元が実現できる方法である。実際に資金が還元されるのは株式を売却した株主に対してであるが、売却しなかった株主の持株比率は上昇することになるし、経営者が現在の株価を割安であると考えているというアナウンスメント効果があるとされていることもあって、一般に株価が上昇することも多い。

2 ROEの向上

ROE（Return on Equity：自己資本利益率）は、自己資本の額に対する利益の割合のことであり、会社の資本を使ってどれくらい効率的に利益を上げたかという指標である。したがって、機関投資家はこの指標を重要視している。ROEを分解するとつぎのようになる。

$$ROE = \frac{当期純利益}{売上高} \times \frac{売上高}{総資産} \times \frac{総資産}{自己資本}$$
$$\text{（売上高利益率）（総資産回転率）（財務レバレッジ）}$$

日本企業のROEは、他国に比べて長期にわたって低水準であるとされ、その原因は総資産回転率、財務レバレッジではなく売上高利益率であると指摘されている（平成26年8月「持続的成長への競争力とインセンティブ～企業と投資家の望ましい関係構築～プロジェクト」（伊藤レポート）最終報告書37頁）。本来は、事業の収益性である売上高利益率を上げて、ROEアップを図るべきなのであろうが、余剰資金がありかつ有効な投資も見当たらない場合、自己株式を取得することで自己資本を減少させることができるので、ROEの改善が図れることになる。コーポレートガバナンス・コード原則1-3においても「上場会社は、資本政策の動向が株主の利益に重要な影響を与え得ること

を踏まえ、資本政策の基本的な方針について説明を行うべきである。」とされており、上場会社が資本政策を語る上で、ROE はますます重要視されていくことから、ROE の改善方法として自己株式の取得は有力な手段となり得るものである。

3 持合い解消の受け皿

資本提携や持合いの解消等で大株主が株式を放出すると需給バランスが崩れ、株価に影響を与える懸念があるので、自己株式取得での対応が考えられる。コーポレートガバナンス・コード原則 1-4 でも、政策保有株式に関する方針・政策保有株式に係る議決権の行使について適切な対応を確保するための基準等の開示が求められるなど、政策保有株式については機関投資家を中心に評判がよくないことから、今後ますます持合い解消が進む可能性もあり、その場合の有力な受け皿として自己株式の取得が考えられる。

4 代用自己株その他の利用のため

新株予約権の権利行使、単元未満株主の買増請求、組織再編等の場合に交付するために利用される。また最近では、従業員向け ESOP 信託や役員報酬制度として利用されることもある。

5 株式消却のため

取得した自己株式を消却し発行済株式総数を減少させるための取得である。

ポイント

・自己株式の取得の目的としては、余剰資金の還元、ROE の向上、持合い解消の受け皿、代用自己株その他の利用、株式消却が代表的である。

2年目2月　自己株式取得の手続き

今回は自己株式取得の具体的な手続きを話そう

● ● ● ● ● ● ● ● ●

「あ〜、さぶ。さぶいなあ、今朝は。ほんまにさぶ〜。あっ部長、おはようございます。さぶいですねえ。」

「やあ、若手くん。おはよう。本当に今朝は寒いねえ。」

「こないにさぶい日ぃは、会社法の勉強するしかないですねえ。さっそく、朝からお願いしてええですか？」

「言ってることがよくわからないんだけどさ、どうして寒いと会社法の勉強なんだい？」

「なんでて、そんなん決まってるやないですか！　会社法の勉強してたら、身体が、心が、燃えてくるからですやん！　ってなわけで、さぶい時こそ会社法！　部長、よろしくお願いしますよ。」

「駆出さんパワー、恐るべしだな。会社法で身体が温まる人間を初めて見たよ。まあ、やる気があるのはたとえ動機が不純でも悪いことじゃないから、まあいいか。朝一は会議があるから、10時半からならいいよ。」

199

「部長、二言目には"動機が不純"て言うのん、やめてもらえます？ こっちは一生懸命なんですから。」

「それはそうと、"清く正しいグループ交際"はどうなったんだい？ ちゃんと進んでるのかい？」

「そないに簡単に進みませんよ。今んとこはまだ、何をするんも4人でやってるんで……。その話はええんですよ！ 会社法で温まりましょうよ！」

「はいはい。じゃあ、10時半からね。」

「"はい"は1回でよろしい！」

「何かこっちが怒られているみたいだな……。」

（10時半になった途端）

「よろしくお願いします。」

「先月に続き、やたら気合い十分だな。自己株式については、1回目に自己株式の歴史や性質、2回目に自己株式取得の目的を話したから、今回は自己株式取得の具体的な手続きを話そう。1回目で言ったけど、自己株式取得はいろいろ弊害が考えられるので昔は原則禁止だったけど、今は原則OKで弊害には規制を設けるというスタンスになっているんだ。だから、その規制の話をしよう。」

「はい。いろいろ手続規制があるんですよね。」

「そう。ちゃんと復習もしているようだね。種類株式関係とか組織再編関係の自己株式取得は横に置いといて、一般的な自己株式の"有償"取得を取り上げると、パターンは4つあるんだ。①株主との合意による有償取得（全株主から申込みを募る取得）、②株主との合意による有償取得（特定の株主からの取得）、③子会社からの取得、④市場取引等による取得の4つだね。これを順に説明しよう。」

「お願いします。」

「①株主との合意による有償取得（全株主から申込みを募る取得）の手順はね、A　株主総会の決議によって、取得する自己株式の数・種類、取得対価の内容と総額、取得期間（最長1年）を決定する（会社法156条1項）、B　この決定に従って自己株式取得をする時はその都度、取得する株式の数・種類、1株当たりの取得対価、取得対価の総額、申込期日を取締役会で決議して株主に通知する（会社法157条、158条。通知に代えて公告でも可。ただし、振替株式発行会社は公告をしなければならない。社債、株式等の振替に関する法律161条2項）、C　通知を受けた株主が申込期日までに申込みをすれば、会社は自己株式を取得する。申込総数が取得総数を超えれば、按分取得する（会社法159条）、というイメージなんだ。」

「結構、めんどくさいんですね。総会決議がスタートやったら、年1回しかスタートでけへんし。まあ、でもそうか。前に教えてもろた"株主間の不平等"っちゅう弊害をカバーするためには、総会決議でスタートもしゃーないか。」

自己株式取得の手続き

「原則的にはそのとおりだね。ただし、例外もあるんだ。前にも話したけど、取締役の任期が1年で会計監査人・監査役会の監査報告が無限定適正意見だったら、配当金や株主との合意による自己株式の有償取得などを取締役会で決められるという定款の定めを置くことができるんだ（会社法459条1項）。この定款の定めさえあれば、株主総会の決議じゃなくて取締役会決議でスタートできるんだよ。」

「なるほどなあ。取締役会でいける方法もあるんや。でも、この前までは弊害があるんであかんてなっとったもんを原則OKにしたんやから、ちょっとくらいめんどくさーてもしゃーないわな。そしたら次のんは？」

「②株主との合意による有償取得（特定の株主からの取得）だね。この場合はね、さっきと同じように株主総会の決議によって、取得する自己株式の数・種類、取得対価の内容と総額、取得期間（最長1年）を決定するんだけど（会社法156条1項）、それに加えて特定の株主から取得することを決めるんだ（会社法160条1項）。この決定に従って当該特定の株主に対して会社は通知を行い（会社法158条、160条5項）、通知を受けた当該特定の株主が申込みをすれば、会社は自己株式を取得するんだ。だけど、特定の株主からの自己株式取得は、株主間の不平等や高値買取りなどの弊害が懸念されるところだから、会社法は株主総会での決議要件を特別決議にしているんだ（会社法309条2項2号）。そのうえ、この総会決議の際、当該特定の株主は議決権を行使できない（会社法160条4項）、当該特定の株主以外の株主も自分を売主に追加することを請求できる（会社法160条2項・3項）、というように簡単に不正ができないような規制になっているんだ。ただし、売主追加請求権については、市場価

格のある株式で一定の要件を満たした場合等では、適用されないんだけどね（会社法161条）。とにかく、この特定の株主からの有償取得は特に厳しい規制になっているんだ。」

「う〜ん。ここはズルがいかにも起こりそうなとこやから、しゃーないか。ここの規制をきつうしとかんと、なんぼでもへんなことするやつが出てきそうですもんね。」

「そうなんだよね。あとは③子会社からの取得だけど、これは取締役会設置会社では取締役会で、取得する自己株式の数・種類、取得対価の内容と総額、取得期間（最長1年）を決めればいいんだ（会社法163条）。そもそも子会社による親会社株式の取得は原則として禁止だし、組織再編等の理由で取得してしまったとしても相当の時期に処分しなければならないんだけれど（会社法135条）、市場売却が困難な場合等もあることから、この場合は取締役会決議でできるとされているんだ。」

「なるほどなあ。相当の時期に処分せえって言われても、すぐにできんことかってありそうですもんね。せやから、ここはズルが起きにくそうやし、ちょっと緩めのルールになってるのんもわかりますよね。」

「そういうことだね。そして ④市場取引等による取得だよね。具体的には、市場取引または公開買付け（金商法27条の2第6項）の方法で自己株式を取得する時には、株主総会で、取得する自己株式の数・種類、取得対価の内容と総額、取得期間（最長1年）を決めるだけでいいんだ（会社法165条1項）。なぜかって言うとね、市場取引等による場合には、全株主にチャンスがあって価格も市場で公正に形成されると考えられるからなんだ。だから取締役会設置会社では、前述の株主総会決議

自己株式取得の手続き　203

を取締役会決議でできるという内容を定款で定めることもできるんだ（会社法165条2項・3項）。」

「なるほどなあ。結局、弊害があるって言われとったわけやから、ズルが起きそうなとこは厳しい規制、そうでもないとこはそこそこの規制ってことになってるんですねえ。」

「そういうこと。なかなかわかってきたじゃないか。動機は不純でも、気合い十分で勉強してきた成果だねぇ。」

「せやから、動機が不純っちゅうとこが余計ですて！　一生懸命に部下が勉強しとんやから、もうちょっと"よくやってるねえ"とか素直にほめてくださいよ。」

「別に僕が素直にほめようがけなそうが、若手くんは気にしてないだろ。駆出さんに"がんばってね"とか"すごいですね、若手さん"とか言われるといちいち思いっきり反応するみたいだけど。そうだ、若手くんが勉強に身が入るように、こっそり駆出さんに頼んで定期的に煽ってもらおうかなあ。そうしたら、若手くんもすごく伸びそうだし。」

「（真っ赤な顔で）や、や、や、やめてくださいよ！　そんなことしたら、あの子のために勉強してるんがバレバレですやん？　勘弁してくださいよ。」

「そんなにあわてなくてもいいだろう、事実なんだから。ほんとに君はわかりやすいな。あっ、そうだ！　朝から寒い寒いって言ってたけど、会社法で温まったかな？　寒い時こそ会社法とかなんとか言ってたじゃないか？」

「彼女の話が出たんで、十分温まりました。」

「君はいろんな温まり方をするんだね。」

「……」

解　説

1　自己株式取得の手続き

自己株式の有償取得についてはつぎの4パターンに分類することができる。

(1)　株主との合意による有償取得（全株主から申込みを募る取得）
(2)　株主との合意による有償取得（特定の株主からの取得）
(3)　子会社からの取得
(4)　市場取引等による取得

基本的な考え方は、「一部の株主だけが参加できる」「価格が不当に高い」等の株主平等原則に反すると考えられるような自己株式の取得を制限する、つまり「全株主が参加できる（少なくとも知っている・賛成している）」「一部の株主だけが得をするような価格ではない（つまりは公正な価格）」ということが担保されるようにということである。また(2)株主との合意による有償取得（特定の株主からの取得）のような不正が行われやすいものにはより厳しい規制を行う、という考え方で規制が定められている。具体的な手続規制の内容は、おおむね会話文でベテラン部長が説明しているとおりである。上場会社の場合には(4)市場取引等による取得が専ら利用されるため、上記(1)株主との合意による有償取得（全株主から申込みを募る取得）は、実質的には未上場会社で利用される（上場会社の場合、取引所金融商品市場外で買付け等する場合には公開買付けによらなければならないので（金融商品取引法27条の22の2第1項）、この方法は使えない）。

自己株式取得の手続き　205

大株主の持株放出や取引先との持合解消の受け皿ととして自己株式の取得を行おうとする場合に上記(2)株主との合意による有償取得（特定の株主からの取得）の手続きで対応しようとすれば、常に株主総会の特別決議が必要となり機動性を欠いてしまう。そこで、東京証券取引所のToSTNeT（Tokyo Stock Trading Network System）取引という立会外取引が利用されている。ToSTNeT取引のうち、ToSTNeT-2（終値取引）やToSTNeT-3（自己株式立会外買付取引）は市場取引と位置づけられていることから、株主には平等に売却するチャンスが与えられているということで、株主宛通知や売主追加請求権等の適用はなく、本文中にもあるように定款に取締役会決議で自己株式の取得をすることができる旨の定めがあれば株主総会決議は不要となる。現実には大株主放出予定分プラスToSTNeT取引に参加してきた一般株主分を取得するということになるが、マーケット価格を急変させることなく機動的に大株主の持株放出に対して自己株式取得で対応することが可能となる。

ポイント
・自己株式の取得に係る手続規制は、一部の株主だけが参加できる、価格が高いというような株主平等原則に反する不正が起きないことを担保するためにある。
・上場会社では実質的に「市場取引等からの取得」となるが、定款に定めることにより取締役会決議で実施可能であり、ToSTNeT-2、ToSTNeT-3が利用されている。

もっと知りたい方は
・東証代・ガイド385頁
・髙橋ほか・会社法388頁
・田中・会社法403頁

2年目3月　単元未満株式の買取・買増請求

単元未満株式を教えてくださいよ！

●●●●●●●●●●

> 「若手くん、大洗（茨城県東茨城郡大洗町、冬はあんこう鍋が有名）に行って来たんだって？」

> 「耳が早いですねえ、部長。そうなんですよ。いつもの4人で、大洗に行ってあんこう鍋、食べて来たんですよ。僕、初めて食べたんですけど、めっちゃうまかったですよ。」

> 「冬はそっちのほうはあんこう鍋だよね。あったまるし、最高だよね。それに"清く正しいグループ交際"も順調で何よりじゃないか。いくら4人でも、お泊り旅行まで進んできたんだから、この調子でいけば、案外うまくいくかもな。」

> 「"案外"って失敬な！　向こうは法律バリバリやけど、こっちかて部長に弟子入りして一生懸命勉強してるんやから、"案外"やないでしょ！」

> 「別に若手くんを弟子にした気はないんだけどね。まあ、いいか。動機は不純だけど、ここんとこがんばって勉強しているみたいだし。」

> 「またそうやって"動機が不純"って馬鹿にして。部長が認めんでも、僕は部長の弟子ですからね！　こりずに

がんばって勉強するんですから！ 部長も上司やったら、子分のがんばりを応援せんと！」

「だから〜、弟子にも子分にもした気はないって！」

「あっ！ そや！ 大洗で思い出した！ 部長にいっこ、質問があるんです。単元未満株式って株主が換金する時に会社に買取ってもらいますやん？ あれって、自己株式の取得やのに、なんであないに簡単にできるんですか？ この前まで教えてもろとった、自己株式取得て、もっと規制があってめんどくさい感じやったのに。何でなんですか？」

「突然、会社法の話になったな。大洗で思い出した、ってことは、ひょっとして旅行中に駆出さんに聞かれて答えられなかったんだろ？」

「……そうなんですよ。かっこ悪う〜て、かっこ悪う〜て。なんで、そないなことまでわかるんですか！ ええんですよ、そんなことは！ 単元未満株式を教えてくださいよ！」

「わかった、わかった。単元未満株式の買取請求だね。じゃあ、若手くんの名誉のためにちょっと解説するか。」

「よろしくお願いします。」

「答えから言っちゃうとね、これは"会社法の根っこ"の問題なんだ。」

「お〜！ 久々に出た、"会社法の根っこ"。待ってました〜っ！」

「ちゃかすんならやめようか？」

「いやいやいやいや、ちゃいますやん。ちょこっと合いの手ぇ入れただけですやん。」

「しょうがないから、気にせずに行くか。つまり、株式会社ってね、がんばって利益をあげて、それを株主に分配することを目的とする団体なんだけど、この株式会社ってスタイルがそれなりに世間から認められて、流行っていくことによってわが国経済の活性化が図られるよね。だから、たくさんの出資者が株式会社に出資しやすくする必要があるんだけど、それには出資したお金の"回収手段がある"ことが大切なんだ。」

「そら、そうですわな。出したお金が必要な時に換金でけへんのやったら、よっぽど大金持ちな人が余ってるお金を出資するとかいう場合以外、誰も出資なんかしまへんがな。」

「だろ？　だから、株式会社では、株主にとっての出資したお金の回収は原則的には株式の譲渡による、譲渡は自由にできるとされているんだ。うちなんかは上場会社だから、毎日株式市場で自由に売買されているよね。だから、株主は、投資したお金を回収したくなったら、単純に株式を譲渡（つまり売るということ）すればいいわけなんだ。」

「言われてみればあたりまえっちゅう話ですけどねえ。」

「ここまでが、原則論なんだ。そして若手くんの質問、単元未満株式を考えてみることにしよう。株式市場での売買単位は"単元"なわけだから、単元未満株式の場合、譲渡しようと思っても、簡単にはマーケットで売ることができない。」

単元未満株式の買取・買増請求　　209

「あっ、そうか!」

「そうすると、その株主はどうやって投資したお金を回収することができるか、ってことが問題になるよね。」

「そうですね。単元未満株主は、議決権とかはないけど、株主であることは確かやもんなあ。単元未満株主は、投資したお金を簡単に回収することがでけへんのか。」

「手当がなければそういうことだね。だから会社法は192条で、単元未満株主は発行会社に対して単元未満株式の買取を請求できると規定しているんだ。これによって、単元未満株主にも投資した資金の回収手段が確保されるわけなんだ。したがって、単元未満株式の買取は、発行会社が買取請求を受けたら断れない義務だと解されているけど、その代わりに、自己株式取得の複雑な手続きや財源規制がかからない、というようなルールになっているんだ。つまり、株式会社にとって本来あるべき"株主の投資の回収手段を確保する"、ということを実現するために、自己株式取得の手続規制や財源規制については排除しているんだ。」

「なるほど、ようできてるなあ。まあでも、単元未満株式の買取請求は所詮"単元未満"の小さいロットのもんやから、大してズルのできるもんとちゃうもんな。この前教えてもろた自己株式取得の手続規制は結局、ズルをいかに防ぐかっていう話やから、ズルする気もせん小ロットのもんにまでめんどくさい規制をかけるのんも本末転倒やもんなあ。それに財源規制かて、せっかく買取請求しても"今財源ないんです"て言われてもうたら投資の回収でけへんから、単元未満株主かて困るもんな

あ。なるほど、やっぱりうまいことでけとるなあ、会社法は！」

「そういうこと。そしてその逆もあるんだ。」

「何ですのん、その逆て？」

「定款に定めがある場合に限られるんだけれどね、単元未満株主は1単元になるまでの足りない分（たとえば単元が100株の会社において株主が70株を持っている場合の30株）を発行会社に買増請求することができるんだ（会社法194条）。さっきの投資の回収とは真逆で、このまま株主でいたいんだけど単元未満だと議決権とかがないから、足りない分を買増して1単元の株主になるっていうニーズもあって、それに対応した制度だよね。どっちにしても単元未満株主の場合、通常はマーケットで売買はできないから、そこに発行会社が関与して円滑に株主のニーズに対応できるようにしているんだ。ちなみにうちの定款には買増制度が規定されているよ。」

「ふ〜ん、うまいことできてるなあ。あっ！　そしたらこんなんどうですか？　たとえば、A社の株を300株もっているんだけど、この株は出来高が異常に少なくて、300株売り注文出したらきっと値段が下がってしまう。そういう時に60株ずつ5回に分けて、単元未満株の買取請求をしたら、マーケットを下げずに換金できそうな気いするんですけど、なんかズルっぽいですよね？　こんなん、あきませんか？」

「そら、あきません！」

単元未満株式の買取・買増請求　211

「変な大阪弁はええんですて！　せやけど、なんであきませんのん？」

「単元未満株主の買取請求という制度はね、さっきも言ったけど"株主の投資の回収手段の確保"という言わば大義名分があるから認められている制度であって、だから自己株式取得の手続規制や財源規制も排除されているわけだよね？　つまり、こういうルールを設けないと投資回収ができない株主のために特別ルールを作ったわけだよね。それを、単元株主なのに小分けにして単元未満株式の買取請求をする、っていうのは買取請求制度の潜脱という話だと思うよ。このルールがないと回収手段がない人のために作った特別なルールを、単元株主が値段を下げたくないという理由で利用するのは明らかにこのルールの主旨に反しているからね。はっきり言って、アウトだね。」

「やっぱりアウトなんや。そらそうやわな。」

「でもいい質問だったよ。若手くんにしては上出来だよ。」

「その"若手くんにしては"っちゅうのん、引っかかりますけど、まあ、誉めてもろたからええか。」

「駆出さんの質問にも回答できるし、誉められるし、あんこう鍋もおいしかったみたいだし、清く正しいグループ交際も順調だし、いいことばかりじゃないか？」

「そっちの話はええんですて！」

「今度からは自分で調べて答えられるようにならないとな。何しろ駆出さんの質問なんだから。」

「何でそないにいじめるんですか。ええやないですか、ちょっとくらい教えてくれはっても。」

「自分で調べたほうが力もつくしね、駆出さんのためならそれくらいできるだろ。4月になったらまた別の新入社員が入ってくるかもしれないんだし頑張らないと！」

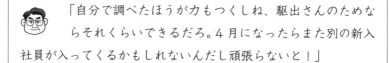
「え〜っ！！！　また新入社員、入って来るんですか？可愛い子ぉやったらどうしよう。いやいやいや僕には駆出さんがおるし、いやいやいや、やっぱりどうしよう。あ〜、えらいこっちゃなあ、どうしよう……。」

「こらっ！　妄想するな！　君はそんなことしか心配事がないのか！（ちょっと怒）」

解 説

1　単元未満株式の買取請求

　株主は、その有する株式を譲渡することができる（会社法127条）。これが、株式自由譲渡性の原則を明文で定めたものである。この原則の根拠は「株主は、会社の存続中は、（中略）原則として会社に対して出資の返還を求める権利を有しない。そのため、投下資本の回収は株式の譲渡によることが原則である。出資の返還に対する制約と株式譲渡自由の原則とは、一方では会社の財産的基盤を確保しつつ、他方で株主に投下資本回収のルートを保障する、合理的な仕組みといえる」（伊藤ほか・会社法95頁）とされている。つまり、株主に投下資本回収の手段を用意することは、正に「会社法の根っこ」と言うべき

株式会社制度の基本原則の一つであるということができる。

　しかし、単元未満株式についてはどうか。単元未満株式・単元未満株主とは、会社法189条においては、「単元株式数に満たない数の株式（以下「単元未満株式」という。）を有する株主（以下「単元未満株主」という。）は、……」と定義されている。単元株制度は、一定の株数を1単元としてまとめ、株主総会の議決権は1単元につき1個とする制度である。つまり単元未満株式のような少額の投資については権利を制限し、発行会社の株主管理コストの軽減を目的としている（議決権のない株主には招集通知を送らなくてよい等）。会社法192条は「単元未満株主は、株式会社に対し、自己の有する単元未満株式を買い取ることを請求することができる」と規定している。なぜこのような条文があるのか。

　これは、単元未満株式といっても株式なので、原則として譲渡自由なはずであるが、市場取引単位が単元であるために事実上市場売却ができず株主には投資回収手段が失われてしまう、という状況を回避するために、会社法が単元未満株主に単元未満株式の買取請求権を与えることで投資資金の回収手段を確保したものである。

　単元未満株式の買取請求は自己株式取得の一態様であるが（会社法155条7号）、「この場合の自己株式取得については、単元未満株主の投下資本の回収を保障しようとする制度であることなどを理由として、財源規制は及ばないものと考えられている。」（奥島孝康＝落合誠一＝浜田道代編『新基本法コンメンタール会社法1〔第2版〕』（日本評論社、2016）392頁［新山雄三］）とされている。

　買取請求の価格は、その株式に市場価格があるときは、請求の日における市場における最終の価格である（会社法193条1項1号、会社法施行規則36条）。

2　単元未満株式の買増請求

　単元未満株主の買増請求という制度もある（会社法上は売渡請求と規定されているが、従前から実務上は買増サービスという言葉が定着しており、一般的には買増請求と呼ばれている）。会社が定款で定めることにより、単元未満株主は会社に対し、（単元株式数－自己所有単元未満株式数）の株式の売渡を請求できるという制度である（会社法194条1項）。売渡価格については、買取請求の条文が準用されており、その株式に市場価格があるときは、請求の日における市場における最終の価格である（会社法194条4項）。

3　単元未満株式の買取請求と買増請求の法的性格

　単元未満株式の買取請求と単元未満株式の買増請求は、見た目には相互に「逆」の制度に見えるが、法的性格は全く違うものである。すなわち、単元未満株式の買取請求は、株式市場で売却することができない単元未満株式について、その投下資本の回収手段を保障するという株式会社制度の基本原則を維持するために必要なルールであるのに対し（そのため自己株式取得の手続規制や財源規制が及ばない）、単元未満株式の買増請求は、単元未満株主には「単元株主になる」というニーズもあることから、株主向けサービスの一環として存在する制度なのである。したがって、この制度を採用するかどうかは会社の自由であり、「定款自治」に委ねられている。このような性質の違いから、買取請求は請求されれば会社は義務として履行しなければならないが、買増請求は請求された時に会社に手持ちの自己株式がなければ、自己株式を新たに取得してまで買増請求に応じる必要はない（会社法194条3項）。

　単元未満株主の買取請求を定めた会社法192条の規定は、「単元未満株主は、株式会社に対し、自己の有する単元未満株式を買い取ることを請求することができる」となっており、買取請求の対象となる株

式は単元未満株式である。株主が360株所有していたとしても、「自己の有する単元未満株式」は60株であるから買取請求の対象は60株である。単元株式の一部を単元未満株式として買取請求することはできない。そのようなことをすれば、買取請求制度の潜脱と見なされることになる。

> **ポイント**
> ・単元未満株式の買取請求は、単元未満株主の投下資金回収手段を保障するために設けられた制度であり、自己株式取得の一形態ではあるものの手続規制、財源規制の適用はなく、発行会社にとっては請求されれば義務として履行しなければならない。
> ・単元未満株式の買増請求は、単元未満株主の単元株主になるというニーズに対応する株主向けサービスの制度である。したがって定款に定めれば実施可能であるが、定めるかどうかは定款自治の問題である。

> **もっと知りたい方は**
> ・髙橋ほか・会社法96頁
> ・東証代・ガイド149頁

3年目4月　事業報告記載のポイント

事業報告だって？　うん、今ならいいよ

・・・・・・・・・・

「若手くん、この前はお花見の幹事、ご苦労さまでした。結構参加者が多かったから盛り上がったけど、幹事さんたちは大変だったろう？　ありがとうね。」

「はあ、ええ。いや、花見の幹事は若いモンがやるのはあたりまえですから……（いかにも元気がない感じ）。」

「どうしたんだい、若手くん。元気がないみたいだねえ。無駄に元気なのが取り柄なのに。何かあったのかい？」

「"無駄に元気なのが取り柄"って……それ取り柄ちゃいますやん……。いやぁ、あかんのですよ……。まずいんですよ……。ほんま、どないしよ……。」

「何があったんだい？　言ってみなよ。言えば解決しなくても少しは気が楽になるかもしれないし。」

「そうですよね……。ほな言いますけど、隣の経理にまた新人入ったやないですか。」

「ああ、矢留木くん（やるきくん）のことだな。矢留木くんがどうしたんだい？」

217

「矢留木って、かっこええやないですか、背も高いし。」

「188cmだって言ってたよ。スマートで足も長いし、確かにかっこいいよね。」

「……それなんですよ。矢留木が入ってきてから、駆出さん、あいつの話ばっかりするんです。なんか、かっこええだけやのうて、頭もええらしいて試験落ちたことないんですて。ほんで、スポーツかて万能やとか……。なんで、こっちは1年かけてちょっとずつ距離感縮めてきたっちゅうのに、会社法かって部長に弟子入りして勉強してきたっちゅうのに、こんなややこしいとこでそないにかっこええやつが出てこんでもええやろ、とかって思たら、がっかりで……。それに、どう見たってあいつ、かっこええんですもん。勝てっこないですよ……。」

「そうか。それが若手くんが元気がない理由か。なるほどな。だけどさあ、まだ負けるって決まったわけじゃないし、どんなに彼のほうがかっこよくても頭がよくても人格が立派でも背が高くても彼にはもう彼女がいるかもしれないし、今の段階でそこまでめげなくてもいいんじゃないかい？」

「なんでそないに傷口に塩塗るようなことを平気で言うんですか……。あ〜あ、どうせ勝てへんわなぁ……。」

「わからないよ。"万にひとつ"ってこともあるし、世の中、全部理屈どおりにいくわけじゃないしね。」

「"万にひとつ"て……。部長の話聞いてたら、絶対勝てへんてよけいに思てきた……。」

「ほらほら、元気出そうよ。今年は事業報告も若手くんに作ってもらうんだし、がんばらないと！ ひょっとしたら駆出さんは、目が悪いかもしれないし、大阪弁オタクかもしれないし、案外勝つかも。」

「全然、慰めになってませんやん……。」

「しょうがないなあ。若手くんは"清く正しいグループ交際"をしてきたんだから、そんなに簡単に負けないって。駆出さんもがんばって会社法を勉強しながら実務やってる若手くんを"すごいですね"って言ってくれたんだろ！ そしたら、かっこいいライバルが出てきてもビビらずに会社法をやっていくしかないじゃないか！ この前まであんなに会社法に気合い入ってたんだから、がんばって続けていくしかないよね。」

「そうか、そうですよね。そこしか僕が勝てそうなとこ、ないもんな。よ〜し！ やっぱり、会社法、がんばるぞ〜！！ ということで、部長、事業報告でわからんとこがいくつかあるんですけど、教えてもろてもいいですか？」

「結構立ち直りが早いな。まあいいか、元気が戻ったんなら。事業報告だって？ うん、今ならいいよ。」

「ひとつめはですね、事業報告の書きぶりなんですけど"企業集団"で書いてるやつと"会社"で書いてるやつがあるんです。そんで、後ろについてる計算書類も連結計算書類のあるやつとないやつがあるんですけど、このへんの交通整理ってどないなってるんですか？」

事業報告記載のポイント

「これくらいは自分で調べて理解してほしいんだけど、まあ元気も出てきたみたいだから教えてあげよう。」

「よろしくお願いします。なにしろ僕の勝ち負けが会社法にかかってるんですからね！」

「それを会社法にかけてもしようがないんだけど、まあいいや。まず、連結計算書類から説明しよう。これは、会社法444条に書いてあるとおりなんだ。つまり、1項で会計監査人設置会社は連結計算書類を作成することができる、3項で大会社かつ有価証券報告書提出会社は作成しなければならない、4項と5項で会計監査人・監査役の監査を受けて取締役会の承認を受ける、6項で5項の承認を受けた連結計算書類を招集通知に添付するってなっているだろ？　だから、1項では"作成することができる"と書いてあるから、さも任意なように見えるけれど、実は3項で大会社かつ有価証券報告書提出会社は"作成しなければならない"となっていて、上場会社の大半は大会社だから結局ほとんどが作成することになる。つまり上場会社のうち、数少ない"大会社以外の会社"だけが任意で、他の上場会社にとっては作成は義務なんだ。」

「なるほどなるほど。」

「そして、4項から6項はすべて"なければならない"と書いてあるので、紛れがない。うちの会社の場合には、連結計算書類の作成が義務づけられ、作成した連結計算書類は監査役と会計監査人の監査を受けなければならず、監査を受けた連結計算書類は取締役会の承認を受けた上で定時株主総会の招集通知に添付して株主に提供することが義務づけられているん

だ。たまに、上場会社でも子会社のない会社もあるから、そういう会社の場合には、当然に連結計算書類を作成することはないから、招集通知に添付されることはないけどね。」

「そうなんや〜。ほしたら、たいていの上場会社の招集通知には連結計算書類が添付されてるとして、事業報告の書きぶりが２つに分かれるのは何でなんですか？」

「それはね、会社法施行規則が"どっちでもいい"と書いてあるからなんだ。」

「何ですのん、その"どっちでもいい"って？」

「会社法施行規則120条２項にね、連結計算書類作成会社は、事業報告の"会社の現況に関する事項"について、"企業集団の現況に関する事項"にすることができるって書いてあるんだ。つまり、連結計算書類作成会社においては、その上場会社単体の現況を書くよりも、企業集団の現況を書いたほうが、"より株主に正しい情報を伝えることができる"と判断したら、企業集団ベースで書くことができるんだ。あくまでも"できる"だから、自身の判断で"どっちでもいい"ってことになるんだけどね。わかりやすく典型的な例を言えば、純粋持株会社だね。よく上場会社で"なんとかホールディングス"という会社があるだろ？　ああいう会社は、上場会社単体だとほとんど従業員もいないし売上高も数億円だったりするけれど、グループで見たら売上高は数千億円もあったりするから、株主に会社の状況をきちんと理解してもらうためには単体だけ説明したってしようがないよね。だから、企業集団つまりグループベースで書いたほうがより株主に理解してもらえると思えば、企業集団ベースで文章を

書くことになるんだ。わかったかな？」

「そっか〜。わかりました。そういうふうになっとるんや。でも言われてみたらそうやわなあ。連結計算書類を作っとっても、子会社がちっこいとこしかなかったら単体とほとんど変わらんやろうし、さっき部長が言うてはったなんちゃらホールディングスやったら単体なんか意味ないもんなあ。だからそこは自分でちゃんと判断せえよっちゅうことですもんね。相変わらずさすがは会社法や。ほなもういっこお願いします。」

「ほな、どうぞ。」

「変な大阪弁はええんですて！　もういっこはですねえ、役員のとこなんです。事業報告に会社役員に関する事項っちゅうんがあって、大体は表になっとって"担当及び重要な兼職の状況"とかって書くやないですか。ほんで、たまたま役員が任期満了やったりしたら参考書類の選任議案にも"略歴、地位、担当及び重要な兼職の状況"って書きますよね。この2つが同じこと書いたあったらええんですけど、ちゃうこと書いたあることがようあるんです。これは何でなんですかねえ。」

「それは今回若手くんが事業報告を書くんだったら絶対知っておかないといけないところだよな。答えから言うとね、"記載時点が違うから"なんだ。」

「ええっ？　何ですのん、記載時点って？　同じ招集通知の中の話ですやんか？」

「そうなんだけどさ。まあ、説明をよく聞いてね。まず、役員の選任議案のほうだけど、これの記載時点は当然、

招集通知作成時点なんだ。つまり、うちの会社で言えば5月半ばだよね。それはなぜかと言えば、当然総会当日に議案の説明をして、株主に賛成してくださいって言うわけだから、できるだけ総会当日に近いイメージで書くわけなんだ。」

「そらそうですよね。」

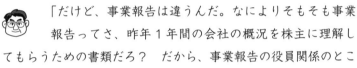
「だけど、事業報告は違うんだ。なによりそもそも事業報告ってさ、昨年1年間の会社の概況を株主に理解してもらうための書類だろ？ だから、事業報告の役員関係のところは"前年総会以降に在籍していた役員"について書くとされているんだ（会社法施行規則121条1号）。たとえば、前年総会後6ヶ月くらいで辞任していても、その人のことは書いていないといけないんだ。わかりやすいように、表は事業年度末日現在として書いてあるのもよくあるけどね。その場合には表の下の注記に途中で辞任した人のことが書いてあったりするんだ。だから、事業報告の役員のところの記載時点は、事業年度中、便宜的に絞って書いたとしても事業年度末日現在となるから、さっき説明した参考書類の記載時点と1ヶ月半くらい時期がずれることになるんだ。だから、会社の中での担当職務が変わっていたりすることもあるわけなんだ。わかったかな？」

「なるほどなあ〜。目ぇからウロコがボロボロ落ちる感じですわ。」

「君の目にはウロコが一杯あったんだねえ。爬虫類？」

「部長はボケんでもええんですて！ でも、やっぱりうまいことでけとるなあ、会社法は！ 僕もこれしか矢留

木に勝てそうなとこないし、がんばって会社法勉強しますわ。部長！　あらためてよろしくお願いいたします！」

「そうそうその調子！　どうせ勝ち目の薄い"万にひとつ"の勝負なんだから、がんばって勉強しないとな！」

「何もそこまで言わんでも……。」

解　説

1　事業報告における企業集団ベースでの記載

　現在、多くの上場会社の事業報告は「企業集団」ベースで記載され、連結計算書類も添付されている。しかし、会社法自体の基本的考え方は今でも原則単体ベースである。平成9年独占禁止法改正により持株会社が解禁され、平成11年商法改正により株式交換・株式移転が認められたことによって純粋持株会社が増加したことから、平成14年商法改正では大会社かつ有価証券報告書提出会社においては招集通知に連結計算書類を添付することが求められることとなり現在に至っている。それを受けて、会話文にもあるとおり、連結計算書類作成会社は、事業報告の"会社の現況に関する事項"について、"企業集団の現況に関する事項"にすることができる（会社法施行規則120条2項）とされている。連結計算書類作成会社においては、上場会社単体の現況を書くよりも、企業集団の現況を書いたほうが、"より株主に正しい情報を伝えることができる"と判断したら、企業集団ベースで書くことができる。株主から見れば、純粋持株会社だけではなく、グローバル展開の結果世界中に子会社のあるような大企業など、今やグループとして見ないと規模や価値が推し量れない企業が多いことから、連結計算書類や企業集団ベースで記載された事業報告は、重

要な情報提供であると言える。

2　役員関係の記載における事業報告と株主総会参考書類の違い

　事業報告における役員関係の記載と株主総会参考書類の役員選任議案における「地位及び担当並びに重要な兼職の状況」に関する記載の違いは、「記載時点の違い」が大きな理由である。この違いは、事業報告と株主総会参考書類に与えられた役割の違い、ということもできる。記載時点が1ヶ月半程違う間に担当職務等に全く変更がなかった場合には、どちらの記載も同じになる。会社法（会社法施行規則）が、「地位及び担当並びに重要な兼職の状況」という語句自体について特段の書き分けをしていないことから、逆に事業報告の「地位及び担当並びに重要な兼職の状況」と株主総会参考書類の「地位及び担当並びに重要な兼職の状況」に異なる内容を記載するならばこれについて合理的な説明をすることはむずかしいと考えられる。

ポイント
・事業報告を企業集団ベースで記載するか単体ベースで記載するかは、株主に対してよりわかりやすい情報提供ができるほうを会社として選択すればよい。
・連結計算書類を招集通知に添付するかどうかについては、会社法444条の規定により、大会社かつ有価証券報告書提出会社で連結計算書類作成会社は添付が義務づけられている。
・役員関係の「地位及び担当並びに重要な兼職の状況」に関する記載における事業報告と株主総会参考書類の違いは記載時点の違いである。

もっと知りたい方は
・三井住友信託・平成28年ポイント191頁
・石井裕介＝小畑良晴＝阿部光成＝男澤江利子『新しい事業報告・計算書類〔全訂版〕』20、554頁

3年目5月　株主総会の受付

株主総会の受付担当って何のためにあるのかな？

・・・・・・・

「若手くん、今日は昼から株主総会の受付担当向けレクチャーの講師をやるんだろ？　大丈夫かい？　今年は若手くん中心で行こうと思って、事業報告作成やスタッフ向けレクチャーの講師を頼んでるけど、きちんとやれるかい？」

「そのことで、部長にお話があるんですよ！　今ちょっといいですよね！（いつになく強気モード）」

「ああ、今だったらいいけど、何？」

「今回の総会のスタッフの割り振りって、部長が決めたんですよね？　なんで、駆出さんと矢留木が一緒に受付担当なんですか？　矢留木なんか、新人やねんから、地下鉄の出口から総会会場のホテルへ行く途中の曲がり角で"株主総会会場こっち"の看板持って立たしときゃあよかったんですよ！　そんで急な雨でも降ってドビドビにでもなりゃあよかったんですよ！　それが何で、駆出さんと一緒に受付担当なんですか！　おかしいでしょ！　おいしすぎるでしょ！　新人はもっと辛い仕事やらしゃあいいんですよ！　それが、何で……。」

「あ〜、そうか。若手くんは駆出さんと矢留木くんが仲良く一緒に受付担当なのが気に入らないわけか。なるほどね。そんなこと、全然思いもしなかったよ。単純に駆出さんは去年も受付だったから、今回新人と組ませても大丈夫だなとか、矢留木くんは身長が188cmもあるから、受付にいたら迫力ありそうだなとか、そういうことしか考えなかったな。でもさあ、元々あの2人は同じ経理なんだし、そこだけ気にしてもしょうがないんじゃないの？ 相変わらずというか、若手くんはちょっと考えがセコ過ぎないかい？ 器が小さいというか、発想がねじくれてるというかさあ。もっと、ドーンと構えていたほうが駆出さんから見てもカッコいいと思うけどなあ。」

「あのね、部長！ ドーンと構えてられるほど自信あったら、そもそもこないに悩んでませんて！ 自信も根性もないさかいに、いちいちあれこれ心配になるんやないですか。それを部長がまた、余計に心配になるようなことをするから、僕としては、僕としては……。」

「上司に逆ギレかい。若手くんさ、先月も言ったけど、矢留木くんがカッコいいのはしょうがないんだから、会社法を一生懸命にやるんじゃなかったのかい？」

「先月、部長と話したときにはそないに思うて納得したんです。せやけど、その後もいつもの4人で飲みに行っても、彼女の口からは矢留木の話ばっかりで、やっぱりめげるし、意識せざるを得んのです。」

「それはわからないでもないけど、だからといって、仕事の割り振りに若手くんの感情を持ち込むとか、そういうことはできないな。若手くんの恋愛に上司が不当な方法で協力

するなんて、あり得ないよ。それより、私が上司として協力するとしたら、若手くんの会社法実務を応援することくらいだよね。」

「やっぱり……そらそうですよね……わかりました。ほな、昼から受付担当向けレクチャーの講師、がんばりますわ……（元気なさそう）。」

「そんなに元気なさげでレクチャーの講師が務まるのかい？　よしっ！　そしたら、今から受付担当の仕事のポイントを私がテストするから、若手くん、答えてみなよ。講師するんだから、ちゃんとわかってるんだよね？　レクチャーで質問とか出て、ちゃんと答えられなかったら、駆出さんもいるのにもっとカッコ悪いぞ！」

「ほんまや、そらそうや！　答えられんかったら、駆出さんも矢留木もおるところで、大恥かくことになりまんがな。そら、あかん！　絶対あかん！　よーし！　ほしたら、この若手が２年間の勉強の成果を見せつけてテストでも何でも受けて立ちまんがな！」

「やっと元気が出てきたな。それでこそ"無駄に元気"な若手くんだよ。そしたら、受付担当の質問をしよう。まず最初に、株主総会の受付担当って何のためにあるのかな？」

「そんなん、決まってまんがな。そもそも株主総会っちゅうのは、議決権を有する株主に来場してもろうて行う会議なんやから、受付で議決権行使書用紙を出してもろうて、議決権を有する株主かどうかを審査する、っちゅうのんが受付担当の第一の仕事でんがな。あと、議決権数の確認・集計やらいろいろしますけど、まずは出席資格の審査・確認でんがな！　基本

ですやん、基本！」

「さすがに正解だな。そのとおり、受付は議決権を有する株主を入場させて、議決権のない株主や株主以外の人を入場させない、という審査をしているんだ。そしたらつぎの質問だ。この辺りからは法律プラスうちの会社のルールの理解も必要だからね。じゃあ、株主である母親が株主ではない幼児を連れて受付に来た場合、どうするのかな？」

「その場合は、おかんについては普通に議決権行使書用紙で審査します。お子さんについては、株主やないということなんで、本当は入れんでもええんですけど、保護者がおらなあかんようなちっちゃい子ぉの場合には、入場を許します。ただし、おかんに"小さなお子さんが賑やかにするようだったら出ていただくこともありますのでご理解ください"とかって言って同意してもろときます。」

「そのとおりだ。なかなか勉強してるじゃないか。法律上は株主のみ入場できるんだけど、保護者がいないとまずいような場合、たとえば赤ちゃんを抱いているとか、赤ちゃんだけ入場できません、というのはどう考えても非常識だからね。そして、若手くんが言ったように、うちの会社では子供連れの場合、受付で一声かけておくのもルールだからね。実際に総会中に泣きだしてから"出てください"では立腹されることもあるから、まだ何も起きていない時に受付で了承を得ておくことが重要だよね。そしたら、つぎだ。車椅子に乗った株主とそれを押している株主ではない介助者が受付に来た場合、どうする？」

「そん時は、車椅子の株主は普通に議決権行使書用紙で審査して、介助者の人が株主やなかったとしても人道的

に入場させんっちゅうわけにはいかんから、"介助者としてのご入場ですので拍手や質問等、株主さんと誤認される行動等はお控えください"とかって言うて、入場させます。」

「正解だよ。若手くん、結構ちゃんと理解してるんだねえ。見直したよ。」

「あのね、もう2年もやってるんですよ！ これぐらい当たり前やないですか！ これに似たパターンが、日本語は苦手やけど株主である外人さんが株主ではない通訳を連れてきた場合で、せっかく来てくれたのに通訳なしだと何を言うてるかわからんからうちの会社のルールでは入れてあげるんですけど、"通訳としてのご入場ですので拍手や質問等、株主さんと誤認される行動等はお控えください。仮にうまく意思疎通ができなくても当方の責任ではありません"と受付で了解を取っておくんですよね。」

「そ、そ、そのとおりだ。若手くん、勉強してるのは知ってたけど、こんなにちゃんとしてたっけ？」

「あのね！ 僕は昼からのレクチャーでこけるわけにはいかんのですよ。この程度の質問でふにゃふにゃしとったら、カッコつきませんやん！ この若手は、カッコええ矢留木と勝負すんのに会社法しかないんですよ！ こないなとこでスカこくわけにはいかんのですよ！ なにしろ、僕はレクチャー講師としてビシッとしてんといかんのやから、そこいらのアンちゃんネエちゃんの前に、手の届かない存在として立ちはだからないかんのやから！ ほら部長！ つぎの質問は！」

「あの……一生懸命なのはいいけど、ちょっとオーバーじゃないかい。まあ、元気も出てきたみたいだしよく勉強しているみたいだから、つぎに行こうか。では、株主が犬を連れてきた場合はどうかな？」

「これは2つのパターンに分けて考えます。まず第一のパターンは、目ぇの不自由な株主が盲導犬を連れてきた場合です。この場合、株主自身については普通に議決権行使書用紙で審査します。それでOKだったら、盲導犬はダメとも言えませんから一緒に入場してもらいます。ただし、いくら盲導犬はおとないっちゅうても生理的に犬はダメとかっていう人もいるので、その株主さんに"場所はどこでもいいですか"とかって聞きながら端っこのほうへ誘導して、そのあたりの株主に"盲導犬がいますけどいいですよね"とかって了解をもろうて着席してもらいます。」

「すごいね。大正解だよ。うちの会社のルールでは、そのとおりなんだ。さっきの車椅子の介助者と似てるよね。そしたら、もう一つのパターンはどうかな？」

「もう一つのパターンは株主がただのペットの犬を連れてきた場合です。これは、盲導犬の場合とは違って基本的にはダメです。リードとかあってもあきません。かわいそうですけど、犬は法律的には"物"という扱いになってまうんでしゃーないです。ただし、ケージに入っているとか鞄に入ってしまう小型犬で泣かないおとなしい子ぉやったら入れてあげることもあります。それでも、入場してからやっぱり泣くかもしれんので、"泣いたら出てもらうこともあります"と受付で了解を取っておきます。」

「……。」

「どうしたんですか？ 今のん、間違うてます？」

「……いやいや。正解だよ。2年前にはあんなだった若手くんがここまで成長したかと思うと、隔世の感だなって思ってさ。」

「せやから、これしか勝負するとこがないんですからしゃーないですやん。はいつぎ、お願いします。」

「そうしたら、最後の質問だ。受付に"実質株主"を名乗る人が来た場合、どうするのかな？」

「これも、2つに分けて考えます。まず、総会当日のちょっと前からうちの会社にアプローチがあって話がついていて、名義株主からの書類とかの"実質株主であることの証明"がちゃんとしていれば入場させます。もう一つは、当日突然来て、実質株主だとは言っているけど証明するものもない、というパターンで、この場合には基本はお断りします。でも、あとは個別事情ですけど、せっかく来たのにとかって言ってもめそうだったら、場合によっては傍聴だけはさせてあげます。」

「正解だ。すごいよ。大したもんだよ。これなら、あと一つ大事なところを押さえておけば、レクチャー講師は大丈夫だな。」

「えっ？ まだ大事なとこ、ありましたっけ？ 大体こんなもんやと思いますけど。」

「あと一つあるよ。ほら、何枚議決権行使書用紙を持ってきても、お土産は一つのルール！」

「あっ！　一昨年僕が失敗したやつ！」

「そうそう。あれを、若手くんが"一昨年僕も失敗しましたから、皆さんも気をつけてください"とかって言えば完璧だな。」

「何でそないに自分でスカこいた話をせんならんのですか？　いやですよ。せっかくカッコええとこやのに。ぶち壊しですやん。」

「そんなことないよ。一昨年はそんなに間抜けだったのに、今は２年間しっかり勉強して、ここまで成長したんだ、すごいだろ、って顔でやればいいんだよ。駆出さんだって、法学部出身でもないのに、一生懸命実務をやっている若手くんをほめてくれたんだろ？　だからさ、そういう自分が失敗したこともサラっとしゃべってみんなが失敗しないように、ってやれば、カッコいいじゃない？」

「なるほどなあ〜。そない言われたらそうかも。そのネタ、いただきます！」

「ちょっとは元気が出てきたかな……。」

解　説

1　株主総会の受付

　株主総会の受付の仕事は、①出席資格の審査・確認、②議決権数の

確認・集計、③出席状況の記録等を行うことである。まず第一に重要なのは、出席資格の審査・確認である。基本的には来場者が議決権行使書用紙を持参していれば、持参人を株主と推定して入場を認める。受付では多数の来場株主を短時間で審査することが要求されるため、株主名簿に記載または記録されている住所（または受信場所）宛に2週間程度前に送付された議決権行使書用紙を持参している場合には株主本人と推定するのが上場会社の実務である。「推定」なので、来場者が自ら本人ではないと告げる等があれば、その「推定」は覆ることとなる。また、すでに議決権行使を書面にて行っている、持参し忘れたなどの理由で議決権行使書用紙を持参していない場合には、住所・氏名を記載してもらい株主名簿上に該当の株主が存在すれば入場を認めることとなる。あくまでも、受付の事務は、「議決権を有する株主を入場させるとともにそれ以外の入場を認めない」という仕事をいかに効率的に行うか、ということなのである。

2　同伴者等への対応

出席資格の審査・確認における「同伴者（乳幼児・介助者・通訳）」、「犬（盲導犬・ペット）」、「実質株主」への対応については、法律はもとより、「自社の判断」という部分も大きいので、会話文に記載しているものはあくまでも「凄井部品工業のルール」である。

まず「乳幼児」については、「保護者の必要性」という観点で対応している会社が多いと思われるが、騒いで他の株主の迷惑となる場合には退場してもらうことがある旨を受付で一言言っておくことで無用のトラブルを防ぐことになる。現実には受付で一言言っておくと、赤ちゃんが泣きだした場合には自主的に退場する株主が多い。

つぎに「介助者」や「通訳」は、入場を認める会社が増えていると思われるが、単純に入場を認めるのではなく、これもきちんと受付で「介助者」として、「通訳」として入場を認めていることを介助者本人

や通訳本人に明確にしておくことが大事なポイントである。

　そのつぎの「犬」については、盲導犬とペットを分けて考える必要があろう。盲導犬の場合には、車椅子の介助者の場合と同様に考え入場を認めることとなろうが、株主の中には生理的に犬は苦手という人もありうることから、盲導犬を連れて来た株主のことだけではなく、他の株主にも配慮をし、壁側など他の株主との接触が少ない場所に案内するやり方はソフトである。またペットは、原則的には入場は認めないということになろう。ちなみに、筆者の拙い経験では、犬・猫以外の動物を株主総会で見たことはないが、犬・猫以外の動物の場合にも、原則的には入場は認めないとしつつ、「円滑な会議の運営に支障はないか」「他の株主からどう見えるか」「他の株主がどう感じるか」の観点で判断すれば間違いないと考えられる。

　「実質株主」については、約3,600社の上場会社の中で、従来はそんなに頻繁に起こることではなかったし、そもそも株主総会に出席できるのは基準日現在の株主名簿に記載または記録された議決権を有する株主に限られるので、「実質株主」の出席が問題になることはなかった。しかし、2015年6月1日に適用が開始されたコーポレートガバナンス・コード補充原則1-2⑤において「信託銀行等の名義で株式を保有する機関投資家等が、株主総会において、信託銀行等に代わって自ら議決権の行使等を行うことをあらかじめ希望する場合に対応するため、上場会社は、信託銀行等と協議しつつ検討を行うべきである」とされたことから、上場会社各社は検討を迫られることとなった。これを受けて、全国株懇連合会は「グローバルな機関投資家等の株主総会への出席に関するガイドライン（平成27年11月13日）」（東京株式懇話会HPにて非会員でも閲覧可能。http://www.kabukon.tokyo/data/guidelines.html）を策定した。このガイドラインは、会社法の解釈を変更するものではないが、発行会社が実質株主を出席させるための考え方を整理しているものである。また当該ガイドラインの解説

は商事法務 2088 号に掲載されているので、参考にされたい。以上のとおり、受付での入場させるさせないの判断は、法律をベースとしながらも細かいところでは各社の判断となることから、ある程度の自社ルールは確立しておくことが必要であろう。

> **ポイント**
> ・株主総会の受付における、出席資格の審査・確認は、基本的には議決権行使書用紙にて確認し、持参していない株主には住所・氏名を記載してもらい株主名簿と照合することにより行うことが一般的である。
> ・同伴者等への対応については、「円滑な会議の運営に支障はないか」「他の株主からどう見えるか」「他の株主がどう感じるか」の観点で判断すればよい。受付で一言言っておくことがトラブル回避につながる。

> **もっと知りたい方は**
> ・桃尾・Q＆A194 頁
> ・三井住友信託・平成 28 年ポイント 278 頁
> ・永池正孝＝武井一浩＝森田多恵子「「グローバルな機関投資家等の株主総会への出席に関するガイドライン」の解説」商事法務 2088 号 19 頁

3年目6月　議案の修正動議

何ですのん、その修正動議の適法・不適法って？

- - - - - - - - - -

「若手くん、この前の受付担当向けレクチャーはどうだったんだい？　なかなかわかりやすくて好評だったって聞いたんだけど。」

「好評やったて言うてもろてんねんやったらええんですけど、腹立つんですわ～、やっぱり！」

「腹立つって、何が？」

「矢留木ですよ、矢留木！　あいつ、1回聞いただけで、みな理解しよるんですよ。僕が2年もかかって一生懸命勉強して覚えた知識を、僕が講義しただけで何でも吸収しよるんです。ほんま腹立つ！　あほらしいてやっとれませんわ！」

「いいことじゃないか。若手くんの話がわかりやすかったってことだし、何回も同じ話をさせられるよりは、できのいい生徒の方が若手くんも楽じゃないか？　それは、よかったっていう話だろ？」

「そうなんですけど、ちょっといじめたろ思て、矢留木にいくつか質問したったんですけど、全部あっさり正解

しよるんですよ。ほんま、可愛げのない奴！　僕の２年間はあいつの１時間と一緒かぁ〜って思たら、腹立つやないですか！」

「相変わらず、器が小さいねえ、若手くんは。若手くんは、法学部出身でもないのに、がんばって実務をやってるのが駆出さんにもよく思われてるんじゃなかったのかい？　矢留木くんが優秀でも、若手くんは若手くんなりにじたばた泥臭く勉強していけばいいじゃないか？」

「そない思うようにしとるんですけど、あないに爽やかに正解されたら、やっぱりめげますし、腹立ちますよ。」

「そうかもしれないけどさ、明日はいよいよ総会リハーサル１回目だから、若手くんも腹立ててばかりじゃなくて、きちっと役割をやってもらわないとね。」

「それはそれでちゃんとやるんですけど、そうや！　総会の運営で質問があるんですけど、ちょっと教えてもろてもええですか、部長？」

「うん、今ならいいよ。総会の運営でって、何？」

「動議なんですけど……、手続的動議はわかるんです。絶対議場に諮らんならん議長不信任みたいなのんと議長権限でバシッと決めれる休憩動議みたいなんとあって、とか、だいたい理解できてるんです。なんですけど、議案の修正動議のほうがちょっと今いち……。いや、どうせ勝つだけの議決権は確保できてるはずなんで、運営自体は淡々とやればいいんですけど。何か、修正動議には、適法な動議と不適法な動議があるってどっかで見たような気ぃがするんです。そのへんがちょっとようわか

らんのです。部長、そのへん、ちょっと教えてください。」

「じゃあ、ちょっと解説しようか。総会リハーサルの前に1回整理しておくのもいいね。議案の修正動議はね、会社法304条の『株主は、株主総会において、株主総会の目的である事項につき議案を提出することができる』に基づくものなんだ。だから総会当日になってしまうと、条文のとおり、"総会の目的事項について"しか出せない、つまり目的事項に全然関係ない新たな議案は出せない（それは株主提案権の範疇）、すでに提示されている議案の修正案しか出せないってことなんだ」

「そらそうですよね。当日に全く新しいもんを出されても、他の株主は対応できませんもんね。」

「だからね、修正動議もその考え方に沿って、適法な修正動議と不適法な修正動議があるんだ。」

「そのへんからようわからんようになるんですよ。何ですのん、その修正動議の適法・不適法って？」

「そんなに難しい話でもないよ。さっきの全く新しいものがダメっていうのと同じでね、修正動議も"招集通知にある議題から一般に予見できる範囲内"のものしかダメってことなんだ。」

「"一般に予見できる範囲内"……。もうちょっとわかりやすうお願いします。」

「たとえばね、"取締役7名選任の件"についてね、株主が"もう1人この人も候補者にしてくれ"という話なら、7名選任というところが変わらないから（つまり候補者8

議案の修正動議　239

名から7名を選任する）適法な動議なんだけれど、"もう1人この人も候補者にして8名選任の件にしてくれ"というのは不適法な動議になるんだ。なぜかと言うと、総会に来ていない大多数の株主はみんな7名選任だと思っていて、これが8名になるなんて予見不可能だ、とされているからなんだ。このへんは、いろんな考え方があるから、一概にこうだ、と決めつけることも難しいんだけれど、考え方としてはそういうことなんだ。だからね、修正動議の適法・不適法っていうのは、つまり予見可能かどうか、ってことなんだ。」

「ちょっとわかってきた感じがします。ほしたら、剰余金の処分やったら、たとえば会社が1株10円配当を提案してるとして、15円への増額も8円への減額も予見できそうやから、修正動議としてはどっちも適法ですね？」

「そういうことだね。これについては昔からいろいろ議論されてきているから、私達が予見できるかってことより、だいたいいろんな専門書に、こういう場合は○とか×とかって書いてあるから、実際はそれを見たほうが早いけどね。だけど、現実に総会の場であやしい修正動議が出た時に適法・不適法をとっさに判断するのは結構大変だから、動議が可決されないことが明らかであれば何でもかんでも取り上げて、若手くんが言ったように淡々と否決するっていうのが実務の考え方なんだ。」

「なるほどなあ。わかりました。ほしたらもう一つ動議絡みで質問があるんですけど。あの、修正動議が出た時の採決の仕方なんですけど、動議先議とか原案先議とか、なんかややこしいことになっとってようわからんのです。」

「修正動議が出た時は、会社提案と修正動議が競合することになるのだけれど、そこで修正動議を先に採決する方法を動議先議、会社提案（原案）を先に採決する方法を原案先議と言うんだ。うちのシナリオはどうだったかな？」

「うちは原案先議です。原案を先議すること自体を議場に諮って、多数を取ってから原案先議するようになってます。」

「そうだよね。これはなかなかいい質問だよ、若手くん。前から言っているように、そもそも会社法はね、株主総会の実際の会議の中身のやり方は、あんまり書いていないんだ。だから昔から解釈として"会議体の一般原則"によるものとされているんだ。じゃあ、修正動議が出た時にどっちを先に採決するかって問題はどうなのかって言うとね、昔から"動議先議が原則"という考え方が根強くあったんだ。国会では動議先議だから、そのへんも影響しているかもしれないね。」

「せやけど、理屈はそうかもしれませんけど、嫌がらせで修正動議連発したら、総会終わりませんやん？」

「そうなんだ。だからね、総会屋がたくさんいた時代に出てきたのが、今の原案先議スタイルなんだ。これは裁判にもなったんだけれど、きちんと議場に諮ったうえで原案先議としたので、問題ないとされたはずだよ。」

「そらそうですよね。山盛り動議出したら、たとえば配当の修正動議、1円刻みで仲間と動議出しまくったらえらいことになりますやん。民間企業の株主総会で、国会のルール持ってきてもしゃーないて思いますけど。」

「そうだね。今では、もっと新しい判例も出ていてね、どっちを先にやるかは議長の議事整理権の範囲内である（つまり議場に諮らなくてもよい）、というのもあるよ。いずれにしても、総会後の臨時報告書（議決権行使結果の開示）の問題もあるから、今では原案先議がスタンダードになっていると思うよ。」

「なるほどなあ。ようわかりました。ところで、明日総会リハーサルが終わった後、久しぶりにちょっとだけ人形町で一杯ってどうですか？」

「そういうのは総会が終わってからにしようよ。これからが最後の詰めじゃないか。」

「それはわかってますけど、ここんとこ人形町も御無沙汰やし、そろそろ僕が人形町の発作を起こすのも、"一般に予見できる範囲内"やて思いますけど。」

「何で上司が部下の飲みたい発作まで予見しなくちゃいけないんだい……。」

解説

1　議案の修正動議とは

　議案の修正動議とは、会社法304条「株主は、株主総会において、株主総会の目的である事項につき議案を提出することができる」の規定に基づき株主が株主総会当日に行使することができる権利である。修正動議は、どのような内容であっても提出することができるわけではなく、招集通知にある議題から「一般に予見できる範囲内」の原案の補充・変更に限られる。したがって、「一般に予見できる範囲内」の修正動議は適法、そうでないものは不適法ということになる。たと

えば「取締役7名選任の件」という会社原案に対して取締役8名の選任を提案することは議題が変更されることになり、議題から一般に予見できる範囲を超える不適法な修正動議とされることについては容易に理解することができるだろう。一方で、「定款一部変更の件」として商号変更が提案されている場合に事業目的の追加を修正動議として提案するのは議題自体は変わらないとしてもやはり「予見できない」ということになろう。主な修正動議への考え方は以下のとおりである。

議題（議案）<会社提案>	修正動議	適法（○）OR不適法（×）	考え方
剰余金処分の件	配当金額の増額または減額	○	予見できる範囲内
取締役5名選任の件	・候補者の増員・減員	○	候補者数の増員・減員は可
	・候補者の入れ替え	○	選任員数を替えない入れ替えは可
	・6名選任に修正	×	選任員数の増加は不可
定款一部変更の件（商号変更、本店所在地変更）（事業目的にABCを追加）	・別の商号への変更、別の本店所在地への変更	×	議案の同一性を失うため不可
	・事業目的にABを追加	○	会社提案の縮小なので予見可能
	・事業目的にABCDを追加	×	予見不可能
	・事業目的にABDを追加	×	予見不可能

（発行可能株式総数を1億株から2億株へ変更）	・1.5億株へ変更 ・2.5億株へ変更	○ ×	会社提案の株式数を下回る変更は可、上回る変更は不可
取締役報酬額改定 （1億円→2億円）	・1億円→1.5億円 ・1億円→3億円 ・1億円→0.8億円	○ × ×	現行の報酬額から会社提案の範囲内の変更であれば可
役員賞与支給の件	・会社提案の増額 ・会社提案の減額	× ○	会社提案の金額内の変更であれば可

　修正動議に適法・不適法があるのは前述のとおりであるが、判断に迷う修正動議の提案があった場合には、事務局に臨席している顧問弁護士の助言を得て判断することとなる。動議については、議場で諮るべき動議を議場に諮らなかった場合には決議取消事由となるため、修正動議が否決されることが確実である場合には、適法・不適法にこだわらずに修正動議として取り上げて議場に諮り否決するという方法も実務的な対応である。「動議の処理を間違って、決議取消になるのは、『議場に諮るべき動議を議場に諮らなかった場合』だけである。これがポイントである。仮に不適法な動議であっても、議場に諮って否決する分には問題はない。また議場に諮らなくてもいい動議を議場に諮って決めても問題はない。結局違法になるのは、議場に諮らなければいけない動議を諮り損ねたときだけ」（中村・役員131頁）だからである。

2　修正動議の採決の方法

　株主総会の運営は「会議体の一般原則」に従うことになる。これは、「会社法は、株主総会の議事に関するあらゆる事項について規定しているわけではない。法に定められていない事項は、『会議体の一

般原則』に従って運営することになる。『会議体の一般原則』とは、会議であればこのような運営がなされるだろうという一般常識のようなものであり、会社法以外の法令にまとまった規定があるわけではない」（髙橋ほか・会社法121頁）からである。修正動議が出た時は、会社提案と修正動議が競合するわけだが、修正動議を先に採決する方法を動議先議、会社提案（原案）を先に採決する方法を原案先議という。ではどちらの方法を選択するべきなのか。かつては「原案に対して修正案が動議として提出された場合には、まず修正案について採決する必要があると解されている」（吉田清見『株主総会の実務知識』（商事法務研究会、1983）274頁）というように、修正案を会社提案である原案より先に採決する動議先議が有力であった。しかし現在では、「議決権行使により原案可決の可能性が高い場合は総会に諮って原案先議とすることは差し支えない」（仙台地裁平成5年3月24日判決　資料版商事109号64頁）や「原案と修正動議のどちらを先に採決するかについては議長の議事整理権の範囲内」（東京地裁平成19年10月31日判決　金判1281号64頁）とする判例があり、会社提案である原案を先に採決する原案先議の方法が容認されている。また、動議先議とすると総会後に提出する臨時報告書（議決権行使結果の開示）に「決議の結果」として賛成・反対の個数とその比率を記載する必要が生じるが（企業内容等の開示に関する内閣府令19条2項9号の2）、そのためには修正動議に対する賛否の議決権数を数えなければならないという事態も生ずることから、原案先議がスタンダードとなりつつある。原案先議の場合には、原案が可決された時点で修正動議の成立する余地がなくなるため修正動議の採決はしない。なお、議決権行使書による賛否については、原案に賛成のものについては修正動議に反対、原案に反対のものは修正動議に対して棄権として取扱うことになる。

　動議に対応する準備としては、原案先議の動議対応シナリオを用意し、リハーサルで一連の対応を確認しておく必要があろう。

ポイント

- 修正動議は「一般に予見できる範囲内」のものが適法であるが、判断に迷う修正動議が出た場合、弁護士と相談のうえ「取り上げて否決する」方法が実務的である。
- 修正動議が出た場合の採決の方法は、原案先議方式がスタンダードとなりつつある。
- 修正動議対応シナリオを用意し、リハーサルで対応を確認する。

もっと知りたい方は

- 三井住友信託・平成28年ポイント343頁、386頁
- 桃尾・Q&A272頁

3年目7月　議案の撤回

一言で言うたら、"議案を撤回"しよったんです

●●●●●●●●●

「若手くん、今回の総会は本当にがんばったなあ、ご苦労さん！　総会の打ち上げで常務もほめていたけど、大活躍だったね。まあ、打ち上げでもすごいはじけ方をしていたけど。」

「今回は自分でもようやったて思てます。まあ、その分、打ち上げでは思いっきりはじけさしてもらいましたけど。開会5分前までは受付責任者やって、そっからあわてて事務局へ入りましたけど、受付でのトラブルシューティング、事務局での議長への紙入れとかがんばりましたもん。やっぱり、部長に言われて、"ここで矢留木のやつに負けるわけにはいかへん"、て思たら気合いが湧いてきまくりでしたから。総会3回目でしたけど、やっときっちり仕事できるようになった気ぃがします。」

「ほんとにねえ。総会はめちゃめちゃよかったんだけど、ちょっと打ち上げははじけすぎじゃないかい？　もうちょっとで常務の頭にビールをかけるところだったんだよ。」

「えっ！　ほんまですか？　全然覚えてへん……。せやけど、はじけたかったんですよ。あ～あ、やっと終わったぁ～って。そんだけ今回はほんまに一生懸命やったんですよ！

それにね、矢留木ですよ、矢留木！ あいつ、ちゃっかり打ち上げでも駆出さんと同じテーブルに座っとんですよ！ それ見ただけでムッときたんで、余計にはじけたろ、て思てしもたんです。せっかくがんばって総会も終わっての打ち上げなんやから、駆出さんと話もしたかったのに。あいつ見てるだけでほんま腹立つんですよ。」

「まあ、気持ちはわからないこともないけど、彼女とはまたいつもの4人で飲みに行けばいいじゃないか。とにかく、若手くんも3回目にしてとうとういい働きをしたんだから、何事もその調子でやってほしいもんだね、上司としては。ところで、今年も他社の総会へ行ったんだろ？ 何か目新しいものはあったかな？」

「僕もそれなりに知識がついてきてるんで、うちの会社とちょっとくらい違うても、意味がわかるんで前ほどいちいち疑問には思わんようになってきたんですけど、いっこだけ"何やそれ"っちゅうのんがあったんですよ。」

「へ〜え。一体どんなのだったんだい？」

「一言で言うたら、"議案を撤回"しよったんです。」

「それはなかなか見られないねえ。どういう状況だったんだい？」

「"取締役7名選任の件"ていう議案があったんですけど、総会当日の朝早うに候補者のひとりが亡くならはったらしいんです。そんで、ひとり分を撤回して残りを可決して終わったんですけど、あないなこともあるんですねえ。初めてやっ

たんでちょっとびっくりしました。」

「まあ、なかなかないよね。」

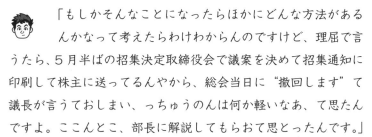「もしかそんなことになったらほかにどんな方法があるんかなって考えたらわけわからんのですけど、理屈で言うたら、5月半ばの招集決定取締役会で議案を決めて招集通知に印刷して株主に送ってるんやから、総会当日に"撤回します"て議長が言うておしまい、っちゅうのんは何か軽いなあ、て思たんですよ。ここんとこ、部長に解説してもらおて思とったんです。」

「なるほどね。じゃあ、ちょっと解説しようか。答えから言うと、それでいいんだよ。」

「えっ、なんで！」

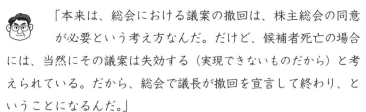「本来は、総会における議案の撤回は、株主総会の同意が必要という考え方なんだ。だけど、候補者死亡の場合には、当然にその議案は失効する（実現できないものだから）と考えられている。だから、総会で議長が撤回を宣言して終わり、ということになるんだ。」

「それはそうなんですけど、なんかいまいちピンと来んなあ……。」

「じゃあ、同じ議案の撤回でも、違うパターンの話をしようか。」

「えっ？　議案の撤回に別のパターンがあるんですか？」

「ここ何年かでちらほら出てきたんだ。たとえばね、総会の前日の夜時点の議決権行使の集計状況を見て、"どうやってもこの議案は否決される"ことが判明した場合に、当日通常どおりに総会をやって否決されるのを避けるために、当日にその議案だけ撤回する、というのがたまにあるんだ。」

「ふ〜ん。そんなんあるんや。」

「その時にも結局、総会では議長が"当該議案は撤回します"と言っておしまい、なんだ。株主総会の同意が必要かどうか、という問題は確かにあるんだけれど、この方法を取る最大の理由は、『決議取消にはならない』と考えられているからなんだ。というのは、"撤回した"っていうことは"採決していない"、つまり"決議していない"わけだから、決議取消訴訟を起こす対象となる"決議"が存在しないということになるんだ。だから、ちょっと荒っぽい感じもするけれどこの方法が採用されるというわけなんだ。」

「なるほどなあ。ベースにその考え方があるんですね。それを聞いたら腹に落ちました。そう言われればそうですよね。決議してないんやからなあ。ようわかりました。」

「えらく普通に納得してるみたいだね。この辺でボケのひとつもかますかと思ったんだけど。」

「いやいやいやいや……。まだ総会終わってすぐなんで、パワーが落ちとるんです。ちょっと北海道へでも放牧に行ってきます。」

「競走馬じゃないんだから！ 明日もちゃんと会社に来るんだぞ！」

> **解 説**

1 議案の撤回とは

議案の撤回とは、招集通知を発送した後、議案を取りやめることをいう。実際に見られる議案の撤回には、①役員選任議案における候補者死亡によるもの、②総会前において否決が確定的となったものが多い。

2 役員選任議案における候補者死亡

役員選任議案における候補者死亡については、議案の内容を実現することが不可能である。したがって、当該議案を撤回する以外に方法がない。実際の上場会社の総会においても、議長が状況を説明した上で議案の撤回を宣言することが行われている。

3 総会前において否決が確定的となったもの

近時、外国人を含む機関投資家比率が高い株主構成の会社では、買収防衛策議案や独立性に懸念のある社外監査役選任議案などでは否決のリスクもあり得るところである。株主総会前において否決が確定的となった議案を撤回するには、「株主総会を招集する際に、議題（株主総会の目的たる事項）につき取締役会決議を経ていること（会社法298条1項2号）からすると、議題の撤回についても取締役会決議を経て行うべき」（桃尾・Q＆A37頁）との考え方があり留意が必要である。また、株主総会において株主の同意が必要であるという考え方が有力である。しかしながら現実には、議長が議場に諮ることなしに撤回を宣言するのみ、という方法がしばしば用いられる。これは、「そ

もそも取締役会の決議に基づき議長が総会で撤回を宣言すると、当該議案は採決に至らないことになる。株主総会決議取消訴訟においても取り消すべき決議が存在しないことになり、撤回を否定することはそもそもできず、合理的な理由なしに恣意的に議案を撤回したことを理由に、取締役の責任が認められるかといったことが問題となりうるにすぎない」(中村直人編著『株主総会ハンドブック〔第4版〕』(商事法務、2015) 286頁) という考え方を踏まえ、「決議取消にならない」「撤回を否定することができない」ということを重視して、株主総会の同意の必要性という問題を棚上げしている実務であると言えよう。

一方で、議案の撤回については、株主総会における株主の同意は必要とせずWeb修正で行うことも可能とする考え方もある (武井一浩 = 郡谷大輔編著『会社法・金商法 実務質疑応答』(商事法務、2010) 89頁)。Web修正を行うとしても、議事の混乱を避けるためには株主総会で議長が撤回の宣言をすることは当然ながら必要であろう。

ポイント
・議案の撤回を行う場合は取締役会決議を経るべきであるが、「決議取消にならない」という点を重視して、議長が議場に諮ることなく撤回の宣言をするのみ、という方法も採用されている。

もっと知りたい方は
・桃尾・Q&A37頁
・中村直人編著『株主総会ハンドブック〔第4版〕』(商事法務、2015) 285頁

3年目8月　監査役の協議

監査役の協議の意味は「全員一致」という意味なんだ

「若手くん、この夏はいつもの4人で海へ行くんだって？　清く正しいグループ交際は順調みたいだね。」

「どこでそんな話仕入れたんですか？　耳が早いなあ。まだどこの海へ行くんかも決まってへんのに。」

「でも、冬にはお泊まりで大洗のあんこう鍋だったし、地道に進捗している感じだねえ。これは案外、矢留木くんじゃなくて、若手くんにも勝ち目があるのかもしれないなあ。やっぱり、駆出さんは大阪弁マニアだったのかも……。」

「いやいやいや、だから、その話はええんですて！　そんなんより、部長にいっこ聞きたいことがあるんです。せやから教えてくださいよ！」

「そんなに無理に話を変えなくてもいいじゃないか。まあ、あんまり突っ込むのも大人げないから、教えてあげるよ。で、質問は何？」

「総会は済んだんですけど、やっぱり日々の勉強が大事や思うて、ここんとこ他社の招集通知とかよく見てるんです。そんで、役員賞与とか退職慰労金贈呈の議案とかで、"取

締役については取締役会に、監査役については監査役の協議にそれぞれご一任願いたいと存じます"てよう出てきますやんか？」

「まあ、よう出てきますわねえ。」

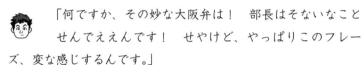
「何ですか、その妙な大阪弁は！　部長はそないなことせんでええんです！　せやけど、やっぱりこのフレーズ、変な感じするんです。」

「どこが変なんだい？　当たり前じゃないか？」

「だって、取締役の分は取締役会で決めるんやから、監査役の分かて監査役会で決めたらええやないですか？何で監査役の分は監査役の協議てわざわざ取締役とちゃう決め方せないかんのかっちゅうのんがようわからんのです。」

「なるほど、そういうことか。いい質問だけど、2年以上もこの仕事をしているんだったら、これくらいはわかってないとなあ。こんなんじゃ、矢留木くんが本気で追撃してきたら若手くんはあっと言う間に抜かれるかもね。そしたらあっちのほうが圧倒的にカッコいいし、駆出さんの目もそっちへ向いてしまうかもなあ。」

「なんでそないに縁起でもないこと言うんですか！　そない思うから勉強かってやってんのに！　部長は僕にこのレース、負けてほしいんですか！　2年間勉強してきた自分の弟子が、新入社員の矢留木に負けて楽しいんですか！　師匠やったら弟子の勝負は応援するんが普通やないですか！」

「だからさあ、前から言ってるけど僕は若手くんを弟子にした覚えもないし、師匠でもないってば！　だから、若手くんが駆出さんとどうなるかにそんなに興味はないよ。それよりもしっかり仕事してくれるほうがありがたいんだけどね。」

「またそないに冷たいことを言う。弟子に勝たせたいって言うて下さいよ。」

「だから弟子にしてないって！（ちょっと怒）　回答するのはやめようか？」

「いやいやいやいや、それはあきませんて。教えてください。ちゃんと聞きますから。」

「じゃあ、教えてあげよう。会社法では、取締役の報酬も監査役の報酬も、株主総会で決定することになっている（会社法361条、387条）。なんだけれども、その意味合いは全然違うんだ。」

「どうちゃうんですか？」

「取締役の報酬を取締役会、つまり自分たちで決められるとなったら、会社業績がいまいちな時でもガバッと貰うかもしれない。そういう"お手盛り"防止のために、取締役の報酬は株主総会で決めることになってるんだ。」

「それはなるほどですねえ。」

「だけど、監査役の報酬を株主総会で決めるのは意味が違うんだ。だって、監査役は業務執行をしないから、"お手盛り"防止って感じでもないだろ。だけど、監査役の報酬を取

締役会に委ねると、監査される側が監査する側の報酬を決めることになるから適正な監査が行われないかもしれない。だから監査役の報酬は、監査役の経営陣からの独立性を確保するために株主総会で決めるってなっているんだ。」

「なるほどなあ。せやけど、株主総会で決めるっちゅうのんはわかりましたけど、その先がなあ。取締役の分は結局取締役会で決めるんやから、やっぱり監査役の分かて監査役会で決めたらええやんて思うんですけど。」

「それはだめなんだ。監査役会の決議で決めるとすると、結局多数決で決めることになってしまう。」

「監査役会の多数決やったらあかんのですか？」

「あかんのです。」

「だからぁ～、変な大阪弁はいりませんて！ せやけど、何であかんのですか？」

「監査役の仕事は"独任制"だから、監査役相互間でも独立性が保障されているんだ。だから多数決には馴染まないんだ。つまりね、会社法387条2項の『監査役が2人以上ある場合には、報酬等は監査役の協議によって定める』という条文の監査役の協議の意味は『全員一致』という意味なんだ。」

「え～っ？ 監査役の協議が全員一致？ そんなんやったら、最初から監査役の全員一致で決めるて書いといてくれたらええんですやん。そんな日本語、そらわからんわ！」

「そらわからんわ、じゃないよ、若手くん。確かに条文の日本語は難しいところもあるけど、監査役の仕事の中身や、なぜ監査役の報酬は総会で決めるのか、取締役会でも監査役会でも決定することができないか、って理由をしっかり知っていれば、ちゃんと理解できるはずだよ。」

「そない言われたらそうなんですけど……。でもこれはわからんかったなぁ。協議＝全員一致、やて。今度4人で海にいくのんも、4人の協議で決めるんやったら絶対決まらんうちに夏が終わってまいそうや。」

「若手くんは今一つ役員の報酬についてわかってないみたいだから、これからは報酬について解説していくか。」

「お願いします。僕も偉くなった時に自分の報酬がどう決まってるんかがわからんと気持ち悪いですから。」

「若手くんは役員になる気なの？」

「えっ？ あきませんか？」

解説

1 取締役・監査役の報酬等の決定方法

取締役の報酬等も監査役の報酬等も法文上は株主総会の決議によって定めることとされている（会社法361条1項、387条1項）。ここでいう報酬等は、基本報酬はもとより、賞与その他の職務執行の対価として株式会社から受ける財産上の利益を指す。取締役・監査役いずれの報酬等も株主総会の決議により定めるが、そのような制度とした背

景は異なり、取締役のほうは「お手盛り防止」、監査役のほうは「取締役からの独立性の確保」のためであるとされている。

　報酬等については、株主総会で個々人に支給する額を定めるのではなく、報酬等の上限等を株主総会で定めた上で、取締役については業務執行の決定の一環として取締役会の決議により個々人に支給する額を決定する方法が実務上は一般的である。監査役については、監査役が2人以上ある場合において、各監査役の報酬等の額について定款の定めまたは株主総会の決議がないときには、株主総会の決議により定めた報酬等の範囲内で監査役の協議により定めるとされている（会社法387条2項）。

2　監査役の協議の意味

　監査役の協議とは、全員一致の決定をいう。個々の監査役の報酬等が監査役会の決議によらず監査役の協議により決定することとしているのは監査役の性質によるものである。

　「監査役は取締役の職務執行について法令・定款適合性の観点から監査をする。監査役が複数いる場合でも、各監査役は独立してその任務にあたる。例えば、各人がそれぞれ子会社等の調査を行うことができるし、監査報告の内容も複数の監査役間において一致させる必要はない（独任制。内部的な役割分担を決めることはできる。もっとも、必要があれば担当外のことについても監査する権限があるし、監査すべき義務がある）。適法・違法の評価は他人の影響を受けるべきではないし、多数決原理に馴染むものでもないことが、調査権限の独立性まで認めている理由とされる」（髙橋ほか・会社法239頁）。また、監査役会が初めて登場した平成5年商法改正時の立案担当官によれば、「監査役会の権限の性格を概括的に説明しますと、次のように分類することができます。①各監査役の行う監査が組織的かつ円滑に行われるように、これを側面から援助するもの（中略）②各監査役間の権限行使の

あり方について調整するもの（中略）③監査権限とは直接関係ありませんが、従前監査役が行うとされていた会計監査人の選任等に関するもの」（法務省民事局参事官室編『一問一答　平成5年改正商法』（商事法務研究会、1993）140頁）とされており、あくまでも監査の適正性や実効性をアップさせるためにチーム化しただけであって、監査役一人一人の権限や独任制には何も変更がないことがわかる。つまり、監査役会とは、社内の事情・情報に精通する常勤監査役（社内のイメージ）と業務執行取締役等（たとえば代表取締役社長）としがらみのない社外監査役（半数以上が義務づけられている）が情報共有・保持する知見をミックスすることにより監査機能が一層向上する、と考えられたチームであって、本来的には独任制を曲げてまで何かを決定する会議体ではないのである。

　このような監査役および監査役会の性質を踏まえれば、監査役の報酬がなぜ監査役会の決議ではなく監査役の協議で決定されるのかも自ずから理解される。なお、「協議が成立しないときは、各監査役は報酬を受けることができない。」（稲葉威雄『改正会社法』（金融財政事情研究会、1982）265頁）とされている。

ポイント

・取締役の報酬等も監査役の報酬等も法文上は株主総会の決議によって定めることとされているが、その理由は、取締役は「お手盛り防止」、監査役は「取締役からの独立性の確保」のためである。
・監査役の協議とは、全員一致の決定のことであり、個々の監査役の報酬等が監査役会の決議によらず監査役の協議により決定するとされているのは監査役の性質（独任制）によるものである。

もっと知りたい方は

・髙橋ほか・会社法 192、239 頁
・髙田・役員報酬 41、55 頁

3年目9月　取締役の報酬等の決定手続

総会で報酬枠の決議をしてその後はどうなるのかな？

● ● ● ● ● ● ● ● ● ●

「若手くん、なんかこのところ、いやにニコニコしていないかい？」

「えっ？　そ、そ、そ、そ、そんなことないですけど……。僕、そないにニコニコしてます？　本人はいたって普通なんですけど（と言いながらニコニコしている）。」

「どう見ても普通じゃないな。あっ！　この前、いつもの4人で海へ行って、いいことがあったんじゃないのかい？　4人のグループ交際が、一気に駆出さんとの個別交際へ進展したとか？」

「(真っ赤になって) いやいやいや、そんなことあるはずないやないですか！　ちゃいますて。海にはみんなで行きましたけど、あんこう鍋食べに大洗へ行った時と同じですて。」

「ふ〜ん。おかしいなあ。こんなにニコニコしている若手くんは、総務部に来てからのこの2年半で初めてだからなあ。そしたら、海から帰ってきてから、いいことがあったんだな？　いったい何があったんだい？」

「ほんまに部長にはかなわんなあ。こっちは黙ってんのに、何ですぐ見抜くんやろ。油断も隙もないなあ（と言いつつ、嬉しくてたまらない顔）。実はですねえ、先週の金曜日、僕、一人で残業してましてん。そんで、もうそろそろ帰ろ思て片づけ出したら、駆出さんが来て"残業おしまいだったらちょっと飲みに行こうよ"って言うから、2人で彼女が最近見つけた人形町の居酒屋へ行ったんです。」

「すごいね！　とうとう、2人でデートじゃないか！」

「（嬉しくてたまらない顔で）結果そないなったっちゅうだけでんがな。デートてそんな……大層な……もんと……ちゃいまんがな（勝手に1人で照れまくる）。そんで、そこの厚揚げが湯気立てて出てきてやたらうまいんですよ。キツネ色の衣の中はフルフルの豆腐でね。きんぴらごぼうかて、僕あんなにうまいきんぴら、食うたことのうて。いや～、最高の飲み屋なんですよ。ほんま、ええ飲み屋なんです。」

「その状況だったら、若手くんは何を食べても"こんなうまいもん食うたことない""ほんまにええ飲み屋"になりそうだね。でもそれだけで、ここまでニコニコになるとは思えないから、その飲み屋で彼女に何か、すごく嬉しいことを言われたんじゃないのかい？」

「（ギクッ）な、な、な、何でそないなこと、わ、わ、わ、わかるんですか？　別に何もないですて！」

「いや、きっと何か言われたに決まってるさ。今までも若手くんが変化する時には必ず彼女が何か言ってたもんなあ。さあ、何を言われたんだい？」

「何をてそんな……。ちょっと嬉しかったんは"この店見つけた時から、つぎは若手さんと来ようって決めてたんだよ"て言われたくらいですかねえ、えへへ……（と言いつつ照れまくる）。あ〜っ！　もうええやないですか！　仕事！　仕事！　部長もあまり部下の私生活を詮索しないように！　あっ、そうや！　部長、この前、しばらくは役員報酬について解説していくて言うてはったやないですか！　役員報酬しましょ、役員報酬！」

「役員報酬って、しましょって言うものじゃないんだけどね。まあ、とうとう一歩先へ進んだのはめでたいから、今日のところはこの辺にしておくか。そうそう、確かにこれからしばらくは役員報酬の話をするって言ったな。じゃあ、続きをやろうか。」

「お願いします！！！」

「やたら、元気だな。まあいいや。しょぼんとされているよりは部屋も暗くならないしな。そしたら、まず最初に質問だ。前回話したように、取締役の報酬は株主総会の決議によって定める（会社法361条）ってなっているけど、うちの会社を含めて世の中のたいていの会社は一人一人の金額を株主総会で決めているのではなくて、報酬枠を決めているだろ？　これはなぜかな？」

「そら決まってまんがな！　取締役の報酬をわざわざ株主総会で決めるんは、"お手盛り防止"のためなんやから、報酬枠（つまり上限）を総会で決めたら、その目的が果たされるっちゅうことでOKなんですやんか！　それに、一人一人

の報酬を株主総会で決めとったら、その人の報酬を変更するたんびに総会決議がいることになってまいますやんか。そんなめんどくさいことはしまへんて。法が求める"お手盛り防止"がちゃんとできとったらええんです。」

「へ〜え。ちゃんと、復習してるみたいだな。さすがに一日中ニコニコしているだけのことはあるな。」

「ニコニコと復習は関係おまへんて！」

「そらおまへんなあ。」

「変な大阪弁はいりまへん！」

「だけど、そしたら総会で報酬枠の決議をしてその後はどうなるのかな？」

「そら、取締役会で配分決めるんですやん。」

「本当に取締役会で配分を決めているのかな？」

「う〜ん。……あっ、そうや！　取締役会で全員一致で"代表取締役へ一任"って決議して、結局代表取締役が決定してるっちゅうのんが日本の会社では多いて、ものの本に書いたあった。」

「そうだね。以前は大半の会社が、総会で報酬枠を決議して、取締役会で代表取締役一任、だったんだ。まあ、最近はガバナンスの観点から、本当に取締役会でみんなで議論して決定したりね、取締役会で議論する前に任意の報酬委員会に諮

問したり、いろいろなパターンが出てきているんだけどね。」

「ふ〜ん。まあ、でも"お手盛り防止"の観点から言うたら、総会で報酬枠を決めとったら一応説明はつきそうですね。」

「会社法的にはそうだね。そしたら、つぎの質問だ。代表取締役社長とか常務取締役とかだったら、役員報酬しかもらってないからさっき出てきた報酬枠を決めておけば大丈夫だけど、取締役財務部長とかだったらどうかな？ 取締役だから役員報酬はもらえそうだけど、財務部長の部分は使用人（従業員）だよね。この場合の報酬はどうやって決まるのかな？」

「え〜っ？ そんなんあんまし考えたことなかったけど……。取締役財務部長やったら、株主総会で選任された取締役が本来は使用人の仕事である財務部長を人繰りの都合なんかでやらされてるだけなんやから、取締役として報酬決めて、財務部長分はそれも込みで取締役報酬を決めたっちゅうことにして、実質ゼロ、てなことやないんですか。」

「ちょっと違うね。その考え方だと、財務部長の仕事の分も取締役報酬の中に入っていることになるよね。そうじゃないんだ。取締役財務部長はね、取締役としての報酬と財務部長つまり使用人の報酬を両方貰っているって考えるんだ。」

「ふ〜ん……でも、それって変やないですか？ 取締役の報酬は総会で決めるって会社法には書いたあるんやから、このおっさんは取締役なんやから、当該おっさんの報酬は総会で決めんと変やないですか？」

「取締役財務部長はおっさんだって決まってないんだけどね。きれいなおねえさんかもしれないじゃないか？」

「そうかて、うちの会社の財務部長はおっさんですよ。」

「そういう話じゃないんだって！ 法の考え方はね、取締役の報酬はお手盛り防止のために総会で決めるんだけど、使用人の給与、つまり財務部長分は通常会社の給与テーブルで明確に決まっているだろ？ だからそっちはそもそもお手盛りの危険がないって考えるんだ。だから、取締役分のお手盛り防止が防げればいいんだよ。」

「なるほどなあ。やっぱり会社法はようできとるなあ。僕、会社法やっとってほんまによかった。」

「そのおかげで駆出さんともデートできたしね。」

「いやいやいやいや、デートやなんて、そんな……いやいやいや……ちゃいますて……ちょっと飲みに行っただけで……でも楽しかったなあ（勝手に１人で照れまくる）。」

「妄想しなくていいから！ でも、若手くんが一歩進んだお祝いに、今日はその湯気を立てて出てくる厚揚げのところに連れて行ってくれよ。僕がおごるからさ。」

「やったあ！ 待ってましたあ！」

解　説

1　取締役の報酬等の決定手続

　報酬枠の設定の議案が株主総会で可決された後、具体的に「誰にいくら」という決定をすることになる。これについて、わが国の上場会社では従来、取締役会で再度代表取締役に一任する決議をして代表取締役が総会で可決された報酬枠内で決定する、という実務を行うことが多かった。「実務上、取締役会から代表取締役（社長）に具体的な額の決定を再度委任する取り扱いも多いとされる。この場合も全体の支給限度額自体は株主総会で決定されており、やはりお手盛り防止の観点からは問題がなく、また、一任を受けた代表取締役社長も多くの場合は社内の支給基準に従い、取締役の役職に応じた支給額をほぼ自動的に決定しているだけであるから特に問題ないとする見解が多い」（髙橋ほか・会社法 193 頁）という考え方に基づくものである。

　会社法上は適法でも、コーポレート・ガバナンスの観点からは個々の取締役の報酬等の額の決定を代表取締役に一任することについては、公正性を担保するという観点から近時は批判が多い。理由は一任という行為に牽制が効いていないからである。コーポレートガバナンス・コードにおいても、取締役会が経営陣幹部・取締役の報酬を決定するに当たっての方針と手続きを開示するべき（原則 3-1）、指名・報酬などの特に重要な事項に関する検討に当たり独立社外取締役の適切な関与・助言を得るべき（補充原則 4-10 ①）等規定されている。これを受けて最近では、社外役員をその構成員に含む任意の報酬委員会に諮問する、代表取締役社長が策定した報酬原案について社外役員と議論し、その結果を取締役会にて審議・決議するといった対応をすることによって取締役の報酬の決定プロセスにおいて透明性・公正性を担保しようとする上場会社が増えている。取締役の報酬の決定は、取締役会の監督機能の重要な一部分であり、きちんと取締役会にて議論の

うえ決定することにより監督機能が全うできるという考え方に基づくものである。

2 使用人兼務取締役の報酬等の取扱い

取締役財務部長などの使用人兼務取締役の報酬については、取締役としての報酬に加えて使用人としての報酬が支給されることになる。しかし、使用人としての報酬は通常給与テーブル等で明確に確立していると考えられることから、この場合会社法361条は適用されないとされている（最高裁昭和60年3月26日判決　判時1159号150頁）。実務としても株主総会参考書類における取締役の報酬枠の議案の内容説明には、「なお、取締役の報酬等の額には、使用人兼務取締役の使用人分給与は含まないものとします。」と記載されることが多い。したがって、取締役としての報酬等をきちんと報酬枠というかたちで適法に決定しておけば問題はないとされている。

ポイント
・取締役の報酬等の決定手続については、株主総会で報酬枠を決定し取締役会で代表取締役に一任とする方法で会社法上問題はない。
・ただし、コーポレート・ガバナンスの観点からは批判もあり、コーポレートガバナンス・コードを踏まえて、最近は社外役員の関与等工夫をする会社が増えている。
・使用人兼務取締役の報酬等については、取締役としての報酬等を適法に決定しておけばよい。

もっと知りたい方は
・田中・会社法246、249頁
・髙田・役員報酬45、9頁

3年目10月　取締役の報酬等の性質

「役員報酬」って具体的には何を指すのか知ってるかい？

・・・・・・・・・・

「若手くん、相変わらずニコニコしているねえ。絶好調だな？」

「いやぁ、別に、そ、そ、そ、そんなことないですけど……。ニコニコしてるんは地顔ですて。（と言いながらニコニコしている）」

「そりゃ、おかしいだろ？　これが地顔なんてどう見ても変だよ。顔から必要なネジが5、6本抜けている感じじゃないか。どうやら、厚揚げデートがその後もうまくいっているみたいだね。この前、若手くんにあの居酒屋さんに連れて行ってもらったけど、確かにおいしかったよ、厚揚げもきんぴらごぼうも。それから、煮物盛り合わせもうまかったなあ。」

「そうなんですよ！　ああいう地味メニュー、最近ないですからね。ほんまにええお店やったでしょ？」

「まあ、若手くんにとっては、駆出さんと行った店は全部"ええお店"だろうけどね。これだけ機嫌がいい状態が続いているんだったら、仕事のほうもいつもより5割増しくらいでこなしてほしいもんだよね。」

「そこに来るんですか？　部長にはかなわんなあ。結局何の話でも最後は仕事になるもんなあ。さっきまで居酒屋の話やったのに。」

「当たり前だろ、ここは会社なんだから！（ちょっと怒）」

「そらそうか。そやけどあれからも２人で人形町のシブい居酒屋開拓をやってるんですけどね、これがなかなかええんですよ。奥が深いっちゅうか。いろいろよさそうなとこがほかにもあって、これから２人で順番に行ってみよか、みたいなことになっとんですよ。（とニコニコしながら話す。）」

「なかなかいい感じじゃないか。今時の若い人が人形町のシブい居酒屋めぐりというのはちょっと変わっているけどね。そんなに好調なんだったら、役員報酬の続きの話もバッチリだな？」

「そらバッチリでんがな！　ちゃんと、部長に教えてもろたとこ、その後で復習してますし、最近は人形町でもあの子と部長の話をして、理解を深めとるんですから！」

「そしたら、質問だ。ここのところ、役員報酬関係の話をしてきたけれど、そもそも"役員報酬"って具体的には何を指すのか知ってるかい？」

「そら決まってまんがな！　普通の月例報酬っちゅうか固定報酬と賞与、それからストックオプションと退職慰労金関係（実際の慰労金や毎年の積立）ですやん。会社からもらえるもんはだいたい報酬に含まれとるっちゅうことでんがな。」

「おおむね正しいけど、ちょっと抜けているね。」

「えっ？ 4種類とちゃうんですか。有価証券報告書かて4種類で書いたあるやないですか？」

「普通はそうなんだけどね。会社法361条をよく見ればわかるよ。"取締役の報酬、賞与その他の職務執行の対価として株式会社から受ける財産上の利益（以下この章において『報酬等』という。）についての……株主総会の決議によって定める"となっているから、若手くんが言った4種類以外でも、会社から職務執行の対価として受ける財産上の利益は、全部"報酬等"になるんだ。たとえば、すごい立派な社宅を無償で提供された時とかはその賃料相当が報酬等になるんだ。」

「へ〜え、なるほどなあ。言われてみりゃあ、そらそうかっちゅう感じもするなあ。でもほしたら、仕事中の電車賃とか出張の時のホテル代とかは入るんですか？」

「それは入らないよ。"職務執行の対価として受ける財産上の利益"じゃなくて経費じゃないかな。」

「それはそうか。そらそやわなあ。出張のホテル代にまで所得やて見なされて課税されたらたまらんもんな。」

「そらたまらんわ。」

「変な大阪弁はいりまへんて！ 部長、最近このパターンのボケ、多いんちゃいますか。」

「若手くんとしゃべるとね、うつってくるんだよね、大阪弁が。真面目な話に戻すとね、会社法330条で、会

社と役員の関係は委任に関する規定に従う、とされていて、民法649条、650条で、委任者は受任者が委任事務の処理に必要と認められる費用を払うとされているから、役員が職務執行するのに必要な費用は会社が払うことで問題ないんだ。わかるよね?」

「わかります。わかりますけど、それならそうと、いらんボケかまさんと、サクッと言うてくださいよ。」

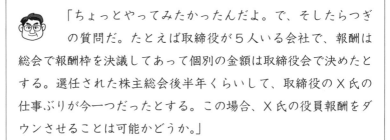
「ちょっとやってみたかったんだよ。で、そしたらつぎの質問だ。たとえば取締役が5人いる会社で、報酬は総会で報酬枠を決議してあって個別の金額は取締役会で決めたとする。選任された株主総会後半年くらいして、取締役のX氏の仕事ぶりが今一つだったとする。この場合、X氏の役員報酬をダウンさせることは可能かどうか。」

「そらダウンでしょ? だって、そのおっさん、自分の働きが悪かったんやからどこへも責任持って行けませんやん。自業自得っちゅうもんでしょ。取締役て、僕らみたいな従業員から見たらめっちゃ偉いんやから、ビシバシ働いてもらわんなあきませんやん。そらダウンで決まりでしょ!」

「別にね、X氏はおっさんだって言ってないんだけどね……。質問に戻ると、それがそうじゃないんだ。」

「えーっ! 何でですのん? 自分があかんのにダウンはないっちゅうことですか?」

「原則的にはそうなるんだ。なぜそういう答えになるのかと言うとね、会社と取締役との関係は委任でね(会社法330条)、報酬は取締役の委任契約の内容となるから、株主総会(の委任を受けた取締役会)で個別の報酬額が決定されたら、取

締役に報酬請求権が発生する。この報酬額を含む委任契約は、会社と取締役の両方を拘束するから、『取締役本人の同意がない限り』、その後に株主総会や取締役会で報酬額ダウンの決議をしてもダメということになるんだ。」

「ふ〜ん。なんかいまいち納得感ないなあ。さっきも言いましたけど、そのおっさんのせいですやん。あかんやつはあかん、ちゅうことで何でダウンでけへんのですか？」

「いや、だから、おっさんとは決まってないんだけどね。まあ、いいや。今の例ではできが悪い人の話だったけど、できが悪くなくても未上場の中小企業なんかだと、社長が気に入らない取締役に意地悪するかもしれないだろ？　会社と取締役の間で交わした委任契約は両方を拘束するので、一方的に契約内容を変えるのはやっぱりおかしいでしょ、ってことなんだ。取締役っていっても生身の人間なんだけど、従業員と違っていつでも株主総会で解任される可能性があるわけだし、つぎの株主総会で取締役候補者となっても過半数の賛成が取れなければ選任されないわけだし、取締役の身分というものは従業員と違って不安定なんだ。だから逆に、取締役の任期中は、一度決めた報酬が保障されることによって、しっかり働ける環境ができるというわけなんだ。」

「う〜ん。なるほどなあ。せやけど『取締役本人の同意がない限り』って言うても、自分が減るのんに当該おっさんは同意なんかするんかなあ……。やっぱりいまいちピンと来んなあ。」

「だからぁ〜。おっさんかどうかはわからないでしょ！（ちょっと怒）『取締役本人の同意がない限り』につい

てはね、いくつか考えられるよね。たとえば病気で長期入院した場合なんかは同意するかもしれないし、減額する時にストレートに同意していなくても"同意した"と見なされる場合なんかもあるからね。」

「何ですのん？　その"同意した"って見なされる場合って？」

「たとえば、取締役の候補者になる時点で、"うちの会社は取締役として何の業務を担当するかによって報酬が変わるので承知しておいてね。営業担当はいくら、管理担当はいくら、……ってなっているからね。従来からこのやり方だし"と言われていたケースなんかは、"同意した"って見なされるんだと思うよ。」

「そらそうか。最初から本人もわかっとったんやったらしゃーないか……。なるほどなあ。わかりました。やっぱり会社法はすごいなあ。」

「会社法のおかげで駆出さんと人形町居酒屋めぐりなんだからさ、もっともっと勉強しないとな、若手くん！」

「こらがんばらんとしゃーない展開やなあ。がんばりますよ！　会社法も人形町居酒屋めぐりも！」

「会社法も総務部の仕事も、のほうがいいんだけどね。」

「もぅ～、部長！　またその話をする～。」

「だからさ、ここは会社なんだから当たり前だろ！（ちょっと怒）」

解説

1 取締役の報酬等とは

会社法361条1項は、「取締役の報酬、賞与その他の職務執行の対価として株式会社から受ける財産上の利益」を報酬等と定義している。報酬等は、必ずしも金銭に限られない。ストックオプション（新株予約権）はもとより、豪華な社宅の無償貸与なども「報酬等」に該当することになる。社宅の無償貸与等、報酬等が金銭でない場合には、報酬等を決定する株主総会の決議において当該非金銭報酬の具体的な内容を定めることとなる（会社法361条1項3号）。社宅の無償貸与は報酬等となりうるが、出張時のホテル代は経費となる。「職務執行の対価として役員が受ける財産上の利益と、委任事務の必要経費との区分は曖昧であるが、一般的な判断基準としては、職務執行における必要性、職務執行との関連性、私的な利益の発生の有無などを、社会通念に照らして検討するべきである」（髙田・役員報酬19頁）とされている。会社と役員の関係は委任に関する規定に従うところ（会社法330条）、委任者は受任者が委任事務の処理に必要と認められる費用を前払いまたは償還することにより支払わなければならないと定められている（民法649条、650条1項）。

2 取締役の報酬等の一方的な変更

取締役の報酬は取締役の任用契約の内容となる。そのため「その報酬額は、会社・取締役間の契約内容となり、契約当事者である会社と取締役の双方を拘束するから、その後株主総会が当該取締役の報酬につきこれを無報酬とする旨の決議をしたとしても、当該取締役は、こ

れに同意しない限り、右報酬の請求権を失うものではないと解するのが相当である。この理は、取締役の職務内容に著しい変更があり、それを前提に右株主総会決議がされた場合であっても異ならない」とされている（最高裁平成4年12月18日判決　資料版商事110号74頁）。しかしながら同意があったと認められる場合もある。たとえば、取締役の報酬等が内規等によって役職ごとに定められ（社長はいくら、専務はいくら等）、従来から役職変更時には報酬等も変更される慣行があり、取締役が当該内規・慣行を知っていた場合には、当該取締役は役職変更の際に報酬等の減額についても黙示の同意をしたものとした裁判例がある（東京地裁平成2年4月20日判決　資料版商事74号43号）。この「本人の同意がない限り一方的に変更できない」という考え方は、退職慰労金・退職年金についても同様である。株主総会決議等による決定後は退任取締役と会社との契約内容となるため、会社が株主総会決議の後、役員退職慰労金規程を廃止しても、退任取締役の同意がなければ廃止・減額することはできないとした裁判例がある（最高裁平成22年3月16日判決　判時2078号155頁）。

> **ポイント**
> ・取締役の報酬等とは、「取締役の報酬、賞与その他の職務執行の対価として株式会社から受ける財産上の利益」であり、必ずしも金銭に限られず、取締役の任用契約の内容となる。
> ・したがって、会社と取締役の双方を拘束するので、原則的には報酬の一方的な変更は許されない。

> **もっと知りたい方は**
> ・髙橋・会社法 192、197 頁
> ・髙田・役員報酬 3、18、65、125 頁

3年目11月　役員報酬の事後開示

だいぶ役員報酬、わかってきましたわ

● ● ● ● ● ● ●

　「若手くん、このところあまりニコニコしていないじゃないか。絶好調じゃないのかい？」

　「いや、せやから前から言うてますように、これは地顔ですて。別にいつもと一緒ですけど。」

　「そうかな。この前までもっとニコニコしていたような気がするけどな。あっ！　ひょっとして、何か駆出さんとの関係に変化があったのかい？　人形町居酒屋デートがうまくいっていないとか。」

　「そんなことないですよ！！！　それはそれなりにぼちぼちと2人で行ってるんですけどね……。ちょっと気になることがあるんですよ。」

　「何だい、気になることって？」

　「矢留木ですよ、矢留木！　あいつ、最近妙に彼女と親しげなんですよ。この前も彼女が『矢留木さんにサッカーの観戦に誘われた』とか『冬になったらスキーに行こうって言われた』とかって言うてたんでちょっとムッとしとったんです

よ。それにあないにカッコええしスポーツ万能の奴が本気で出てきよったら、こっちかてウカウカしとれんやないですか。ほんでちょっと気になっとるんですよ。」

「へ〜え。いよいよ若手くんと矢留木くんの決戦真近というところか。おもしろくなってきたねえ。」

「いっこもおもろないですよ！！！　やっとこさで人形町居酒屋めぐりまでこぎ着けたっちゅうのに、なんでここであいつが邪魔しに出てくるんかて思たら、腹立つしメゲますやん。あっちはあないにカッコええんですから……。」

「まあそれでも予想を覆して今のところ保ってるんだし、これもやっぱり動機は不純でも一生懸命会社法の勉強をしてきたおかげじゃないか。だから、勝っても負けても若手くんは会社法をがんばるしかないよね。というわけで、今ちょっと時間があるから、役員報酬の続きを説明しようか？」

「動機は不純が余計でんがな。確かに部長のおっしゃるように会社法やっとれへんかったら今の人形町居酒屋めぐりもなかったやろうから、がんばらんとしゃーないんですけどね。ほな、役員報酬の続き、気乗りせんけどやりましょか。」

「上司に教えてもらうのに、気乗りせん、はないだろ！（ちょっと怒）」

「あっ、しもた！　えらいすんません。」

「なんか、素直な若手くんもやりにくいな。まあ、いいや。前回までで"役員報酬とは"とか"報酬枠"とかを説明してきたわけだけど、取締役でいうと"お手盛り防止"が重

要だったよね？」

「まあ、自分で決めれるんやったらなんぼでも貰う奴が出てくるかもしれんから、株主総会で決めるっちゅうことになっとるんですやん。当たり前ですやんか。」

「そうなんだけどね、会社法の規制は決める時だけではないんだ。貰った後にも規制があるんだ。」

「何ですか、それ？　貰うた後でも規制って？」

「開示だよ、若手くん！　事業報告の会社役員の状況のところに役員報酬の表があるだろ？　あの表に当事業年度の役員報酬を記載することで、株主等に対して開示をしているんだ。」

「そういや報酬の表、あるなあ。今年の総会ん時、僕が作りましたけど、あの表、そないに大事なんですか？」

「そないに大事なんですわ。」

「もうっ、部長！　変な大阪弁はいりまへんて言うてるでしょうが！　それに最近このパターンのボケ、毎月出てますよ。マンネリもええとこです！」

「えらいすんまへん。」

「くどいです、部長！」

「いかんいかん。若手くんとしゃべるとどうもうつるんだよな、大阪弁が。報酬の話なんだよな。あの役員報酬

の表はね、株主総会の決議で決めた報酬額（報酬枠）が守られているかどうかを株主に見てもらう意味があるんだ。またガバナンスの観点から、役員報酬がきちんとしているかどうかを株主に見てもらう、という意味合いもある。役員報酬は取締役会が取締役を監督する上での重要なファクターだからね。つまり、役員報酬の決め方に規制をかけると同時に、事業報告で支給の状況を開示して株主がチェックできるようになっているわけなんだ。」

「1つ目はわかりますけど、2つ目がちょっと。わかったようなわからんような……。」

「1つ目の理由は"枠内かどうか"ということだよね。会社法上は、報酬枠等の手続きさえ守っていれば一応はOKなんだけれど、ガバナンスの観点からは問題があるんだよね。たとえば報酬枠を決めた時には取締役は15名だったんだけど今は6名になっている、だけど報酬枠は変えていないのに結構目一杯使っているという場合なんかは"枠内だ"って言ってもやっぱり変だろ？ また、いくら"枠内"でも大赤字続きなのに去年より増額していたらやっぱり変だよね？ だから、ガバナンスの観点できちんとしているかどうか、ということも大事なんだ。わかったかな？」

「なるほどなあ。それに、あんまり安すぎても"ほんまにちゃんと経営してくれるんかいな"みたいな感じもするから、それなりに貰といてもらわな、いまいち信用でけへんもんな。」

「そうだよね。だから役員報酬はね、決める時には株主総会で決める等の規制があって、貰った後には開示するという規制があるんだ。わかったかな？」

「わかりましたけど、あんまり規制、規制て言われると、なんか大声でシャウトしているような……。」

「それは"奇声"。」

「ふ〜ん。ほな、サナダムシみたいな……。」

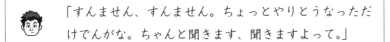「そっちは"寄生"。だからさ、役員報酬の話をしているんで、若手くんと昔のしゃべくり漫才をするつもりはないんだけどね（ちょっと怒）。もう役員報酬はやめようか？」

「すんません、すんません。ちょっとやりとうなっただけでがな。ちゃんと聞きます、聞きますよって。」

「もういいよ。そしたら役員報酬の開示はわかったよね。そしたら質問だ。あの表に書いてある金額はどういう金額なのかな？ この1年に貰った実額なのかな？」

「そら、ちゃいます。」

「じゃあ、どういう金額が書いてあるのかな？」

「この1年に発生したっちゅうか、そういう金額です。月例報酬は実際に貰うた金額ですけど、賞与は支給は来期でも当期の費用にする額、ストックオプションは会社が当期に費用計上する額を書くことになってます。退職慰労金の積立は当期に積立てた額を書くことになっとって、実際に貰うんは退職した時です。せやから、当期中に計算上発生した役員報酬っちゅうことになりますな。」

「すごいね、若手くん！ そのとおりだよ。会社法施行規則121条の"当該事業年度に係る"はね、当該事業年度に会社が費用として計上する、という意味なんだ。たとえば、賞与は実際には株主総会後の7月に支給したとしても、前期の業務執行の対価として支払われるから前期の費用になっていてね、結局あの表には載るんだ。ちゃんと勉強しているね。」

「へっへっへ、それなりにやってますもんね。たまにはちゃんと答えんと。」

「じゃあ、つぎの問題だ。あの表に書いてある人数は、何の人数かな？」

「そら、実際にこの1年に報酬を貰うた役員の人数でんがな。」

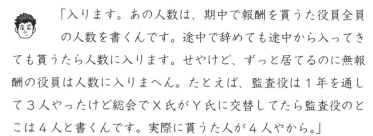
「期中で辞めた人はどうかな？」

「入ります。あの人数は、期中で報酬を貰うた役員全員の人数を書くんです。途中で辞めても途中から入ってきても貰うたら人数に入ります。せやけど、ずっと居てるのに無報酬の役員は人数に入りまへん。たとえば、監査役は1年を通して3人やったけど総会でX氏がY氏に交替してたら監査役のとこは4人と書くんです。実際に貰うた人が4人やから。」

「正解！ すごいねえ、若手くん！ 動機は不純でもここまで勉強するのは立派だよ。」

「もぅ〜、動機が不純はいりませんて！」

「そしたらもう一つ行こうか！ あの報酬の表はさ、社外役員が別書きになっているだろ？ あれはなぜかな？」

「そう言やあ、そうですねえ。なんでやろ。ほかの人に比べたら安いから、区別しといたんですかねえ。」

「それは違うね。答えはね、社外取締役とか社外監査役という人たちはね、代表取締役や業務執行取締役等を監督・監査する人たちだから、代表取締役等から独立していなければいけないんだ。だから、あまり多額の報酬を貰っているときちんと監督・監査できないんじゃないかとか、あまりにも少ないと人数合わせでちゃんと監督・監査しないんじゃないかとかってなるだろ？ だから、社外役員は別書きで開示することになっているんだ。わかったかな？」

「へぇ〜、なるほどなあ。そない言われたらそやわなあ。せやけど今部長は社外役員は、て言わはりましたけど、社外役員ていう書き方やのうて、社外取締役何人でいくら、社外監査役何人でいくら、て書いたある気いがするんですけど。」

「確かにね、うちの会社もそうだし、そう書いている会社が多いね。だけど、会社法施行規則では社外役員が他の役員と別書きになっていればいいんだ。社外取締役と社外監査役を分けて書いているのは、きちんと開示している、とか、日本では最近まで社外取締役があまりいなかったから社外役員＝社外監査役だった、とかいろんな理由だね。」

「そうなんや。なるほどなあ。だいぶ役員報酬、わかってきましたわ。やっぱり自分が貰うもんがどないなって

るんかって知ってたほうがいいですもんねえ。」

「えっ！　やっぱり若手くんは役員になる気なの？」

「せやからそうやて言うてますやんか！」

解　説

1　役員報酬の事後開示

　会社法では、役員報酬の事後の開示は事業報告で行われる（会社法施行規則121条4項・5項）。開示規制は総会決議の枠内でどのくらいの報酬が決定されて支給されたかを開示させて、職務執行の対価として適切かどうかを株主に判断させるということである。この121条4項の「当該事業年度に係る」という意味は、「当該事業年度に会社が費用として計上する」ということである。会話文の中でベテラン部長が言っているように賞与をイメージするとわかりやすい。また会話文にはないが、121条5項はちょっとわかりにくい。「当該事業年度において受け、又は受ける見込みの額が明らかとなった会社役員の報酬等」には、たとえば毎年の退職慰労金の積立を過去開示してこなかった会社が支給議案のある総会の事業報告で過去の未開示の積立分を開示する場合等が該当する。つまり「当該事業年度に明らかとなった」ということである。また人数についての考え方も、1年中在籍していても無報酬の役員は人数に入らない、逆に期中で辞任していても報酬を支給されていればカウントするということである。加えて会話文では触れてはいないが、取締役、監査役等、役員の種類別に記載する必要がある（会社法施行規則121条4項）。

2 社外役員の報酬開示

つぎが社外役員の報酬開示である。会社法施行規則124条1項5号・6号において、社外役員は別書きすることとされている。社外役員としての報酬の適切性を株主に判断させることを目的としている。しかし、現実には社外取締役と社外監査役を分けている記載が多く見られる。これは、会社側が株主にきちんと見てもらうべく書いている、ということであろう。つい最近まで社外役員＝社外監査役だったので、そのまま社外監査役と記載すると一方で社外取締役と記載せざるを得なくなった、ということも考えられる。

また、役員報酬の開示は、有価証券報告書でも記載が必要である。基本的な記載の考え方は事業報告と同じであるが、報酬の決定方針の開示、報酬の種類別開示（基本報酬、賞与、ストックオプション、退職慰労金、など。事業報告では額さえ記載すればよいとされている）、1億円以上の報酬を支給される役員の個人別開示を要求されることが主な相違点となる。

ポイント
・役員報酬の事後開示は事業報告で行われる。「当該事業年度に係る」の意味は、「当該事業年度に会社が費用として計上する」ということである。
・人数についての考え方は、報酬を支給されたかどうかで決まる。
・社外役員の報酬開示は、きちんと監督・監査できる水準かどうかを株主が判断するために別書きすることとなっており、会社法上は「社外役員」として記載すればよいが、実際は「社外取締役」「社外監査役」として記載されることが多い。
・役員報酬の開示は有価証券報告書においても必要となる。

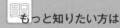
・髙田・役員報酬296頁

3年目12月　株主名簿とは

これから株主名簿をじっくり説明することにするよ

● ● ● ● ● ● ● ● ●

「（暗い顔で）部長、今晩ちょっとつきおうてもろてもいいですか？　ご相談しぃたいことがあるんですけど。」

「どうしたんだい、若手くん。そう言えばここ何日か、何か暗い顔してるねえ。絶好調じゃなかったのかい？　駆出さんとうまくいってないわけじゃないんだろ？」

「うまくいってないわけやないんですけどね……。矢留木が本気で勝負しぃに出てきよったみたいなんですわ。クリスマス目掛けて、攻勢かけとるみたいで……。僕も今年のクリスマスは、あの子と人形町のシブい居酒屋行こて思とったのに……。もう、あかんわ。」

「今の時点で"もう、あかんわ"なんて言ってたら、そりゃあ、負けるよな。」

「そんな……。ひと事やと思て、簡単に負けるとか言わんといてくださいよ。負けてもろてうれしいのんは飲み屋の払いだけにしといてほしいわ……。そんで、部長にご相談しぃたいと思て、今晩つきおうてくださいて言うてんのに。ほんまに、めげまくりなんですから……。」

285

「ふ〜ん。若手くんと矢留木くんがとうとう全面対決か。盛り上がってきたねえ。」

「そんなとこ、盛り上がらんでええんです！！！ せやけど、どないしょ……。」

「どないしょもこないしょも、悩んでもしようがないだろ。若手くんがここまで善戦したのは会社法を勉強したおかげなんだから、勝っても負けても会社法を勉強し続ける以外に方法はないじゃないか？ わかり切ったことじゃないか。」

「善戦て負けるみたいな言い方、やめてくださいよ……。理屈はわかってまんがな、理屈は！ せやけど、ほんまにどないしたらええんか……。」

「まあ、若手くん。四の五の言わずに会社法だよ、会社法！ 頭の中から矢留木くんを締め出してだね、会社法のことを考えるんだよ。」

「ほんまに、あいつ、会社から締め出したい……。」

「頭の中だよ、頭の中！ しっかりしようよ、若手くん！ 何か、会社法絡みで疑問に思っていることとかないのかい？」

「会社法絡みて言われてもなあ……。あっ、そうや！ 部長、いっこありました。質問してええですか？」

「ほら、あるじゃないか。言ってみなよ、答えてあげるから。」

「あのね、株主名簿なんですけど。うちは3月決算やから、3月末日と9月末日の名簿があるやないですか。」

「そうだね。当たり前じゃないか。」

「そらまあ、当たり前なんですけど、ほしたら、1年365日のうち、2日分の名簿はあるけど、363日分の名簿はないっちゅうことですやん？ そんなんでほんまにええんかなあ、とかって考えとったんですよ。うちは上場会社やから未上場会社よりは株主さんかって多いのに、そんなんでほんまにええんかなあって。」

「う〜ん。考え方は悪くないんだけど、やっぱりわかってないなあ、若手くんは。」

「そうか……やっぱりわかってないのか、僕は……会社法しかないのに……やっぱりあかんわな……。」

「こらっ！ いちいちめげるんじゃない！ これは仕事の話だろ！」

「そうかて……。」

「わかってないから勉強するんだろ、若手くん。若手くんは株主名簿が今一つ理解できていないみたいだから、これから株主名簿をじっくり説明することにするよ。まず、そもそもの株主名簿の法的位置づけ、それから上場会社の株主名簿のルールについて説明していくことにしよう。上場会社は株券が電子化されていて株式の売買は原則証券会社のデータのやり取りだから未上場会社とは違うんだ。それでいいよね、若手くん。」

「はい、よろしおま。」

「まず法的位置づけからなんだけど、株式の譲渡は原則自由だから、株式所有者は絶えず変動することになる。だけど、会社としてもたとえば株主総会の招集通知を送るとか、株主としても自分が株主であることを証明して株主総会議事録の閲覧請求をするとか、会社と株主の関係をきちっと確定させておくためには株主名簿が必要なんだ。だから会社法121条は、株式会社は株主名簿を作成し、株主の氏名および住所、所有株式数、株式取得日などを記載しなければならない、会社法125条1項で株式会社は株主名簿をその本店に備え置かなければならないってしているんだ。」

「そらそうですわな。」

「そして、株式会社では株主が多人数になることも想定されるから、多数の株主と会社との関係を画一的に処理するために、会社法は株主名簿には特別な効力を与えているんだ。教科書的に言うと3つあってね、①確定的効力②資格授与的効力③免責的効力の3つだとされているんだ。これを順に説明することにしよう。」

「お願いします。」

「まず、①確定的効力というのはね、株主名簿に株主として記載されていなければ（つまり名義書換をしていなければ）、株式取得者は会社に対して自身を株主として主張することができないから、株主としての権利も会社に行使できない、逆に会社は株主名簿上の株主を株主として取り扱えば良い、これを

①確定的効力と言うんだ。」

「ふ〜ん。なんか当たり前な感じ。」

「まあ、当たり前なんだけどさ。でも、この考え方があって、未上場会社では株式取得者は会社に名義書換を頼んでくるから結果として会社は常に誰が株主かを把握できることになるし、株式が譲渡された事実を知っていても株主名簿上の株主を株主として取り扱えばいいことになるんだ。」

「それはそうですね。そんで、つぎは？」

「②資格授与的効力はね、名義書換がなされて株主名簿に記載された株主は、その後はいちいち自分が株主であることを証明することなく正当な株主として認められて、株主としての権利を行使できる、ということを指すんだ。」

「何か、それも当たり前っちゅう気ぃがしますけど。」

「じゃあ、つぎの③免責的効力を説明しよう。簡単に言えば、株主名簿上の株主が真の株主ではなかった場合に会社が当該株主を株主として取り扱った場合でも、悪意・重過失のない限り、会社は免責されるというものなんだ。」

「なるほどなんですけど、何か言われてみりゃあ、当たり前っちゅうもんが並んでる気ぃがするなあ。株主名簿がそういうもんやないと、配当の紙を送るだけでも、"こいつはほんまに株主さんなんやろか"とか言うとったら、うちみたいに17,000名以上も株主さんがおったら話が前に進みませんやん。」

株主名簿とは

「だからさ、逆なんだよ、逆。株主名簿にこれらの効力が与えられていなければ、若手くんが言うように、話が前に進まなくなるだろ？ だから、最初に言ったように、"多数の株主と会社との関係を画一的に処理するために"、今言ったような効力が株主名簿には与えられているんだ。その結果として、私達が株主さんに配当の書類を送る時にも、悩まなくていいわけなんだ。」

「そない言われたら、そうか！ こういう取り決めがあるから、僕らの事務が回ってるんや。なるほどなあ。」

「その上にね、会社法126条1項には、通知・催告に関する免責が規定されているんだ。これは前に話したことがあるよね？」

「え〜と、あっ、会社が株主に対してする通知・催告は株主名簿に記載された株主の住所（別途株主が通知した場所がある時はその場所）にあてて発すれば足りる、ていう奴でしょ？ 未払配当金の時に教えてもらいました。」

「すごいね！ ちゃんと復習してるんだねえ。」

「別にやられたらやりかえしてるわけやおまへんで！」

「それは"復讐"。そうじゃなくてさ……。」

「わかってまんがな、復習ですやろ、復習。僕かてちょっとはちゃんとやってますねんで。」

「ちょっと脱線したけど、覚えてるんならよしとするか。この通知・催告に関する免責の規定があるから、株主さんが引っ越ししていても、会社が引っ越し先を調査して通知する、というような義務がないということになるんだ。だから、若手くんが当たり前だと思っている事務も、株主名簿に特別な効力を与える会社法の規定があるから成立しているということになるわけなんだ。わかったかな?」

「はい、ようわかりました。ここまでの話はわかったんですけど、1年365日のうち2日分の名簿はあるけど、363日分の名簿はないっちゅう話はどうなったんですか?」

「それは今度ということにして、そろそろ仕事を切り上げて若手くんの愚痴につきあうことにしようかな。」

「やった! ほしたら、この前見つけた、紅ショウガのてんぷらのとこ、行きましょか。」

「何か関西風でいいねえ。そこにしようか。」

解説

1 株主名簿とは

株式会社はそもそも多数の人から資金を集めて大規模な事業を行うことができる組織形態であり、そのために会社法は「株主有限責任の原則」(出資者は出資額を超えて会社に責任を負わない)や「株式の自由譲渡性」(株主は会社に出資の返還を求めることが原則できない代わりに株式を譲渡することで投下資本を回収できる)というようなルールを設けている。したがって、株主が多数になることが最初から想定されて

いるわけで、その多数の株主と会社との関係を画一的に処理するために規定されているのが株主名簿および株主名簿に与えられた特別な効力というわけである。会話文ではまず伝統的な株主名簿についての考え方を説明している。上場会社は株券が電子化されているので振替法（社債、株式等の振替に関する法律）に負うところが大きいため例外的扱いとなる。

　会社法121条は、株式会社は株主名簿を作成し、株主の氏名および住所、所有株式数、株式取得日、等を記載しなければならない、会社法125条1項は、株式会社は株主名簿をその本店に備え置かなければならない、と規定している。これは、「そこで会社法は、株式会社に株主名簿の作成を義務付けた上で（121条）、株主名簿の記載に以下のような効力を認めることで、会社の株主管理の便宜を図るとともに、株主の会社に対する権利行使を容易にしようとしている」（髙橋ほか・会社法62頁）と説明される。そこで認められている効力が、①確定的効力②資格授与的効力③免責的効力の3つである。

　この3つの効力についてはベテラン部長の言うとおりで、
① 　確定的効力とは、株主名簿に株主として記載されていなければ（つまり名義書換をしていなければ）、株式取得者は会社に対して自身を株主として主張することができないから（つまり会社に対抗できない）、株主としての権利も会社に行使できない、逆に会社は株主名簿上の株主を株主として取り扱えばよい、というものである。
② 　資格授与的効力とは、名義書換がなされて株主名簿に記載された株主は、その後はいちいち自分が株主であることを証明することなく正当な株主として認められて、株主としての権利を行使できる、というものである。
③ 　免責的効力とは、株主名簿上の株主が真の株主ではなかった場合に会社が当該株主を株主として取り扱った場合でも、悪意・重

過失のない限り、会社は免責される、というものである。

2 通知・催告に関する免責

会社法126条1項には、通知・催告に関する免責が規定されている。すなわち、株式会社が株主に対してする通知または催告は、株主名簿に記載された当該株主の住所（別途株主が通知した場所がある時はその場所）にあてて発すれば足りる、というものである。この規定により、会社は株主が引っ越ししていて新住所を届出していなくても旧住所（つまり株主名簿上の住所）にて事務処理ができるというわけである。これらの効力、規定により、会社は基準日における株主名簿上の株主に対して、招集通知を発送したり、配当計算をしたり、という事務を行っているのである。これらの事務も、「名簿上の株主は本当に株主なのかな」とか「引っ越ししてないかな」とかを考えていては当然前に進まないわけであり、これらの効力、規定があってはじめて現行の事務が円滑に処理できるのである。

ポイント
・株主名簿には、多数の株主と会社との関係を画一的に処理するために、確定的効力、資格授与的効力、免責的効力の3つが与えられている。
・それに加え、通知・催告に関する免責が規定されていることから、多数の株主に対する画一的な事務処理が実現できる。

もっと知りたい方は
・東証代・ガイド91頁
・髙橋ほか・会社法62頁

3年目1月　振替制度と総株主通知

だけど上場会社は株券が電子化されているから、この仕組みではないんだ

「(暗い顔で) 部長、あけましておめでとうございます。今年もよろしくお願いいたします。」

「やあ、若手くん。あけましておめでとう。こちらこそ今年もよろしく。ん？　何か新年早々暗いね。去年みたいに初詣に行ったんだろう、いつもの4人で。」

「初詣には行ったんですけどね……それがいろいろあって……ややこしいて……何が何やらわからんようになってしもたんです……。もう、あかんわ。」

「新年早々"もう、あかんわ"かい。いったい何がどうなったんだい？」

「それが……4人で初詣には行ったんですよ。そん時に矢留木の話になって、クリスマスも駆出さんをフレンチのディナーに誘いよったらしいんですよ。そんで、彼女は断ったらしいんですけどね。」

「それならいいじゃないか。矢留木くんが断られたんなら、若手くんにも目があるかもしれないじゃないか？」

「それが……あかんのですよ……。僕かて、クリスマスの人形町居酒屋デート、断られたんですから……。」

「えっ？ 若手くんも断られたのかい？ う〜ん。それは確かに"ようわからんわ"。」

「へんな大阪弁はいりませんで、新年早々！ ちゅうわけで、どないなっとるんかわからんのです。ひょっとしたら、僕でも矢留木でもない"第三の男"がおるんかもしれへんし……。あ〜あ、どないしよ（と言いつつ大きなため息）。」

「まあ、若手くん。ライバルが矢留木くんであろうが第三の男であろうが、若手くんには会社法をがんばるしかないんだからさ。彼女と人形町居酒屋デートができたのも会社法をがんばってきたおかげなんだからさ。ほら、考えてみれば去年の初詣だろ。彼女に褒められたの。」

「あの"若手さんて、経済学部出身なのに株式実務や総会実務をやっていてすごいなあ。私なんか頭でっかちの法律知識だけだから、実務をやっているって尊敬しちゃいます"ていうやつでしょ。うれしかったなあ……。」

「だからね、誰が相手でも若手くんは会社法をがんばるんだ。それにね、人形町居酒屋デートはダメだったけど、4人で初詣は行けたんだからさ、嫌われてるわけじゃなさそうだし、しっかりしようよ！ そうだ、夕方なら時間があるから、先月の株主名簿の話の続きを解説してあげるからさ、がんばろうよ！」

振替制度と総株主通知　　295

「(やっぱり暗い顔で) はい、わかりました。」

(その日の16時すぎ)

「若手くん、株主名簿の話をするよ。」

「(相変わらず暗い顔で) はい。」

「やっぱり暗いね。もう少し、明るくできない?」

「ほな、もうちょい電気つけましょか?」

「いや、照明じゃなくってさ、若手くんだよ。何か、全身、暗い感じなんだけど」

「ほな美白化粧品でも塗りたくりましょか?」

「白くしてもしょうがないだろ! 雰囲気だよ!」

「そら、しゃーないんです。すんません。」

「めげるのもわからなくはないけど、一応仕事中なんだから、ビシッといこうよ。この前は会社法における株主名簿の位置づけの話をしたよね。」

「はい。会社法が株主名簿に効力を与えているから、僕らの事務が当たり前に回ってるっちゅう話をしてもらいました。」

「そうだね。だから今回はこの前の若手くんの質問、"3月末日と9月末日の名簿はあるから、1年365日のうち2日分の名簿はあるけど、363日分の名簿はない、これでいいのか"という話をしようか。」

「はい。お願いします。」

「前回説明した会社法の原則で行けば、株式を買った人は会社に名義書換を要請し、名義書換がなされたら株主名簿に記載されるから以後株主として取扱われることになる。だけど上場会社は株券が電子化されているから、この仕組みではないんだ。振替法（社債、株式等の振替に関する法律）の下で事務は行われているんだ。振替機関（証券保管振替機構）が取扱う株式を振替株式と言うんだけど、振替株式を売買しようとする人は口座管理機関（証券会社等）に自分の口座を持つ必要がある。そして、とある会社の株主AさんがBさんに100株売却したとすると、Aさんの口座から100株が減少してBさんの口座に100株が増加する、というデータのやり取りが行われるんだ。これは、どの口座管理機関のどの支店の口座であっても、またどの銘柄の株式であっても、この売買のデータがすべて、口座管理機関から振替機関へ伝達される仕組みなんだ。これで、売買自体は一応完了なんだ。ここまではいいかい？」

「へ〜え。えらい大掛かりなことになってるんですね。」

「ところが、売買データのやり取りが完了しても、これが名義書換に直結するわけではないんだ。ここからが若手くんの質問、なぜ上場会社は決算期末と中間期末にしか株主名簿が作成されないか、の答えになる部分なんだ。会社が基準日等

を決めた時には、振替機関はその日の最終の株主の住所・氏名・保有株式数等を速やかに会社へ通知しなければならないんだ（振替法151条1項）。これを総株主通知と言う。この総株主通知は具体的には株主名簿管理人に伝達されるんだけれど、機械用のデータでそのままでは読めないので株主名簿管理人によって加工されて株主名簿が作成される。なので、新しい総株主通知が来て、新しい株主名簿が作成されることをもって、名義書換がなされたと見なすんだ（振替法152条1項）。うちの会社は3月決算だし9月末日を基準日として中間配当をしているから、3月9月の各末日付の総株主通知が来る。だから、1年に2日だけ、株主名簿が確定するわけなんだ。わかったかな？」

「う〜ん。仕組みはそうなんかもしれんけど……。ほな、1年のうち他の日の株主名簿はないんですよね？」

「うん、ないねえ。」

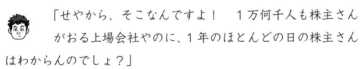
「せやから、そこなんですよ！ 1万何千人も株主さんがおる上場会社やのに、1年のほとんどの日の株主さんはわからんのでしょ？」

「それはそうなんだけど、でも、それで何か困ることがあるかな？ 会社が株主さんに招集通知を発送するとか、配当計算をするとかっていうのは、3月9月の各末日が基準日だからそれでOKだし、たとえば臨時で日を決めて会社が何かアクションを起こすときには総株主通知を振替機関に請求できるから（振替法151条8項）、別に毎日の株主名簿がなくても困らないんだ。」

「それはそうかもしれんけど……。でもやっぱり、いまいち腹に落ちんなあ。あっ、会社からのアクションはそんでええですけど、株主さんから何かアクションがあった時は、どないしてその人は自分が株主さんやて証明するんですか?」

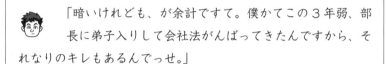「なかなかいいところに気がついたねえ。暗いけれどもなかなか冴えているじゃないか?」

「暗いけれども、が余計ですて。僕かてこの3年弱、部長に弟子入りして会社法がんばってきたんですから、それなりのキレもあるんでっせ。」

「だから～ぁ、前から言っているように若手くんを弟子にした覚えはないんだけどね。でもまあ、確かにちょっとはキレも出てきているみたいだし、新年早々だからこの辺で切り上げて、熱燗で一杯としようか?」

「喜んで行かしてもらいます(と相変わらず暗い)。」

「飲みにいくのにこんなに盛り上がらない若手くんは初めて見た。重症だな、こりゃ。」

解説

1 株式の振替制度

　株券電子化以降、上場会社の株式譲渡は振替法(社債、株式等の振替に関する法律)に基づく振替制度の下で行われている。振替機関(証券保管振替機構)の下に口座管理機関(証券会社等)があり、各口座管理機関の各口座における振替株式の売買データを振替機関経由でやり取りする仕組みとなっている。したがって、株主は口座管理機関

に自分の口座を持っていないと、振替株式の売買はできない。

2　総株主通知

しかし、売買データのやり取りを完了しただけでは、当事者同士での売買の証拠にはなっても会社に対して自分が株主であると主張することはできない。それは、名義書換が未了の状態だからである^(注)。振替制度下における名義書換は、本文中にもあるとおり総株主通知によって株主名簿が作成されることによって名義書換があったものと見なされる仕組みとなっている（振替法152条1項）。そして、この総株主通知は、振替法151条1項に列挙されているとおり、会社が基準日を定めたとき、株式併合の効力発生日、事業年度を1年とする会社の事業年度開始日から6ヶ月を経過した日、などの時に行われる。したがって、特別にアクションをしなかった上場会社は、年に2回、決算期末日と中間期末日に総株主通知がなされ、株主名簿が作成されることになる（つまり名義書換がなされる）。

(注)　株主名簿に記載されれば会社に対抗できるが（つまり次回の総株主通知まで株式を保有し続ければ）、株式を取得してすぐに会社に対して自身を株主であると証明する方法としては個別株主通知によらなければならない。したがって、株券発行会社における名義書換未了のように何をしても会社に対抗できないというわけではないが、現象としては類似している。個別株主通知については次回3年目2月で解説する。

また、会社が振替機関に総株主通知を請求することもできる（振替法151条8項）。条文上は「正当な理由があるときは」となっているが、これについては実務界が定めたルールとして「総株主通知等の請求・情報提供請求における正当な理由についての解釈指針」（平成19年5月22日証券受渡・決済制度改革懇談会了承、平成26年11月25日最終改正）があり、参考となる。たとえば、外国人株主比率の上昇を

継続的にチェックする、株主優待をスタートする日の株主名簿を確定したい、などが正当な理由として考えられる。

3 株主への通知・公告に関する特則

会社法上、株主に対する通知が要求される場合には（たとえば株式の併合や事業譲渡等のときの反対株主の買取請求権が認められる場合）、通知に代えて公告をする必要がある（振替法161条2項）。これは、振替制度下においては、株主名簿の株主と本当の株主（リアルタイムの株主）が当然に相違することから、株式を取得したもののいまだ株主名簿に記載されていない株主が存在するためである。

ポイント
・株券電子化以降、上場会社の株式譲渡は振替法に基づく振替制度の下で行われており、この制度の下では株主は口座管理機関に口座を持っていないと振替株式の売買はできない。
・振替制度の下での名義書換は、総株主通知により株主名簿が作成されることをもって名義書換があったものとみなされる仕組みである。会社は正当な理由があるときは振替機関に総株主通知を請求できる。

もっと知りたい方は
・東証代・ガイド83頁
・田中・会社法117頁

3年目2月　個別株主通知と情報提供請求

それにはね、個別株主通知という制度があるんだ

「若手くん、今いいかい？　ちょっと時間があるから、この前の株主名簿の話の続きをやろうか？」

「はあ、わかりました。」

「どうしたんだい？　この前の"暗いモード"は少しよくなったみたいだけど、やっぱりあまり元気はないねえ。」

「それが……ますます、ようわからんのですよ。」

「なんだい？　"ようわからん"って。」

「それがですねえ、昨日、矢留木と飲みに行ったんですよ、2人で。」

「えっ？　なんで？　若手くんのライバルじゃないか？」

「それはそうなんですけど、あいつは自分が僕のライバルやって知りませんし。そんでですねえ、残業しとったらあいつが来て、飲みに行ってくださいっちゅうから行ったんで

すよ。」

「なんで、若手くんを誘いに来たんだろうね？」

「それが結構ひどい理由で、"失恋の相談相手だったら、若手さんで決まり。だって、誰よりも経験豊富だからきっと親身になって愚痴聞いてくれるよ"て友達に言われたんですて。えげつない話でしょ。」

「矢留木くんはなかなかいい友達をもっているんだねえ。でも、失恋ってまさか矢留木くんは駆出さんに振られたってことかい？」

「どうもそうらしいんですよ。矢留木てカッコええし頭もええやないですか？　ほんで女の子に振られたことなかったらしいんですよ。せやけど今回彼女に振られたんで、ショックがものすごいらしいて。それに矢留木と彼女、同じ経理やから毎日近くにいてるやないですか。それがごっつう辛いんですて。」

「へ〜え。いろんなことがあるもんだねえ。ということは、下馬評を裏切って若手くんが彼女をGETということかい？」

「それやったら、もっと元気出てまんがな。こっちかて、年越えてから人形町居酒屋デートはしてませんねん。」

「えっ、そうなの？　そしたら、う〜ん。確かによくわからないねえ。それで、矢留木くんと飲んで、どうだったんだい？」

「それがねえ……答えから言うたら、ええ奴やったんですよ、案外。」

「矢留木くんは前からいい奴だろ？　若手くんが勝手に敵対視して、ムカつくとか言ってただけで。」

「それは横へ置いといて。あいつ、あないにカッコええのに、頭もええのにいっこもえらそうにしよらんし、僕なんかにでもきちっと敬語でしゃべりよるし。酒も結構好きらしいてお刺身やら海老しんじょうの蓮根はさみ揚げとか食いながら日本酒グビグビ飲んどりましたし。ええ奴やったんですけど、相当ショック受けとりました。"失恋ってこんなにきついんですね。僕もうショックでショックで"とか言いながらグビグビしとりました。」

「結構料理がおっさん臭いねえ。それで、若手くんはどう慰めてあげたんだい？　失恋の大家なんだろ？」

「別に火に強うないですけどね。」

「それは"耐火"。相変わらず話が前に進まないなあ、若手くんは。」

「わかってまんがな。ちょっとやりたかったんですがな。ほんでしゃーないから、（駆出さんについては）僕かてほんまは同じような立場やっちゅうことは言わんと、君はカッコええし頭もええんやから、きっとまたええ出会いがあるはずやって言うときました。それしか言いようないですやん？」

「そりゃあそうだね。ちょっとは先輩らしいじゃないか？　まあ、矢留木くんがいい奴だってわかったところ

で、株主名簿の話の続きをしようか。」

「お願いします。」

「この前は、振替制度における総株主通知について説明したんだったね。"3月末日と9月末日の名簿はあるから、1年365日のうち2日分の名簿はあるけど、363日分の名簿はない、これでいいのか"という若手くんの質問に答えるためには振替制度および総株主通知を理解する必要があるからね。」

「そうでした。それは一応わかったんですけど、"会社からのアクションはそんでええですけど、株主さんから何かアクションがあった時は、どないしてその人は自分が株主さんやて証明するんですか？"のとこで、熱燗で一杯っちゅう話になって行ってしもたんです。」

「そうだね。どうでもいい細かいところはよく覚えてるんだね。そうしたら、その若手くんの質問について話をしようか。これはなかなかいい視点で見ている質問なんだ。つまりね、会社からアクションを起こすときには、あらかじめ基準日があるとか（議決権や配当など）、振替機関に請求する（特定の日の株主名簿がほしい）とかで総株主通知により株主名簿を作成するから、会社としてはそれでOKなんだ。」

「それは理解しました。」

「だけど、若手くんが言うように、株主さんから会社に対して何かアクションを起こすときには、会社に対して"自分が株主である"という証明をしなければいけないよね？」

「そうなんですよ、せやから、質問したんです。」

「それにはね、個別株主通知という制度があるんだ。これはね、株主さんが自分の口座のある口座管理機関（証券会社等）を通じて振替機関（証券保管振替機構）に"自分の氏名・住所・保有株式数・保有株式数増減履歴等の情報"を、会社に通知するよう請求できる制度なんだ（社債、株式等の振替に関する法律（振替法）154条）。これによって株主さんは自分が株主であることを会社に証明できるんだけど、この個別株主通知をもって会社に名義書換を請求することはできないんだ。株主名簿の名義書換はあくまでも総株主通知によってなされるとされていて（振替法152条1項）、個別株主通知はその時点で株主であることを証明するだけなんだ。そして自分が株主であると会社に証明した上で何かのアクションを取る場合（たとえば株主名簿閲覧請求権等を行使する）には、個別株主通知がなされてから4週間以内に権利行使しないといけないとされているんだ（振替法154条2項、振替法施行令40条）。つまりね、会社法130条1項の株主名簿に記載がないと会社や第三者に株主であることを対抗できない、という規定が、振替法154条1項の"振替株式についての少数株主権等の行使については、会社法130条1項の規定は、適用しない"という規定によって排除されているんだ。」

「へ〜え。そないなことになっとるんや。なるほどなあ。株主さんが自分で株主であることを証明する方法が株主名簿以外の方法でできるんか……。ほしたら、こういう場合はどうなっとるんですか？ 個別株主通知やったら、株主さんが会社に対しては自分が株主やて証明できますけど（個別株主通知は振替機関から株主名簿管理人を通じて会社へ届く）、第三者に株主やて

証明する方法はあるんですか？」

「それが、あるんだよ。情報提供請求といってね、株主さんが自分の口座のある口座振替機関（証券会社等）へ費用を払って請求すると、自分の口座（振替口座）に記録されている所有株式数等の事項を証明する書面が入手できるんだ（振替法277条）。株主さんだけじゃなくて、発行会社等一定の利害関係人も情報提供請求はできるから、何かの理由で特定の株主さんの情報がほしいときには、発行会社は株主名簿管理人を通じて請求すればいいんだ。ねっ？　うまくできているだろ？」

「確かになあ、うまいことでけとるとしか言いようがあらへんなあ。結局全部ひっくるめて整理すると、うちの会社みたいな上場会社の株主名簿は、1年のうち決算期末と中間期末の2日分しかないけど、会社からアクションする時にはそれでいけるし（ダメなら別途総株主通知を請求する）、株主が会社宛にアクションする時は個別株主通知、それ以外に株主の情報（株主自身も含む）が必要やったら情報提供請求、っちゅうような制度があるから、363日分の株主名簿がのうても事務は回るし誰も困らへん、ちゅうことですな。なるほどなあ。ようわかりました。」

（ここでベテラン部長に人事部から電話が……）

「はい、総務部ベテランです。……えっ、本当ですか？……はい。ありがとうございます。……わかりました。本人には私から言っておきます。……ありがとうございました。」

（ベテラン部長、電話を切る）

個別株主通知と情報提供請求　　307

「若手くん、えらいことになったぞ！　駆出さんは、海外留学が決まったぞ！」

「え〜〜〜〜〜っ！　……（茫然自失状態で立ち尽くす）。」

「若手くん、3月中に彼女はアメリカに行ってしまうぞ！　どうするんだい？」

「……（完全に使えない状態で硬直）。」

解　説

1　個別株主通知

　株主が会社宛に株主権の行使を行う場合（たとえば株主名簿閲覧請求権等を行使する）には、株主が会社に対して「自分が株主である」証明をしなければならない。この場合の証明手段が個別株主通知である。個別株主通知とは、株主が自分の口座のある口座管理機関（証券会社等）を通じて振替機関（証券保管振替機構）に「自分の氏名・住所・保有株式数・保有株式数増減履歴等の情報」を会社に通知するよう請求できるとするものである（振替法154条）。これにより株主は自分が株主であることを会社に証明できるが、この個別株主通知をもって会社に名義書換を請求することはできない。株主名簿の名義書換はあくまでも総株主通知によりなされるものであり、個別株主通知はその時点で株主であることを証明するだけのものとされている。そして自分が株主であると会社に証明したうえで何かのアクションを取る場合（たとえば株主名簿閲覧請求権等を行使する）には、個別株主通知がなされてから4週間以内に権利行使しないといけない（振替法154条2項、振替法施行令40条）。つまり会社法130条1項の株主名

簿に記載がないと会社や第三者に株主であることを対抗できない、という規定が、振替法154条1項の「振替株式についての少数株主権等の行使については、会社法130条1項の規定は、適用しない」という規定によって排除されているわけである。

2　情報提供請求

振替法277条は、「加入者は、その直近上位機関に対し、当該直近上位機関が定めた費用を支払って、当該直近上位機関が備える振替口座簿の自己の口座に記載され、若しくは記録されている事項を証明した書面の交付又は当該事項に係る情報を電磁的方法であって主務省令で定めるものにより提供することを請求することができる。当該口座につき利害関係を有する者として政令で定めるものについても、正当な理由があるときは、同様とする。」と定めている。これにより、株主が自分の口座の保有株式数等の情報を入手したい時や発行会社が特定の株主の情報を入手したい時には、費用を払って、株主は自分の口座の口座管理機関を通じて、発行会社は株主名簿管理人を通じて情報を入手することができる。

ポイント
・株主が株主名簿閲覧請求権等を行使する場合に、会社に対して「自分が株主である」と証明する方法として個別株主通知がある。株主は個別株主通知がなされた後、4週間以内に権利を行使する必要がある。
・株主が自分の口座の所有株式数等の情報を、発行会社が特定の株主の所有株式数等の情報を入手する方法として情報提供請求がある。

もっと知りたい方は
・東証代・ガイド131頁
・三井住友信託銀行証券代行コンサルティング部編『すぐわかる！　株式実務のポイント』（商事法務、2014）40頁

3年目3月　特別口座とは

何ですか、それ？　そないに特別な口座なんですか？

「若手くん、さっき頼んだやつはできたかい？……おい！　若手くん！」

「(ビクッとして) はい。部長、呼ばはりましたか？」

「呼ばはりましたか？　じゃないよ。ショックなのはわかるけど、仕事中なんだからもうちょっとシャキッとしてくれないか。で、さっき頼んだやつはできたのかい？」

「はあ、まあ、一応。」(と言って、部長に資料を手渡す。)

「よし、ありがとう。あのさ、もうちょっとピリッとしようよ、ピリッと！」

「そない言われても力が湧いて来んのですよ。あ〜あ、もうあかん、とかそんな言葉ばっかり頭に浮かんできてしもて……。」

「そんなに気になるんだったら、自爆覚悟で彼女に勝負したらいいじゃないか！」

「あのねえ、部長！ ひと事や思て簡単に言わはりますけどねえ、この若手がそないに大胆なこと、でけるわけがないでしょうが！！！」

「あのさ、若手くんさ、気骨がないのを上司に逆ギレしてどうするんだい？ 送別会はやったんだろ？」

「はあ。いつもの4人で昨日人形町でやったんですよ。地鶏の刺身とかのとこやったんですけど、僕的にはやっぱり盛り上がれんで……。今度の土曜日にボストンへ行くんですて。MBAになって帰ってくるて言うてました……。やっぱりあの子は賢すぎて僕には合わんかったんやなあとか一緒に食べたきんぴらごぼうはうまかったなあとか思たりして……。もうあきませんわ（とため息をつく）。」

「まあ若手くん、気持ちはわかるけど、仕事中はシャキッッと行こうよ、シャキッと。この前矢留木くんを慰めてあげたんだろ？ だったら、自分もがんばらないと。やっぱり、会社法しかないんじゃないかい、若手くん。」

「もうあきませんわ……。あの子にほめてもらいたい一心で、部長に"動機が不純"て言われながらでも会社法がんばってきたのに……。ちょっと充電するために、地方巡業とかに出してもらえませんか？」

「何を考えているんだ！ お相撲さんでもあるまいし！」

「昔から"可愛い子には旅をさせよ"て言いますやん。」

「可愛くないから、ダメ！！！」

「え〜っ！　ひどい！　傷つくやないですか。」

「もうすでに彼女の海外留学で傷だらけだろ？」

「そうでした……。」

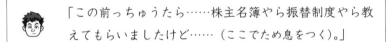「若手くんさ、やっぱり仕事中はしっかり頼むよ！　仕事なんだからさ！　というわけで、この前の話の続きをしようか？」

「この前っちゅうたら……株主名簿やら振替制度やら教えてもらいましたけど……（ここでため息をつく）。」

「ため息ばかりだけど、一応覚えているみたいだね。上場会社の株式は振替制度の下で動いているから、証券会社に口座がないと売買ができないっていう話はしたよね？」

「はあ、落語家さんが座ってる……。」

「それは"高座"。いつもだったら"また若手くんは"ってなるところだけど、今日に限っては、そんなボケをかませる程度には頭は動いてると理解しておこう。元の話に戻るとね、株主名簿に記載されている株主さんの中には、証券会社に口座を持っていない人もいるんだ。」

「えっ、ほな売買できませんやん？　売買でけへんのに、何で株主名簿に載ってるんですか？」

「そうですねん、売買できませんねん。おっとまた若手くんに"変な大阪弁はいりませんて"と言われるところだった。危ない危ない。そうだね、売買はできないんだ。でも、なぜ口座がないのに株主名簿に記載されているか、ということを考えるとイメージが理解できるんだよね。いくつか例をあげるとまず、株券電子化（2009年1月）以前、つまりまだ株券があった時代に株式を購入して口座に入れずに家で株券自体を保管していたというパターン、それから所謂所在不明の株主のパターンが代表的だよね。」

「なんとなくわかってきました。」

「株券を家で保管していた（つまり証券会社の口座に入れていない）パターンは、笑い話みたいだけれど結構本当にあるんだよ、所有株式を売却する気のない人とか"証券会社は嫌い"とか言っているご老人とかなんだけれどね。それから、所在不明の株主のパターンは、株主名簿には記載されているんだけど全く連絡が取れないから、場合によっては何十年も株主名簿に載ったままだったりするんだ。」

「そらそうですねえ。……でも、それっておかしいんちゃいますか？　振替制度の下では株主名簿は総株主通知でできてくるのに、総株主通知の元データは口座管理機関の口座データでしょ？　証券会社に口座がないんやったら、その人ら、何で株主名簿に載ってるんですか？」

「なかなか、読みが鋭いねえ。それはね、特別口座があるからなんだ。」

「何ですか、それ？ そないに特別な口座なんですか？」

「特別口座というのはね、振替法131条3項の条文どおりに読むと、会社が振替株式を交付しようとする場合（新規上場などで振替制度に組み入れる場合等）において、株主または登録株式質権者が一定の日までに自分の口座を通知しなかった場合、会社は振替機関等に対して当該株主または当該登録株式質権者のために振替株式の振替を行うための口座（これが「特別口座」）の開設の申出をしなければならない、ということなんだ。簡単に言えば、株主が証券会社に口座を持っていない場合（株主が証券会社の口座を会社に伝えない場合）、証券会社から振替機関にデータが伝達されないから、本人に代わって会社がそういう人たち用の口座を開設するってことなんだ。そして会社が開設する特別口座は株主名簿管理人に開設するのが通常なんだ。だから、特別口座のある株主名簿管理人も特別口座を管理する口座管理機関だから、やはりその口座データが振替機関へ伝達されるので、振替機関から会社（株主名簿管理人）へ伝達される総株主通知には特別口座のデータも入っているというわけなんだ。わかったかな？」

「なるほどなあ。証券会社に口座を持ってない株主さんも、特別口座のおかげで株主名簿に載るんや。うまいことでけとるなあ。ん？ せやけど、証券会社に口座がないと株式の売買はでけへんて部長の説明にあったっちゅうことは、特別口座は売買でけへんちゅうことですか？ ……バイバイやて……やっぱしアメリカに行ってまうんや……あ～あ（とため息）。」

「その"バイバイ"じゃないよ！ 売り買いだよ、若手くん。でもそのとおりなんだ。この特別口座はね、株主

本人が開設したものじゃなくて会社が株主の権利の保全のために開設したものだから、売買はできない。特別口座の株主は証券会社に口座を作って、その口座への振替以外に株式を動かすことはできないんだ。ただし、単元未満株式の買取・買増については特別口座のままでも可能とすべく、発行会社の口座を振替先とする振替や発行会社の口座からの振替は認められているんだけどね（振替法133条１項）。」

「考えてみたらそれはそうですよね。みんな自分で証券会社に口座を作って株式の売買やってるのに、会社に特別口座作ってもろて、そこでも普通に売買できたら誰も証券会社にわざわざ口座作ったりせんもんなあ。」

「そうだよね。それに株式が特別口座にあっても配当や招集通知、議決権なんかは通常どおりだから、売買さえしないのなら株主さんも別に困らないんだ（注：後記解説２参照）。」

「大体わかりました。せやけど、どないしょ……今度の土曜日やもんなあ……。」

「若手くん、仕事中なんだからさ、仕事！　仕事！」

「そうなんですけどねえ……あ～あ（大きくため息）。」

「若手くん、もう３月なんだからさ。この前、証券代行と事務日程の打合せもしたじゃないか。そろそろ総会シーズンなんだから、しっかりしてくれよ！　今年の総会は去年以上に若手くんに活躍してもらうつもりなんだから。」

「はあ……わかりました……あ〜あ(大きくため息)。」

「これはしばらく使えないかもなあ。あ〜あ(こちらもため息)。」

(土曜日の朝、突然駆出さんから若手くんにメールが着信)

「あっ! 彼女からのメールだ。ん? 急で申し訳ないんですけど、15時に成田に来てください……。何やこれ! えらいこっちゃ! すぐ行かな!」

(15時成田国際空港にて)

「若手さん、すみません。急にお呼び出しして。」

「そんなん、かめへん。……最後に会えてよかった。」

「若手さんにどうしても最後に言っておきたいことがあって……。この2年間、会社に入ってからいろんなことがあったんですけど……。一番楽しかったのは、若手さんとの人形町居酒屋めぐりだったんです!」

「え〜〜〜〜〜っ! それは楽しかったんは僕かて一緒やけど……。せやけど、僕、どんくさいし妄想するしボケるし……。」

「いえ、そのうえに気骨がなくて優柔不断でお調子者で器の小さい若手さんと、きんぴらごぼうやら煮物盛り合わせやら紅ショウガのてんぷらやらを食べながら日本酒をグビグビ飲んで、というのが本当に楽しかったんです。」

「それって誉めてんのかけなしてんのか……」

「すっごいメチャメチャ誉めてます。あんなに寛ぐ、落ち着く時間はほかにはなかったんです。最高の、至福の時間だったんです。」

「……そうなんや……。」

「だから、私、がんばってきちんとボストンでMBA取って、若手さんのところへ帰ってきます！ それで、また絶対一緒に人形町へ行くんです！ そう決めたんです！！！ だから、私が帰ってくるまで、若手さん、どうか待ってて……お願い……。」

「ぼ、ぼ、ぼ、ぼ、僕、待ってる！ 絶対待ってる！！！ ぜえ～～～～ったいっ、待ってる！！！！！」

「ほんと？ うれしい。帰ってきて若手さんとまたグビグビするのを励みにして、私、行ってきます。」

「うん。がんばってな！ 僕も会社法がんばるから！！！」

解　説

1　特別口座とは

　株券電子化以降、上場会社の株式譲渡は振替法（社債、株式等の振替に関する法律）に基づく振替制度の下で行われている。これまで解説してきたように、株主名簿は、口座管理機関からのデータを振替機関が集約した総株主通知に基づいて株主名簿管理人が作成する。株主

は口座管理機関に自分の口座（振替口座）を持っていないと、振替株式の売買はできない。しかし、株主名簿には証券会社等に口座を持っていない株主も記載されている。その理由は、証券会社等に自ら開設した口座を持っていない株主を管理するための特別口座を会社が開設して、特別口座管理機関からもデータが振替機関へ送られているからである。なお、特別口座管理機関は株主名簿管理人とすることが一般的である。

　特別口座とは、会社が振替株式を交付する場合において（新規上場などで振替制度に組み入れるときなど）、会社が株主または登録株式質権者の口座を知ることができない時に、株主の権利を保全するために会社が口座管理機関に開設する口座のことである（振替法131条3項）。簡単に言えば特別口座とは、証券会社の口座に所有株式を入れていない株主の権利保全のために会社が作った口座であり、株主が自己の利益のために使い続けることは適当ではないとされているため一定の制限がある。

2　特別口座における制限

　では、特別口座の一定の制限とは何か。「特別口座に記録された振替株式については、特別口座の名義人または発行会社の口座以外の口座に対して振替を行うことはできず、また、発行会社以外の加入者が特別口座に振替をすることもできない（振替法133条1項・3項※根拠条項は筆者による）。特別口座は、自らの口座を通知しない株主または登録質権者の権利を保全するために発行会社がやむを得ず開設の手続をしたものであるから、当該株主等が特別口座を通常の口座のように自己の利益のために用いて、自由に振替を行ったり、振替を受けたりすることができることとするのは相当ではない」（始関正光「株券不発行制度・電子公告制度の導入」『改正商法対応シリーズ(5)（別冊商事法務286号）』（商事法務、2005）60頁）との理由から、売買のために利用す

ることはできない。したがって、売買をするのであれば株主が自ら証券会社に開設した口座へ特別口座から振替をして、その後に売買するということになる。

しかし、振替法133条１項によれば、発行会社の口座に対する振替あるいは発行会社の口座からの振替はできるのであるから、単元未満株式の買取・買増請求（２年目３月参照）については特別口座のまま直接行うことができることになる。

また、特別口座に株式が記録されていると、配当金の受領方法として、当該株式についてだけでなく保有するすべての株式・ETF・REITについて株式数比例配分方式を選択することができない。したがって特別口座以外に少額投資非課税制度（NISA）を利用してNISA口座で株式を保有しても配当金が非課税となる特例は受けられなくなる。特例を受けるためには保有するすべての株式等を証券会社等の一般口座に振替えたうえで株式数比例配分方式の届け出を行う必要がある。この点も特別口座の制限と言える（会話文（注）の箇所の説明）。

ポイント
・特別口座とは、証券会社の口座に所有株式を入れていない株主のために会社が作った口座であって、一定の制限がある。
・特別口座においては売買はできず、証券会社の自身の口座への振替および発行会社からの振替、発行会社への振替以外はできない。

もっと知りたい方は
・東証代・ガイド120頁

株式実務のいろは
──若手くんの総務部日記

2017年3月23日　初版第1刷発行

編　　者	三井住友信託銀行 証券代行コンサルティング部
発 行 者	塚　原　秀　夫
発 行 所	株式会社　商　事　法　務 〒103-0025 東京都中央区日本橋茅場町 3-9-10 TEL 03-5614-5643・FAX 03-3664-8844〔営業部〕 TEL 03-5614-5649〔書籍出版部〕 http://www.shojihomu.co.jp/

落丁・乱丁本はお取り替えいたします。　　印刷／広研印刷㈱
© 2017 三井住友信託銀行証券代行コンサルティング部　Printed in Japan
Shojihomu Co., Ltd.
ISBN978-4-7857-2507-5
＊定価はカバーに表示してあります。